Editorial

Jürgen Grollius
Chefredakteur
PC Praxis

S chon oft haben Sie gefragt, warum wir das praxisnahe Wissen der PC Praxis nicht auch als Buch verlegen. Daher freue ich mich jetzt besonders, Ihnen mit den neuen PC Praxis-Büchern eine leichtverständliche und anwenderfreundlich gestaltete Reihe vorzustellen, die sowohl für Ein- und Umsteiger als auch für den versierten Privat- und Büroanwender interessant ist.

"AUTOEXEC.BAT & CONFIG.SYS optimal konfiguriert" macht Sie nicht nur mit den Details Ihrer Systemkonfiguration bekannt, sondern zeigt Ihnen, wie Sie sie optimal einsetzen können. Angefangen vom BIOS-Tuning werden Sie mit den Interna der entscheidenden Systemdateien AUTOEXEC.BAT und CONFIG.SYS vertraut gemacht, um sie zugeschnitten auf Ihre Bedürfnisse optimal einzurichten. DOS wie Windows werden exakt aufeinander abgestimmt. Konfigurieren Sie Ihren Speicher mit dem MEMMAKER-Manager, erhöhen Sie die Festplattenzugriffe per Cache (SMARTDRV & VCACHE) oder RAM-Disk und lassen Sie sich von den Muster-Systemdateien inspirieren. Für Genießer gibt es ein komfortables Startmenü mit allen Schikanen. Also, was wollen Sie mehr!

In kurzen, leichtverständlichen Arbeitsabschnitten wird ohne überflüssigen Ballast genau das Wissen vermittelt, das Sie für den optimalen Einsatz der Konfigurationsdateien AUTOEXEC.BAT und CONFIG.SYS benötigen. Bei allen Schritten werden Sie durch praxisnahe, leicht nachvollziehbare Beispiele unterstützt. Holen Sie sich das Know-how, mit dem Ihr Erfolg schon vorprogrammiert ist!

Wichtiger Hinweis

Die in diesem Buch wiedergegebenen Verfahren und Programme werden ohne Rücksicht auf die Patentlage mitgeteilt. Sie sind für Amateur- und Lehrzwecke bestimmt.

Alle technischen Angaben und Programme in diesem Buch wurden von den Autoren mit größter Sorgfalt erarbeitet bzw. zusammengestellt und unter Einschaltung wirksamer Kontrollmaßnahmen reproduziert. Trotzdem sind Fehler nicht ganz auszuschließen. DATA BECKER sieht sich deshalb gezwungen, darauf hinzuweisen, daß weder eine Garantie noch die juristische Verantwortung oder irgendeine Haftung für Folgen, die auf fehlerhafte Angaben zurückgehen, übernommen werden können. Für die Mitteilung eventueller Fehler sind die Autoren jederzeit dankbar.

Wir weisen darauf hin, daß die im Buch verwendeten Soft- und Hardwarebezeichnungen und Markennamen der jeweiligen Firmen im allgemeinen warenzeichen-, marken- oder patentrechtlichem Schutz unterliegen.

Copyright	© 1995 by DATA BECKER GmbH & Co.KG
	Merowingerstr. 30
	40223 Düsseldorf
	1. Auflage 1995
Lektorat	Peter Meisner
Schlußredaktion	Astrid Bittner
Umschlaggestaltung	Irmgard Reucher
Titelfoto	Sascha Kleis
Textverarbeitung und Gestaltung	Uwe Brinkmann
Belichtung	IDS Informations- und Digitalisierungs-Service Paderborn
Druck und buchbinderische Verarbeitung	PDC Paderborner Druck Centrum, Paderborn

ISBN 3-8158-1135-X

Michael Freihof • Ingrid M. Kürten

AUTOEXEC.BAT & CONFIG.SYS optimal konfiguriert

MS-DOS 6.2/6.22

DATA BECKER

Inhaltsverzeichnis

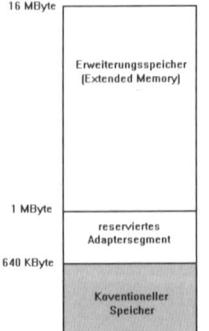
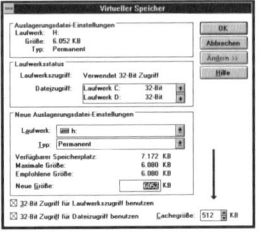

Von 0 auf 100 - Der PC startet

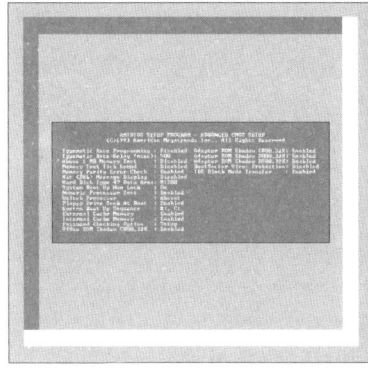

"Der PC ist ein kompliziertes Gerät!" Dieser Behauptung werden all jene sofort und mit möglicherweise grimmiger Miene zustimmen, die irgendwann einmal so ihre liebe Mühe mit dem Computer hatten, sei es, weil der Drucker partout keine Umlaute drucken wollte oder weil er beim Start bereits meldete, daß er irgendeine "COMMAND.COM" nicht gefunden habe, wer oder was auch immer das sein mag. Andere werden einwenden, daß ein reibungslos laufender PC keineswegs kompliziert sei und daß alles nach logischen Gesichtspunkten ablaufe, die jeder nachvollziehen könne, wenn er denn nur wolle.

Beides ist gleichermaßen richtig und falsch, denn sicher ist ein PC-System heutzutage ein hochkompliziertes Zusammenspiel von Gerätekomponenten (Hardware) einerseits und der Hardware mit den Anwenderprogrammen (Software) andererseits. Wer sich einmal mit den komplexen Strukturen befaßt hat, wird immer wieder erstaunt sein, daß so wenig Fehler passieren.

Andererseits ist der PC genauso einfach zu bedienen wie eine Schreibmaschine, wenn man bereit ist zuzugestehen, daß mit Recht sehr viel mehr Funktionen als bei einer Schreibmaschine vorhanden sind und daher die "Bedie-nungsanleitung" mit eben demselben Recht wesentlich umfangreicher ausfällt als bei einer Schreibmaschine. Daß genau diese Anleitung bei vielen PC sehr mager ausfällt oder ganz fehlt, wollen wir hier kritisch anmerken. Zu den Dingen, die ein(e) noch nicht mit zu viel PC-Wissen überladene(r) Anwender(in) für noch einfach hält, gehört beispielsweise das Einschalten des Rechners, denn den Knopf für "Ein und Aus" findet man ja noch ohne weiteres. Und genau das ist eine Fehleinschätzung, die man jedoch erst bemerkt, wenn nach (hoffentlich) vielen Monaten oder gar Jahren der Start des Rechners nicht so durchgeführt wird, wie man es gewöhnt war:

• "Er" sagt, daß ein Laufwerkfehler vorliegt oder die Diskette zum Starten nicht geeignet ist.

• Es piepst aus dem Lautsprecher und ein "Keyboard Error" wird gemeldet.

• Eine Meldung gibt an, daß eine "Datei nicht gefunden" wurde.

• Ein völlig unbekannter Bildschirm tut sich auf und erwartet eine Eingabe des Datums oder der Uhrzeit.

• "Das System wird angehalten", weil ein falscher oder fehlender "Kommandointerpreter"(?) festgestellt wurde.

Diese Aufzählung ließe sich beliebig mit Unregelmäßigkeiten fortsetzen, die durch ihr Ignorieren der Normalität Angst einjagen und mit einem Schlag klarmachen, daß im Hintergrund eines PC-Systems anscheinend doch mehr abläuft, als man sich beim Schreiben eines Briefes mit einer Textverarbeitung vorstellen will. Vielleicht werden Sie nun fragen: Was hat das alles mit der CONFIG.SYS und der AUTOEXEC.BAT zu tun, über die Sie sich informieren möchten? Unsere Antwort lautet: Sehr viel, denn genau der Start eines Rechners ist es, der die Weichen dafür stellt, ob Sie mit dem Rechner konfliktarm ("konfliktfrei" zu schreiben, haben wir nicht für realistisch gehalten) arbeiten können oder nicht. Daher lassen Sie uns einmal die Frage stellen:

Was passiert beim Start des Rechners?

Das Starten des Rechners hat zwei Ziele: Zum einen müssen alle Baugruppen mit Strom versorgt und in einen immer wieder gleichen "Nullzustand" versetzt werden, etwa eine immer wieder gleiche Anfangsposition des Lesekopfes eines Diskettenlaufwerks.

Betriebssystem in den Speicher laden

Zum anderen muß die Steuersoftware des PCs, das Betriebssystem (in unserem Falle MS-DOS 6.2 oder 6.22) in den Hauptspeicher geladen werden, da es dort benötigt wird, um Programme, die Sie betreiben, zu steuern und um ggf. Ihre Befehle entgegenzunehmen. Der Start des Rechnersystems bedeutet also den Start des PCs selbst (Hardware) und das Laden des Betriebssystems (Software).

Fachausdruck "booten"

In dem Moment, in dem Sie den Schalter für das Einschalten des Rechners betätigen, beginnt im Inneren ein sich bei jedem Start wiederholendes Ritual. Der amerikanische Fachausdruck für den Startvorgang lautet "booten" (von laden, hochfahren).

Start des Selbsttests

Nachdem das Netzteil seine Sollspannung aufgebaut hat und alle Baugruppen mit Strom versorgt sind, führt der Rechner einen Selbsttest durch, den sog. POST (power on self test). Sie erkennen dies daran, daß bei den Disketten-laufwerken die Betriebsanzeige kurz aufleuchtet und am Bildschirm der Hauptspeicher hochgezählt wird.

> **Tip**
>
> **Selbsttest umgehen**
>
> Diesen Selbsttest des Speichers können Sie bei vielen Rechnern durch Drücken der Taste Esc übergehen, dennoch sollten Sie den Speichertest von Zeit zu Zeit durchführen, um die korrekte Funktion der Chips zu überprüfen.

Die POST geht ab - Der Selbsttest

Während dieses Selbsttests werden die einzelnen Baugruppen (Speicher, Grafikkarte, Tastatur, Laufwerke etc.) kurz überprüft und ein Fehler mit Bildschirmmeldungen und mehreren Piepstönen des Rechners gemeldet.

> **Hinweis**
>
> **Der piept nicht richtig**
>
> Diese Piepstöne können sehr aufschlußreich sein, denn wenn die Grafik auch ausgefallen sein sollte, sind sie oft der einzige Hinweis auf den Grund des Versagens! Wenn Sie also einen Hardware-Fehler vermuten müssen, sollten Sie sich genau notieren, was passiert, um einem Servicetechniker eine präzise Beschreibung liefern zu können.

Wenn Sie während des Starts einen harmlosen Fehler verursachen möchten, der jedoch zeigt, daß der Selbsttest funktioniert, können Sie in der Startphase einfach eine Taste der Tastatur drücken: Da der POST keine gedrückte Taste voraussetzt, wird eine Fehlermeldung angezeigt. Je nach Rechnertyp wird der "Fehler" auch mit Piepstönen quittiert.

Die folgende Tabelle zeigt auf, welche Fehler mit welchen akustischen Signalen aufgezeigt werden:

Töne	Fehler
1	Refresh-Versagen von Speicherbausteinen
2	Parity-Fehler in einem Speicherchip der ersten 64 KByte
3	Allgemeiner RAM-Fehler
4	Timer-Fehler
5	CPU-Fehler (also ein Prozessor-Fehler)
6	Tastaturprozessor-Fehler
7	"Prozessor Exception Interrupt Failure", der Prozessor hat einen speziellen Modus ausgelöst; wahrscheinlich ein Prozessordefekt
8	Fehler in der Grafikkarte (Video-RAM) oder fehlende Grafikkarte
9	Prüfsumme des BIOS ist fehlerhaft

Hinweis

Nicht jeder Piep ist ein Fehler

Viele Rechner geben beim Start einen Signalton ab, der keine Fehlermeldung darstellt.

- Die ersten drei Fehler treten meist nach dem Einbau einer Speichererweiterung oder dem Einbau zusätzlicher RAM-Chips auf. Doch auch der Defekt eines RAM-Chips kann zu diesem Fehler führen.

- Fehlerursachen können nicht richtig eingesetzte oder defekte Chips sein. Der Grund kann jedoch auch sein, daß Sie falsche Speicherchips eingebaut haben.

- Tritt Fehler Nr. 4 auf, kann es sich um lockere oder nicht richtig eingesetzte Steckkarten handeln. Doch auch hier kann es sich um einen Fehler der Hauptplatine handeln.

- Fehler Nr. 5 wird wohl einen ernsteren Grund haben: Die CPU (der Prozessor) ist mit großer Wahrscheinlichkeit defekt.

- Wenn es sechsmal piepst, kann es günstigstenfalls das Tastaturkabel sein - wenn es nicht der Tastaturprozessor selbst ist.

- Die Fehlermeldung Nr. 8 hat ihren Grund in einer Fehlfunktion der Grafikkarte, die allerdings auch wieder mehrere Gründe haben kann: Schlechter Sitz im Slot, schlechter Kontakt, Defekt der Karte - es ist aber auch schon vorgekommen, daß durch einen zu schnellen Takt dieser Fehler hervorgerufen wurde.

11

- Nummer Neun schließlich ist möglicherweise harmlos: Die Prüfsumme der Angaben im CMOS-RAM ist falsch, möglicherweise ist eine Einstellung verloren gegangen oder die Angaben sind unstabil aufgrund einer leeren oder nahezu leeren Batterie.

Das Basic Input Output System steuert Ihren PC

Nach dem Selbsttest übernimmt ein unscheinbares und dennoch ungemein wichtiges Bauteil die Herrschaft: das BIOS (basic input output system). Diese in einem unlöschbaren Chip (auch ROM genannt) fest "eingebrannte" Software steuert die grundlegenden Funktionen des PCs und ist einerseits speziell auf Ihren PC zugeschnitten (also nicht mit anderen BIOS-Chips anderer PCs austauschbar), andererseits ist es für den Betrieb des PCs mit dem Betriebssystem MS-DOS eingerichtet.

Bindeglied zwischen Rechner und Betriebssystem

Wenn Sie so wollen, können Sie sich das BIOS als Steuersoftware mit Steckern an den zwei Enden vorstellen: Der Stecker am einen Ende ist nicht genormt, sondern paßt nur in den jeweiligen PC dieses Herstellers, der andere Stecker ist für den Anschluß an MS-DOS genormt. Auf diese Weise ist sichergestellt, daß jeder Rechner mit diesem BIOS (egal von welchem Hersteller) mit dem Betriebssystem MS-DOS zusammenarbeitet.

Das BIOS ist auch dafür verantwortlich, daß Ihr Rechner "IBM-kompatibel" ist, also funktionsidentisch mit dem Original-PC von IBM, die dieses wohl erfolgreichste Gerät der Industriegeschichte 1981 auf den Markt brachten. "IBM-kompatibel" bedeutet bei einem PC, der nicht von IBM selbst ist, nichts anderes, als daß das BIOS Ihres Rechners in seinen Funktionen identisch ist mit denen des IBM-PCs und daß damit alle Anwenderprogramme, die eigentlich ausschließlich für diesen geschrieben wurden, auch auf Ihrem PC laufen. Das Original-IBM-BIOS ist wie jede Software urheberrechtlich geschützt und darf daher nicht nachgebaut werden. Für die Nachbauten des (nicht patentrechtlich schützbaren) PCs entwarfen einige Firmen ein eigenes BIOS und versuchten, die Funktionen nachzubilden, ohne den Programmcode zu verwenden.

Die Folge war zunächst, daß die ersten "kompatiblen" Rechner alles andere als kompatibel waren, doch 1985 gelang es der amerikanischen Firma Phoenix unter notarieller Aufsicht, ein BIOS zu entwickeln, das in der Funktion mit dem IBM-BIOS identisch war, ohne jedoch auch nur eine einzige Zeile Programmcode zu verwenden. So können Sie heute davon ausgehen, daß Ihr PC wirklich kompatibel ist oder minimale Inkompatibilitäten aufweist, die Sie wahrscheinlich nur daran merken, daß kleine unerklärliche Fehler auftauchen, bei denen man das Gefühl nicht los wird, sie seien nur durch Wünschelrutengehen zu beseitigen. Neben den Aufgaben der Steuerung von grundlegenden Ein- und Ausgabefunktionen des Rechners hat das BIOS noch eine andere sehr wichtige Aufgabe:

Der Urlader lädt das Betriebssystem

Es enthält ein Unterprogramm, den sog. "Urlader", der bei jedem Einschalten des Rechners das Laden des Betriebssystems MS-DOS steuert. Hierbei ist es gleichgültig, ob der Rechner durch Einschalten am Netzschalter gestartet wird, den sog. Kaltstart, oder ob Sie ihn mit einem Warmstart, z. B. über die Tastenkombination Strg+Alt+Entf, dazu veranlassen, seine Arbeit ganz neu zu beginnen, was immer dann nötig wird, wenn sich das System hoffnungslos aufgehängt hat und außer kläglichem Piepsen keine Reaktion mehr erfolgt. Daß sich als erstes das BIOS des Rechners bemächtigt, können Sie daran erkennen, daß zu Beginn des Starts eine Meldung des BIOS mit Angabe des Herstellers erscheint, meist auch noch eine Versionsnummer und eine Jahreszahl.

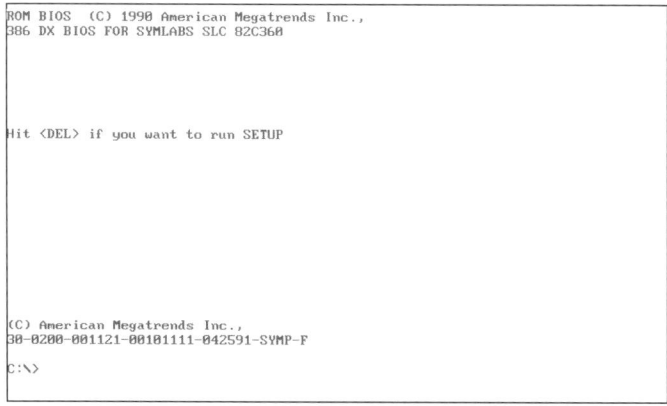

Abb. 1:
Eine BIOS-Meldung
beim Start

Bei manchen Rechnern erscheint vorher noch eine Meldung der Grafikkarte mit Angabe des Herstellers, oft wird auch die Größe des Grafikspeichers angegeben.

Das BIOS-Tuning

Die Einstellungen, die werksseitig im BIOS vorgenommen werden, sind keineswegs immer optimal. Daher werden wir Ihnen nun mitteilen, wie Sie Änderungen im BIOS vornehmen und was Sie dabei beachten müssen. Zuerst einmal: Wie kommen Sie in die Einstellungen des BIOS überhaupt hinein? Das haben die verschiedenen BIOS-Hersteller unterschiedlich gelöst: Wenn Ihr Rechner mit einem BIOS der Firma AMI Dienst tut, müssen Sie während des Systemstarts die Taste Entf gedrückt halten. Die Firma PHOENIX hat das genauso gelöst, wobei bei einigen Rechnern auch die Tastenkombination Strg+Alt+S die Einstellung des BIOS ermöglicht. Doch egal, wie Sie in das BIOS gelangen - eines sollten Sie immer beachten:

Einige der Einstellungen im BIOS greifen dermaßen tief in die Rechnerarchitektur ein, daß es durchaus passieren kann, daß Sie bei unsachgemäßen Eingriffen den ganzen PC lahmlegen.

Beachten Sie daher folgende Schutzmaßnahmen:

1 Schreiben Sie sich die BIOS-Einstellungen auf oder drucken Sie sie aus - mit der Taste Druck können Sie bei fast allen Rechnern den aktuellen Bildschirm ausdrucken.

2 Schreiben Sie sich unbedingt die Parameter der eingebauten Festplatte auf! Wenn Sie den falschen Typ angeben, wird die Platte nicht mehr erkannt. In einem solchen Falle sollten Sie auf keinen Fall die Platte mit FDISK einrichten oder formatieren. Sie müssen nur die richtigen Parameter für die Platte im BIOS angeben!

3 Die meisten dieser Änderungen wirken sich nur sehr gering auf die Arbeitsgeschwindigkeit aus. Rechnen Sie also nicht damit, aus einem Esel ein Rennpferd zu machen. Mit einem geeigneten Benchmark-Programm lassen sich die Auswirkungen der Änderungen messen.

4 Wenn Sie mit einer Konfiguration schiefliegen, der Rechner also seine Dienste verweigert, hat jedes BIOS eine Möglichkeit, in die Standardwerte zurückzuschalten und damit den alten Zustand wiederherzustellen.

5 Lassen Sie die Finger von den "Harddisk-Utilities" - dort wird die Platte formatiert (wenn es unter DOS nicht mehr geht!) oder der Interleave-Faktor verstellt, was Sie nur dann tun sollten, wenn Sie ganz genau wissen, was Sie zun.

Sie merken es schon: Die Änderungen im BIOS haben etwas mit Wünschelrutengehen zu tun: Jeder weiß, daß es funktioniert, doch nur wenige wissen, wie. Und ein wenig mit Probieren hat es auch zu tun: Wenn eine Einstellung nicht funktioniert, lassen Sie sie eben...

Das BIOS hat drei für Sie relvante Bildschirme:

- **Das Standard-CMOS-Setup**

  Hier werden die Standard-Einstellungen wie Systemdatum, Systemzeit, Typ der Festplatte und der Diskettenlaufwerke sowie der Typ der Grafikkarte festgelegt.

Hinweis

Datum und Zeit auch über DATE & TIME

Das Systemdatum und die Systemzeit müssen Sie nicht hier einstellen; die Befehle DATE und TIME schreiben die neuen Werte direkt in das Setup!

- Das **Advanced-CMOS-Setup**, das Ihnen bereits einen tieferen Eingriff in das BIOS gestattet sowie das

- **Advanced-Chipset-Setup**, das erlaubt, die Arbeitsweise von einzelnen Baugruppen des Rechners zu beeinflussen, was naturgemäß die meisten Möglichkeiten bietet, etwas falsch zu machen.

Wir werden im Verlaufe unserer Betrachtungen nur auf jene Optionen eingehen, bei denen eine Änderung sinnvoll ist.

Wenn Sie eine Änderung machen wollen, bewegen Sie den Balkencursor auf die Option und spielen mit der Taste Bild ↑ und Bild ↓ die einzelnen Einstellungen durch. Welche Tasten welche Aktion auslösen, können Sie in jedem Bildschirm am unteren Rand ablesen.

Das Standard-CMOS-Setup

Im ersten Bildschirm, den Sie von der Titelseite aus erreichen, sind Änderungen nur notwendig, wenn Sie an der Hardware Änderungen vorgenommen haben, etwa ein weiteres Diskettenlaufwerk oder eine weitere physikalische Festplatte eingebaut haben.

Hinweis

Logische Laufwerke nicht anmelden

Ein logisches Laufwerk, das Sie mit FDISK eingerichtet haben, muß im Setup nicht angemeldet werden!

Anders verhält es sich bei einer Speicheraufrüstung. Während Sie bei einem neuen Diskettenlaufwerk den Typ des Laufwerks angeben müssen, wird nach dem Einbau einer Speichererweiterung der Rechner einen "CMOS-Mismatch" melden. Wenn Sie nun in das Setup gehen, werden Sie feststellen, daß die neue Speichergröße bereits ermittelt und eingetragen ist. Eine Änderung der Speichergröße im Setup ist weder möglich noch nötig!

Hinweis

SCSI-Platte ist intelligent

Wenn Sie eine SCSI-Festplatte installiert haben, so werden Sie feststellen, daß diese im Setup als "Not installed" bekannt ist. Das hat sein Grund darin, daß eine SCSI-Platte ein eigenes BIOS besitzt, das beim Start die Initialisierung der Platte durchführt.

Das Advanced-CMOS-Setup

Schon umfangreicher sind die Möglichkeiten im "fortgeschrittenen" Setup.

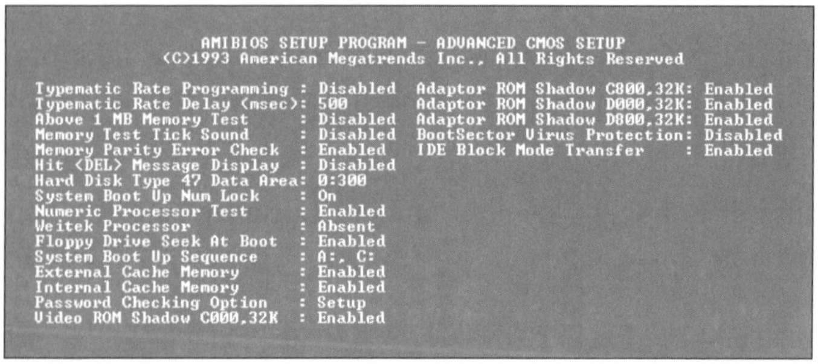

Abb. 2:
Das BIOS eines
AMI-Rechners

Bei den folgenden Optionen sind Änderungen erlaubt oder gar angeraten:

- *Typmatic Rate Programming* Hier geben Sie an, ob die Wiederholrate der Tastatur, die Sie in der Zeile darunter einstellen, aktiv sein soll oder nicht. Diese Einstellung können Sie in der AUTOEXEC.BAT mit dem MODE-Befehl wesentlich bequemer erzielen.

```
MODE CON RATE=32 DELAY=1
```

- *Above 1 MB Memory Test* Wenn diese Option aktivert ist, wird der gesamte Speicher (auch das Extended Memory also) überprüft, was entsprechend lange dauert. Diese Funktion kann auch von HIMEM.SYS übernommen werden.

- *Memory Test Tick Sound* Wenn Sie das Ticken beim Speichertest nervt (wen nervt das nicht?), können Sie es hier abschalten. Endlich.

- *Hit <DEL>-Message Display* Beim Start des Rechners sehen Sie die Meldung, wann Sie die Taste Entf zu drücken haben, um in das Setup des BIOS zu gelangen. Wenn Sie diese Meldung deaktivieren, so wird zwar der Systemstart etwas beschleunigt, doch ist das Drücken der Taste Entf dann ein wenig schwieriger. Wir meinen: Der Vorteil ist nicht groß genug für den Nachteil. Eingeschaltet lassen.

- *System Boot Up Num Lock* Auch dies - Taste NumLock nach dem Start aktiviert oder nicht - können Sie in der CONFIG.SYS einfacher einstellen.

- *Floppy Drive Seek At Boot* Soll während des Bootens ein Zugriff auf das Diskettenlaufwerk versucht werden? Wenn Sie sicher sind, daß Ihre Laufwerke funktionieren, können Sie diese Option deaktivieren und so etwas Zeit beim Startvorgang einsparen.

- *Sytem Boot Up Sequence* Mit der Einstellung A:,C: wird die normale Boot-Reihenfolge eingehalten: Erst das erste Diskettenlaufwerk, dann die Festplatte.

  Dies sollten Sie auf jeden Fall ändern. Zum einen spart es Zeit, zum anderen kann ein Boot-Virus in einer im Laufwerk vergessenen Diskette kein Schaden anrichten.

- *Password Checking Option* Wenn Sie den Zugang zu Ihrem Rechner kontrollieren wollen, können Sie die Paßwort-Option aktivieren und ein Paßwort vergeben.

  Vorsicht: Wenn Sie das Paßwort vergessen, müssen Sie in vielen Fällen das gesamte CMOS-RAM löschen, um den Rechner wieder normal starten zu können!

- *Shadow RAM; Option* Mit dieser Option werden Daten des langsamen ROM oder die Daten des Video-BIOS in das schnellere RAM verlagert. Das führt i. d. R. zu einer spürbaren Beschleunigung und sollte nicht deaktiviert werden, wenn es werksseitig aktiviert ist. Wenn dies nicht der Fall ist, sollten Sie dies für beide ("Both") Speicher nachholen.

Das Advanced-Chipset-Setup

Die Einstelllungen, die Sie hier machen können, sind sehr vielfältig, doch sind Änderungen nur in wenigen Fällen anzuraten. In diesem Bildschirm haben Sie mehr Chancen, Ihren Rechner zum Stillstand zu bringen, als ihn zu beschleunigen! Auch sollten Sie bei allen Experimenten bedenken, daß der Zuwachs an Geschwindigkeit teilweise so gering ist, daß Sie möglicherweise nur bei Benchmark-Tests eine Steigerung der Geschwindigkeit feststellen werden.

- *Auto Config Function* Nur wenn diese Option deaktiviert ist, werden Ihre Einstellungen benutzt. Wenn also einmal etwas nicht geklappt hat, können Sie durch aktivieren dieser Option dafür sorgen, daß wieder die werksseitgen Werte benutzt werden.

- *Hidden Refresh* Wenn diese Option aktiviert ist, wird der interne Refresh-Zähler benutzt, um die "Auffrischung" der Speicherwerte wirklich nur dann durchzuführen, wenn dies nötig ist. Der Gewinn an Geschwindigkeit ist sehr gering.

- *256 KByte Memory Relocation* Sie können einen Speicherbereich zwischen 640 KByte und 1 MByte dem Extended Memory hinzufügen und so für Windows-Anwendungen etwas mehr Speicher herausholen. Doch dann müssen Sie das Shadow-RAM (s. o.) deaktivieren bzw. durch eine Software-Lösung durchführen lassen.

- *Relocated 256 KByte Cachable* Haben Sie den Speicherbereich dem Extended Memory zugeschlagen, wie wir es eben beschrieben haben, können Sie mit dieser Option dafür sorgen, daß dieser Speicher "gecached" wird, was ein wenig zusätzliche Performance bringt - also: Wenn schon, denn schon.

- *Page Mode* Dieser Modus erlaubt es, die Speicherbänke im Interleaving Modus (abwechselnd) anzusprechen, was etwas Geschwindigkeitszuwachs bringt.

- *AT Bus Clock Selektion* Hier können Sie Ihrem Rechner eine andere Taktfrequenz für den Bus verpassen. Das kann durchaus bei einer Erhöhung zu einer deutlichen Geschwindigkeitssteigerung führen, doch in der Folge kann sich das auch so auswirken, daß sich Bausteine der Systemplatine durch thermische Probleme verabschieden. Auch wenn immer wieder zu lesen ist, daß man dort ruhig experimentieren sollte, müssen wir davor warnen. Eine Geschwindigkeitssteigerung kann sich jedoch dadurch ergeben, daß Sie Ihren Rechner beschädigen und sich dann einen neuen (schnelleren) kaufen ...

- *Memory Read Waitstates* Hier legen Sie fest, wie viele Taktzyklen die CPU bei einem Zugriff auf den Speicher warten muß. Hier sollten Sie keine zusätzlichen Waitstates eintragen, da diese den bereits vorgesehenen hinzugefügt werden! Das gleiche gilt für die nächste Option, Memory Write Waitstates.

- *I/O-Delay On Back To Back* Diese Option sollte eigentlich deaktiviert sein: Bestimmte Bausteine benötigen eine Erholzeit, bis sie wieder angesprochen werden. Diese Verzögerung wird hier eingeschaltet bzw. eingestellt. In modernen Rechnern sollte dies jedoch besser geregelt sein.

18

Falls diese Einstellung bei Ihnen aktiviert ist, sollten Sie sie probehalber deaktivieren und den Zugriff auf die Festplatte beobachten, die u. U. mit einem Performancegewinn reagiert. Sicherheitshalber sollten Sie sich den alten Wert jedoch merken, um ihn wieder eintragen zu können.

Alles in allem werden Sie feststellen, daß über das BIOS keine Änderungen der Grundperformance Ihres Systems zu erreichen sind, sondern nur "kosmetische" Verbesserungen.

Jetzt geht's los - Das Betriebssystem wird geladen

Das Betriebssystem muß bei jedem Rechnerstart neu in den Hauptspeicher geladen werden, weil dieser sehr schnelle und immer zu kleine Speicher eine funktionsbedingte Schwäche hat: Er verliert seine Daten, wenn der Rechner ausgeschaltet wird. Der Speicher des PCs ist also nach dem Ausschalten in seinem "Urzustand", nämlich leer. Der Urlader des BIOS lädt bei jedem Start das für den Betrieb des PCs unerläßliche Betriebssystem in den Hauptspeicher des Rechners, während er die Meldung

```
Starten von MS-DOS...
```

anzeigt. Dabei wird eine vorgeschriebene Reihenfolge eingehalten:

1 Zuerst wird versucht, auf die Diskette im ersten Diskettenlaufwerk (mit dem Namen A: bezeichnet) zuzugreifen. Damit wird sichergestellt, daß man den Rechner auch dann starten kann, wenn die Festplatte beim Start ihre Dienste versagt.

2 Erst wenn dort keine Diskette festgestellt werden kann (also nicht, wenn dort eine Diskette ohne Betriebssystem gefunden wird!), wird der Start von der ersten Festplatte mit dem internen Laufwerknamen C: durchgeführt.

Vorsicht - Keine Diskette im Laufwerk!

Der normalerweise vorzuziehende Start von der Festplatte gelingt also nur, wenn sich im ersten Diskettenlaufwerk keine Diskette befindet. Sollte sich dort eine Diskette befinden, die das Betriebssystem nicht enthält, erhalten Sie die Meldung

```
Kein System oder Laufwerkfehler.
Wechseln und Taste drücken
```

Diese Meldung besagt nichts anderes, als daß im Diskettenlaufwerk A: eine Diskette gefunden wurde, die das Betriebssystem nicht enthält (wahrscheinlich), oder das Diskettenlaufwerk fehlerhaft ist (eher unwahrscheinlich). Entfernen Sie also die Diskette und betätigen Sie eine beliebige Taste, um den Startvorgang von der Festplatte wieder in Gang zu setzen.

Hinweis

Im zweiten Diskettenlaufwerk kann ruhig eine liegen

Wenn Sie zwei Diskettenlaufwerke betreiben, dürfen Sie im zweiten ruhig eine Diskette während des Startvorgangs belassen, denn DOS sucht nur auf dem jeweils ersten Laufwerk.

Auf vielen Rechnern können Sie im BIOS-Setup festlegen, daß der Start zuerst von der Festplatte versucht werden soll. Dies hat für Sie zwei Vorteile: Zum einen wird der Start des Rechners beschleunigt, da der überflüssige Versuch des Starts vom Diskettenlaufwerk entfällt, zum anderen würde eine virenverseuchte Diskette im Laufwerk A: beim Start nicht zur Infizierung Ihres gesamten Systems führen.

Wie finden Sie heraus, ob diese Einstellung bei Ihnen möglich ist? Nun, der Aufruf des Setup ist nicht standardisiert, doch auf den meisten Rechnern gelangen Sie in die Grundeinstellung des Rechners, wenn Sie während des Systemstarts die Taste Entf drücken. Sehen Sie weiter oben die Ausführungen zum BIOS-Tuning.

Das Betriebssystem - Was ist das überhaupt?

Wir sprechen immer darüber, daß "das Betriebssystem" geladen wird. Was, so wollen wir an dieser Stelle einmal erörtern, ist denn nun das Betriebssystem? Woraus besteht es? Wo kann man es sehen? Sie bekommen MS-DOS auf vier 3½-Zoll-Disketten geliefert, auf denen sich zusammen etwa 5 MByte (1 Byte = 1 Zeichen) an Daten befinden. Das ist jedoch nicht etwa alles "das Betriebssystem" MS-DOS, sondern es sind Dutzende von Hilfsprogrammen und externen Zusätzen, die viele Anwender überhaupt nicht kennen (müssen) oder nur sehr wenig anwenden.

Drei Elemente - IO.SYS, MSDOS.SYS, COMMAND.COM

Das eigentliche Betriebssystem besteht aus drei Elementen (man nennt in einem PC-System einen zusammengehörenden Datensatz "Datei"):

Den beiden versteckten, also für den Anwender nicht sichtbaren, Dateien IO.SYS und MSDOS.SYS und dem im Inhaltsverzeichnis sichtbaren Programm COMMAND.

COM. Wenn Sie Ihre Festplatte mit dem beigefügten Hilfsprogramm DBLSPACE (MS-DOS 6.2) oder DRVSPACE (MS-DOS 6.22) komprimiert haben, gehört auch DBLSPACE.BIN bzw. DRVSPACE.BIN zu diesem Betriebssystemkern, der beim Starten geladen wird.

Tip

Unsichtbare Dateien sichtbar machen

Ein kleiner Trick: Wenn Sie die unsichtbaren Dateien sehen wollen, rufen Sie das Inhaltsverzeichnis mit einem nachgestellten Komma auf:

```
DIR,
```

Es gibt jedoch auch eine "offizielle" Funktion, mit der Sie die versteckten Dateien sichtbar machen können:

```
DIR A:H
```

reduziert die Anzeige auf die versteckten Dateien.

Reservierter Teil des Datenträgers

Die beiden versteckten Dateien sind der Kern des Betriebssystems, diese müssen sich auf einem eigens für sie reservierten Teil der Festplatte oder Diskette befinden, dem sog. Boot-Block des Datenträgers. Daher können sie auch nicht mit den Kopierbefehlen des Betriebssystems auf den Datenträger kopiert werden.

COMMAND.COM führt Befehle aus

Das Programm COMMAND.COM hingegen, der sichtbare Teil des eigentlichen Betriebssystems, ist der sog. Kommandoprozessor. Seine Aufgabe ist es, Ihre Befehle entgegenzunehmen, zu interpretieren und zur Ausführung weiterzuleiten oder selbst auszuführen, da er alle wichtigen Befehle als sog. *interne Befehle*, des Betriebssystems als integralen Bestandteil mit sich führt.

Mehr als die drei Kernprogramme sind nicht nötig!

Es herrscht unter den Einsteigern oft Unklarheit, daher hier noch einmal ganz deutlich: Wenn sich die beiden versteckten Systemdateien und COMMAND.COM auf dem Datenträger befinden, können Sie Ihren Rechner starten und jedes Programm betreiben, das mit MS-DOS als Betriebssystem läuft. Alle anderen Programme des Betriebssystems, die sog. *externen Befehle* liegen als jeweils eigenständige Datei auf dem Datenträger vor und werden bei Bedarf hinzugeladen. Diese Dienstprogramme -

etwa für das Inbetriebnehmen (Formatieren) einer Diskette oder das Sichern von Datenbeständen - sind zwar für Ihre bequeme Arbeit am PC sicherlich wichtige Programme, werden jedoch für eine einwandfreie Arbeit des Betriebssystems nicht benötigt.

Wenn also der Start einmal mit Hinweis auf einen "fehlenden oder fehlerhaften Kommandoprozessor" mißlingen sollte, reicht es häufig, den COMMAND.COM von den Originaldisketten erneut auf den fraglichen Datenträger zu kopieren, um diesen Fehler zu beheben. Halten wir also fest, daß der Start des Rechners mit dem Start der Hardware und dem Laden des Betriebssystems eigentlich abgeschlossen ist, der PC ist nach dem Booten lauffähig.

CONFIG.SYS und AUTOEXEC.BAT konfigurieren Ihr System

Die Hochglanzprospekte der Hersteller von Hard- und Software wollen uns immer wieder weismachen, wir könnten den PC "einschalten und loslegen". Dem - das muß hier einmal ganz deutlich gesagt werden - ist nicht so, wenngleich sich die Benutzer-freundlichkeit gerade des Betriebssystems in den letzten Jahren verbessert hat. Keine Hardware läuft problemlos, wenn der Anwender nicht hier und da eingreift, keine Software installiert sich von selbst und richtet sich von selbst auf die Bedürf-nisse des Anwenders und seine Arbeitsumgebung ein.

Der PC ist nämlich nicht ein einziges Gerät, wie es auf den ersten Blick scheinen mag, sondern besteht aus vielen einzelnen Komponenten, die mit dem eigentlichen Rechner, dem Prozessor, zusammenarbeiten bzw. ihm zuarbeiten. Diese Komponen-ten (Bildschirm, Tastatur, Diskettenlaufwerk, Festplatte etc.) sind eigenständige Ge-räte, die nicht der Rechner für seine Arbeit, sondern Sie für Ihre Arbeit benötigen: Sie möchten Daten eingeben oder das Ergebnis Ihrer Arbeit am Bildschirm sehen, Sie wollen Daten auf der Festplatte ablegen (und möglichst wiederfinden) - für die eigentliche Arbeit des Rechners sind diese Geräte nicht notwendig.

Baugruppen sind zu einem Gesamtsystem verknüpft

Alle Baugruppen der Hauptplatine des Rechners, dem sog. Motherboard, und die angeschlossenen Einzelgeräte sind zu einem sehr komplexen Gesamtsystem ver-knüpft, das erst in seiner Gesamtheit für den Anwender einen Wert hat, kann er doch Daten eingeben, lesen, speichern, bearbeiten - eben mit dem PC arbeiten. Dieses Gesamtsystem namens PC ist zwar vom Hersteller zusammengebaut und (hoffentlich) lauffähig verschraubt und gelötet, doch das ist auch schon alles. Ab jetzt ist ein PC nicht mehr wie der andere:

* Haben Sie sich 4 MByte Hauptspeicher geleistet oder gar 8 MByte? Oder haben Sie festgestellt, daß Windows erst ab 16 MByte befriedigend läuft - und wollen nun aufrüsten?

* Wollen Sie auf Ihrem Rechner mit einem Prozessor 80486 das Betriebssystem MS-DOS betreiben oder möchten Sie es mal mit OS/2 versuchen? Denken Sie an einen Umstieg auf UNIX? Oder möchten Sie vielleicht alle drei einmal auf einem System vergleichen?

* Sie haben einen Drucker gekauft: Was macht Sie glauben, daß er mit den Daten aus Ihrem Rechner etwas anfangen kann?

* Wenn Sie die mitgelieferte Maus Ihres Rechners gegen ein ergonomisch besseres Exemplar austauschen, gehen Sie wahrscheinlich davon aus, daß Ihr PC auch diese Maus kennt?

* Sie haben eine zu kleine Festplatte? Wie wäre es, eine zweite einzubauen? Der Händler hat Ihnen gesagt, daß eine AT-Bus-Festplatte das Beste für Sie sei. Sie haben es geglaubt. Glaubt Ihr PC das auch?

* In Amerika ist die Tastatur vollkommen anders aufgebaut als in Europa, da dort beispielsweise die Umlaute nicht benötigt werden. Wie nun soll der PC wissen, in welchem Land er auf dem Schreibtisch steht? Gleiches gilt für das vollkommen andere Datumsformat und den Dezimalpunkt.

* Wo suchen eigentlich die Spanier ihr umgedrehtes Fragezeichen? Oder die Skandinavier die normalen Zeichen ihrer Sprache?

Unterschiedliche Ausstattung

Sie sehen sofort, daß es keine allgemein verbindliche Ausstattung eines PCs geben kann, sondern daß die Einstellung der gesamten Arbeitsumgebung eine Sache ist, die dem Anwender in sehr weiten Grenzen selbst überlassen bleibt.

Die Chance der Freiheit

Es mag Ihnen als Nachteil erscheinen, daß Sie als Anwender so viele Dinge selbst einstellen können (und müssen), doch diese Systemoffenheit war einer der Gründe für den Erfolg des PCs und damit für die Öffnung aller Möglichkeiten für sehr viele Anwender. Der PC muß also auf die verschiedenen Systemkomponenten eingestellt werden, man sagt dazu Konfiguration. Dabei muß man zwei grundsätzlich verschiedene Arten der Konfiguration des Rechners unterscheiden:

Das SETUP - Informationen über die Hardware

Die Anmeldung von normalen Laufwerken (Diskettenlauf-werke und Festplatten) im System und die Bekanntgabe des verfügbaren Hauptspeichers sowie weiterer Systemparameter geschieht im sog. *Setup* des Rechners, das auf jedem Rechner anders aufgerufen wird. Bei den meisten Geräten müssen Sie während des Starts die Taste Entf gedrückt halten. Wie das bei Ihrem Gerät funktioniert, lesen Sie bitte im Handbuch des Rechners nach. Die im BIOS-Setup niedergelegten Einstellungen werden in aller Regel einmal gemacht und nicht mehr verändert, es sei denn, die betreffenden Hardware-Komponenten werden geändert (andere Festplatte, mehr Speicher etc.). Diese Werte werden in einem gesonderten Speicher, dem CMOS-RAM, gespeichert, dessen Erinnerungsvermögen durch einen Akku aufrechterhalten wird, wenn Sie das Gerät ausschalten.

Hinweis

CMOS-RAM-Einstellungen sichern

Sie sollten sich unbedingt die CMOS-RAM-Einstellungen Ihres Rechners, insbesondere des Festplattentyps, aufschreiben, damit Sie die Daten nach einem Ausfall des Akkus wieder restaurieren können! Wenn Sie den falschen Festplattentyp angeben, haben Sie entweder eine falsche Kapazität der Festplatte, viel wahrscheinlicher ist allerdings, daß der Zugriff auf die Daten komplett mißlingt.

Konfiguration des Rechners durch den Anwender

Die andere Art der Konfiguration wird bei jedem Start erneut vorgenommen, weil dort eine Steuersoftware geladen werden muß, die ja durch das Ausschalten des Rechners wieder aus dem Speicher entfernt wird. Diese Konfiguration geschieht durch zwei spezielle Dateien namens CONFIG.SYS und AUTOEXEC.BAT, die beim Start des Rechners erkannt werden und in denen der Anwender seine Befehle für die Konfiguration niedergelegt hat, die beim Starten wie ein Einkaufszettel "abgehakt" werden. Wir werden auf die Unterschiede später zu sprechen kommen, hier sei noch einmal festgestellt: Die Konfiguration durch das Setup des Rechners enthält grundsätzliche Einstellungen über das Vorhandensein verschiedener Komponenten, die sich selten oder nie ändern, während die Konfiguration durch die Startdateien des Rechners automatisch die notwendige Steuersoftware lädt und Einstellungen vornimmt, die möglicherweise von Start zu Start verschieden sein können.

Um den Rechner jedesmal mit einer anderen Konfiguration zu booten, können Sie sich der Möglichkeiten eines Startmenüs bedienen, das wir Ihnen in dem Kapitel "Die Luxusausführung - Wunschkonfiguration per Startmenü" vorstellen. Es ist übrigens nicht so, daß man diese Dateien haben *muß*, im Gegenteil: Der Startvorgang wird auch ohne diese Dateien ganz normal durchgeführt. Doch eventuell notwendige Einstellungen werden natürlich nicht vorgenommen, der PC wird ohne jede Einrichtung der verschiedenen Komponenten gestartet, und es ist sehr zu bezweifeln, daß er in diesem ohne Einschränkung seiner Funktionalität seinen Dienst tut. Wir werden weiter unten darauf eingehen, wie Sie Ihren PC mit diesen Dateien optimal einrichten; hier nur ein paar grundsätzliche Anmerkungen.

Reine Textdatei ohne Steuerzeichen

Die CONFIG.SYS ist wie die AUTOEXEC.BAT eine reine Textdatei, die lediglich Text, also Zahlen und Buchstaben, nicht aber besondere Zeichen, sogenannte Steuerzeichen, enthält. Eine solche Datei können Sie mit dem DOS-Editor EDIT oder mit dem Windows-Notizblock einsehen, ändern oder erstellen.

Nur im Hauptverzeichnis wirksam!

Beide Dateien werden ausschließlich im Hauptverzeichnis des Startlaufwerks gesucht. Dieses Hauptverzeichnis ist das oberste der Verzeichnisse, in denen in einem PC-System Dateien abgelegt werden, wie Sie Schriftstücke in verschiedenen Ordnern ablegen, um Sie in einem schnellen und sicheren Zugriff zu haben. Wenn Sie normal am DOS-Prompt arbeiten, also Befehle eintippen und mit der Taste Enter auslösen, wechseln Sie mit

```
CD \
```

in das Hauptverzeichnis und rufen dort mit

```
DIR /P
```

das Inhaltsverzeichnis auf. Sie sehen dann, wenn es sie dort gibt, diese beiden Dateien mit Angabe der Größe und Datum bzw. Uhrzeit der Entstehung oder der letzten Änderung.

Wenn Sie mit Windows arbeiten, wechseln Sie in das Hauptverzeichnis, indem Sie auf das oberste Verzeichnis im Datei-Manager gehen. Im rechten Dateifenster sehen Sie dann ebenfalls die beiden Dateien.

Inhalt der Systemdateien ansehen

Wenn Sie sich den Inhalt der Dateien anschauen wollen, haben Sie dafür mehrere Möglichkeiten: Sie holen sich den Inhalt mit dem Befehl TYPE an den Bildschirm, schreiben also

```
TYPE CONFIG.SYS
```

Wenn Sie die Dateien bearbeiten wollen, müssen Sie sie in einen sog. Editor laden, ein Programm also, das das Editieren (Ändern, Ergänzen) des Textes erlaubt: Starten Sie den DOS-Editor EDIT mit diesen Dateien, indem Sie

```
EDIT \CONFIG.SYS  bzw.  EDIT \AUTOEXEC.BAT
```

eingeben. Den Backslash \ vor dem Namen verwenden Sie, weil sich die beiden Dateien im Hauptverzeichnis des Rechners befinden, er ist also eine Angabe darüber, wo diese Datei zu finden ist.

Tip

Dateien komfortabel laden

Sie können sich die Arbeit jedoch vereinfachen, indem Sie mit dem Editor im DOS-Verzeichnis eine Datei namens AUTO.BAT und eine Datei namens CONF.BAT erstellen, die lediglich die Zeilen für das Starten des Editors mit eben jenen Konfigurationsdateien enthalten. Dann können Sie durch Aufruf dieser Batch-Dateien komfortabel die Dateien zum Bearbeiten laden. Hier ein Beispiel für die CONF.BAT:

```
@ECHO OFF
COPY \CONFIG.SYS \CONFIG.BAT
EDIT \CONFIG.SYS
```

Hinweis

Vorsicht beim Speichern

Wenn Sie den Editor aufrufen, um sich lediglich den Inhalt der Datei anzusehen, sollten Sie darauf achten, daß Sie nicht versehentlich eine Änderung vornehmen, die möglicherweise weitreichende Auswirkungen haben kann. Sollte beim Verlassen des Editors die Frage gestellt werden, ob Sie die geänderten Daten speichern wollen, sollten Sie in einem solchen Fall sicherheitshalber mit *Nein* antworten.

Bis jetzt wurde also herausgearbeitet, daß die beiden Konfigurationsdateien im Hauptverzeichnis des Startlaufwerks gesucht werden. Das hat eine entscheidende Konsequenz für Sie: Wenn Sie sich eine Diskette erstellen wollen, mit der Sie Ihren Rechner, anstatt von der Festplatte, starten können - wir haben in dem Kapitel "Wenn es sein muß - Fehlersuche" dazu einige Tips für Sie -, müssen sich darauf auch die CONFIG.SYS und AUTOEXEC.BAT befinden, die auf der Festplatte die Konfiguration steuern. Wir haben ebenfalls festgestellt, daß die beiden Dateien ausschließlich im Hauptverzeichnis des Startlaufwerks gesucht werden. Sollten Sie die Dateien also mit dem DOS-Befehl MOVE in ein anderes Verzeichnis verschieben, so werden diese Dateien in diesem Verzeichnis nicht zum Start herangezogen, auch wenn sie den vorgeschriebenen Namen besitzen.

Vorgeschriebene Namen

Schließlich wollen wir festhalten, daß der Name der beiden Dateien ebenfalls vorgeschrieben ist, also nicht - etwa mit dem Befehl REN - geändert werden darf.

Nutzen Sie den Editor EDIT

Wenn Sie die beiden Konfigurationsdateien CONFIG.SYS und AUTOEXEC.BAT erstellen, ergänzen oder ändern möchten, müssen Sie darauf achten, daß Sie eine reine Textdatei erstellen, die auch oft ASCII-Datei genannt wird, weil sie lediglich die ASCII-Zeichen ab Nummer 32 enthalten darf. Die ASCII-Zeichen 0 bis 31 sind Steuerzeichen, die etwa eine Textverarbeitung benötigt, wenn Sie den Text formatieren, also Randeinstellungen machen etc. Da diese Steuerzeichen in den verschiedenen Programmen die unterschiedlichsten Interpretationen erfahren, kann ein Steuerzeichen in einer der beiden Dateien zu großen Problemen führen.

Sie dürfen zwar Ihre Textverarbeitung zum Ändern der beiden Dateien benutzen, müssen jedoch darauf achten, daß der Text ohne Steuerzeichen abgespeichert wird. Die Option heißt dann *Nur Text* oder *ASCII-Text*. Lesen Sie ggf. im Handbuch nach.

Einfacher ist es, wenn Sie den bei MS-DOS mitgelieferten Editor EDIT aufrufen, um die Dateien zu bearbeiten, denn dieser Editor ist eine Miniatur-Textverarbeitung, die ausschließlich reine Textdateien erzeugt. Der Editor ist sehr einfach zu bedienen und doch für die gedachten Zwecke außerordentlich leistungsfähig.

Welche Eingaberegeln für die Konfigurationsdateien sind zu beachten

Es sind nur wenige Regeln, die Sie für die Eingabe von Befehlen in den Dateien CONFIG.SYS und AUTOEXEC.BAT befolgen müssen.

Jeder Befehl eine eigene Zeile

Die erste und wichtigste Regel ist, daß in beiden Dateien jeder Befehl in einer eigenen Zeile stehen muß. Die Befehle werden dann in genau dieser Reihenfolge abgearbeitet.

> **Hinweis**
>
> **Mehr Flexibilität durch Batch-Befehle**
> In der AUTOEXEC.BAT können Sie gemäß den Regeln der Batch-Befehle mit dem Befehl GOTO und der Abfrage mit IF bedingte Sprünge einbauen und so den Ablauf der AUTOEXEC.BAT sehr flexibel gestalten, was wir Ihnen jedoch nur empfehlen können, wenn Sie über mehr Kenntnisse der Batch-Programmierung verfügen.

Leerzeilen erlaubt

Leerzeilen sind in beiden Dateien erlaubt und können daher verwendet werden, um einzelne Abschnitte optisch voneinander zu trennen.

Bemerkungen mit REM und ;

Auch sehr hilfreich ist die Möglichkeit, mit dem Befehl REM Bemerkungen einzubinden, um Ihnen (oder auch möglicherweise anderen) die Bedeutung des einen oder anderen Treibers oder Befehls zu erläutern. Dies ist insbesondere dann geraten, wenn es sich um einen für das System sehr wichtigen Treiber handelt, etwa für den Betrieb der Platte:

```
REM Diesen Treiber nicht verändern!
```

In der AUTOEXEC.BAT (und nur dort!) können Sie eine Bemerkung auch mit einem Doppelpunkt einleiten:

```
:Diese Bemerkung ist kein Befehl.
```

Den REM-Befehl können Sie auch "mißbrauchen", um einen Befehl vorübergehend zu deaktivieren. Anstatt ihn zu löschen und später wieder eintippen zu müssen, setzen Sie REM davor.

Tip

; statt REM

Ab der Version 6.2 dürfen Sie in der CONFIG.SYS (nicht aber in der AUTOEXEC.BAT!), anstelle des REM-Befehls, das inzwischen für Kommentare international übliche Semikolon verwenden:

```
;Dies ist ein Kommentar
```

Programm-Meldungen abschalten

Die meisten Treiber und residenten Programme erzeugen eine Meldung während des Ladens. Das ist als Information für den Anwender recht hilfreich, doch nach mehrmaligem Lesen weiß man, was da geladen wird - man hat es ja schließlich so eingerichtet. Diese Meldungen können auch aus anderem Grund unerwünscht sein, wenn man nämlich in einer Firma den Anwender über seinen Rechner und dessen Konfiguration im unklaren lassen will. Leider kann man nur in der AUTOEXEC.BAT die Meldungen abschalten, doch das ist ja meist ausreichend. Dafür kann man einen kleinen Trick anwenden: Die Meldungen (nämlich die Standardausgabe) des Programms werden umgeleitet in das Daten-"Nirwana" namens NUL:

```
LH C:\DOS\MOUSE >NUL
```

Die normale Meldung wird nicht angezeigt, eine Fehlermeldung, die intern anders gehandhabt wird, ist jedoch nicht betroffen.

Sorgfalt ist angesagt

Und eine letzte Regel, die sich eigentlich von selbst versteht: Jeder Schreibfehler oder jede Ungenauigkeit führt nicht nur zu der Fehlermeldung, daß es sich um einen unbekannten Treiber in der CONFIG.SYS handelt oder daß die Datei nicht gefunden wurde, sondern auch dazu, daß das betreffende Programm nicht geladen wird und seine Funktion nicht aufnehmen kann!

Die spezifischen Aufgaben der Konfigurationsdateien

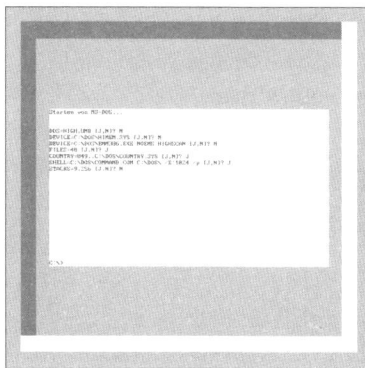

Es ist auffällig, daß man für die Automatisierung des Startvorgangs zwei Dateien benötigt, daß beide also anscheinend unterschiedliche Aufgaben wahrnehmen. In der Tat ist der Unterschied zwischen beiden Dateien bzw. ihren Aufgaben erheblich.

CONFIG.SYS wird zuerst abgearbeitet

Der Unterschied zwischen beiden Dateien ist zuerst einmal der, daß die CONFIG.SYS immer als erste von beiden gesucht und Zeile für Zeile abgearbeitet wird. Dieser Unterschied ist jedoch nicht so sehr von Bedeutung, sondern er hängt direkt mit den anderen weit wichtigeren Unterschieden zusammen:

CONFIG.SYS lädt Gerätetreiber für Gerätesteuerung

In der CONFIG.SYS werden ganz bestimmte Befehle erteilt und Software-Bestandteile geladen. Die Software, die durch die CONFIG.SYS geladen wird, greift ausnahmslos sehr tief in die Steuerung der Hardware ein. Man nennt die Programme daher auch Gerätetreiber, da sie in einer bevorzugten Position im Hauptspeicher (daher auch die Reihenfolge!) bestimmte Geräte betreiben.

Wir werden auf die Gerätetreiber weiter unten noch einmal zurückkommen, hier nur so viel: Die dort zu ladende Software muß von ganz bestimmter Art sein, damit sie durch die CONFIG.SYS geladen werden kann. Die Gerätetreiber werden also auf keinen Fall wie ein Programm gestartet, sondern immer automatisch vom Betriebssystem oder durch die CONFIG.SYS geladen. Die anderen Befehle, die neben dem Laden von Gerätetreibern in der CONFIG.SYS verwendet werden dürfen, sind genau festgelegt und dienen ausnahmslos der grundlegenden Einstellung Ihres Systems für die mit dem Start des Rechners beginnende Arbeitssitzung.

Hinweis

Fragen Sie zuerst...

Änderungen in der CONFIG.SYS-Datei haben wegen der grundlegenden Bedeutung für die Systemparameter meist gravierende Auswirkungen; unsachgemäße Einträge können das System vollkommen lahmlegen. Informieren Sie sich also vorher genau über die Wirkungsweise der Befehle, die Sie dort verwenden.

Befehle bedingen einander oder schließen sich aus

Ein weiterer Unterschied: Bestimmte Gerätetreiber oder Befehle bedingen einander oder schließen sich aus, die Reihenfolge der Treiber und Befehle in der CONFIG.SYS kann also meist nicht willkürlich gewählt werden.

Beispiel:

Wenn Sie mit dem Befehl

```
DOS=HIGH
```

das Betriebssystem in den oberen Speicher (High Memory Area - HMA) auslagern und so wertvollen Speicherplatz gewinnen wollen, muß vorher dieser Bereich mit dem Treiber HIMEM.SYS in der vorgeschriebenen Weise geöffnet werden. Der Befehl benötigt das vorherige Laden des Treibers also in der CONFIG.SYS.

Anwender- oder DOS-Programm automatisch starten

In der AUTOEXEC.BAT dagegen kann jedes Programm gestartet werden, das sich auf Ihrer Platte befindet und das Sie nicht "per Hand", sondern automatisch starten wollen. Mit der AUTOEXEC.BAT sind also ständig wiederkehrende Vorgänge automatisierbar. Sie können das Programm für die deutsche Tastaturbelegung KEYB.COM nach dem Start eintippen und so für normale Verhältnisse sorgen oder dies durch die AUTOEXEC.BAT erledigen lassen. Mit einem Wort: Die Programme und Betriebssystem-Module, die durch die AUTOEXEC.BAT gestartet werden, könnten Sie auch "per Hand" nach dem Systemstart selbst starten, Sie sind dazu jedoch (und Recht haben Sie!) zu bequem. Die Gerätetreiber der CONFIG.SYS dagegen können nur dort gestartet werden.

Keine vorgeschriebene Reihenfolge

Da es sich in der AUTOEXEC.BAT um ganz normale Programme handelt, sind diese auch meist unkritisch, was ihre Position in der Datei angeht. In der AUTOEXEC.BAT gibt es lediglich dann eine vorgeschriebene, besser gesagt sinnvolle Reihenfolge, wenn ein Programm eines anderen Programms bedarf. Wenn etwa ein Textprogramm durch die AUTOEXEC.BAT gestartet wird, das Sie zusammen mit einem Programm für eine schnellere Druckausgabe benutzen wollen, muß die Zeile mit dem Aufruf des Textprogramms natürlich nach dem Aufruf des anderen Program-ms abgearbeitet werden.

Ein anderes Beispiel: Wenn Sie durch die AUTOEXEC.BAT Ihr Netzwerk starten, so werden dafür einige Befehle in der AUTOEXEC.BAT nötig sein, die alle in der vorgeschriebenen Reihenfolge auftauchen müssen.

Ob Sie dagegen erst den Suchpfad mit PATH festlegen und dann den Tastaturtreiber KEYB laden, bleibt Ihnen vollkommen freigestellt.

Gerätetreiber verbleiben im Speicher bis zum Ausschalten

Während die Einstellungen durch die CONFIG.SYS bis zum Ausschalten des Rechners gelten und nur in Ausnahmefällen noch geringfügig geändert werden können, verbleiben Programme, die durch die AUTOEXEC.BAT gestartet werden, nicht grundsätzlich bis zum Ausschalten im Hauptspeicher. Ein letzter Unterschied: Die CONFIG.SYS als Datei kann nur durch den PC gestartet werden, die AUTOEXEC. BAT wird beim Starten des Rechners zwar vom Rechner gestartet (AUTOEXEC = *Autoexecute*, automatisch ausführen), könnte jedoch theoretisch zu jedem beliebigen Zeitpunkt auch von Ihnen gestartet werden, da es sich eigentlich um eine normale Batch-Datei handelt.

Wenn Sie also den Gerätetreiber HIMEM.SYS durch die CONFIG.SYS geladen haben, können Sie ihn nicht mehr entfernen, es sei denn, Sie änderten Ihre CONFIG.SYS und starten den Rechner neu. Laden Sie dagegen das Virenschutzprogramm VSAFE als letztes residentes Programm durch die AUTOEXEC.BAT, so können Sie es jederzeit durch

```
VSAFE /U
```

wieder entfernen, sofern nicht danach ein anderes residentes Programm geladen wurde, das zuerst entfernt werden muß.

Was ist ein Gerätetreiber?

Es war schon ein genialer Schachzug von IBM, den PC so zu konstruieren, daß die Steuerung externer Geräte durch ausgelagerte Gerätetreiber durchgeführt wird. Dies war einer der Gründe für den außerordentlichen Erfolg des PCs.

Gerätetreiber in Betriebssystem fest einprogrammiert

Um dies zu erläutern, sollte man einen Einblick bekommen, wie bei anderen Betriebssystemen - etwa auf Großrechenanlagen - die Steuerung der Hardware durchgeführt wird: Dort ist die Steuerung der intern und extern anzuschließenden Geräte fest in das Betriebssystem eingebaut, was jedoch den schwerwiegenden Nachteil hat, daß Änderungen oder Ergänzungen nur sehr schwierig und mit großem Aufwand zu realisieren sind, da diese eigens programmiert werden müssen.

Gerätetreiber als Module beigefügt

MS-DOS dagegen hatte von Anfang an folgende Konstruktion: Das Betriebssystem steuert die einzelnen Geräte nicht selbst, sondern hat ein Art genormten Eingang, in das Software - eben jene Gerätetreiber - "hineingesteckt" werden kann, um so das neue Gerät an das Betriebssystem anzuschließen. Auch die Geräte, aus denen ein PC besteht, werden nicht durch das Betriebssystem gesteuert, sondern haben jedes einen Gerätetreiber, der dieses Gerät alleinverantwortlich steuert. Der Vorteil liegt auf der Hand: Es können beliebige Geräte angeschlossen werden, für die eine einzige Bedingung existiert: Sie müssen einen Gerätetreiber mitbringen, der die Konventionen von DOS einhält und so in das Betriebssystem paßt.

Hardwarenaher Bereich im Speicher

Gerätetreiber werden wie Programme in den Hauptspeicher geladen, doch im Gegensatz zu Programmdateien werden sie von der CONFIG.SYS in einen reservierten Bereich am untersten Ende des Hauptspeichers geladen, da sie sehr eng mit der Hardware zusammenarbeiten müssen. Man unterscheidet grob zwei Arten von Gerätetreibern: die Zeichen-Gerätetreiber und die Block-Gerätetreiber.

Die Zeichen-Gerätetreiber

Ein Zeichen-Gerätetreiber führt die Kommunikation mit der angeschlossenen Hardware zeichenweise (Byte für Byte) durch. Dazu gehört der Gerätetreiber CON, der die Tastatur und den Bildschirm zeichenweise steuert - jeder Druck auf die Tastatur erzeugt das vereinbarte Zeichen auf dem Bildschirm. Auch der Gerätetreiber PRN für den Drucker an der ersten parallelen Schnittstelle steuert den Drucker zeichenweise, also Byte für Byte. Ein Zeichen-Gerätetreiber ist von seinem Aufbau her immer für ein Gerät zuständig, so daß für jedes der damit betriebenen Geräte ein Gerätetreiber notwendig ist.

Die Block-Gerätetreiber

Anders verhalten sich die Block-Gerätetreiber: Da sie der Kommunikation des Betriebssystems mit Massenspeichern wie Festplatte oder Diskettenlaufwerk dienen, wird nicht jeweils ein Zeichen übertragen, sondern ein Block von Zeichen, dessen Größe von Gerät zu Gerät, ja sogar auf ein und demselben Gerät variieren kann. Die Namen der Block-Gerätetreiber entsprechen in der Regel den Laufwerknamen, also A: für das erste Diskettenlaufwerk oder C: für die erste Festplatte. Da die Struktur der Kommunikation bei einer Festplatte C: ähnlich oder gleich sein kann wie bei einer Festplatte D:, wird nicht für jedes Gerät ein Block-Gerätetreiber benötigt.

36

Interne und externe Treiber

Neben der Unterscheidung in Zeichen- und Block-Gerätetreiber unterscheidet man interne Treiber wie den Treiber CON für Bildschirm und Tastatur (die fest im Betriebssystem eingebaut sind und die Sie weder laden noch entfernen können) und externe Gerätetreiber - etwa KEYBOARD.SYS für das Einstellen der Tastatur oder COUNTRY.SYS für länderspezifische Gegebenheiten wie das Datumsformat -, die von MS-DOS nicht automatisch beim Starten des PCs geladen werden, sondern nur, wenn Sie es durch Einbindung in die CONFIG.SYS befehlen. Wenn Sie keine Maus betreiben, muß beispielsweise kein Gerätetreiber dafür geladen werden, der unnötig Hauptspeicher verschwenden würde.

Das Laden der Gerätetreiber des MS-DOS

Die internen Gerätetreiber des Betriebssystems werden beim Starten durch das BIOS gesteuert geladen, Sie als Anwender müssen sich darum also nicht kümmern. Dabei gilt folgende Reihenfolge:

NUL	Dummy-Gerät für Testzwecke
CON	Gerätetreiber für Tastatur und Bildschirm
AUX	erste serielle Schnittstelle
PRN	erste parallele Schnittstelle
CLOCK$	Gerätetreiber für die Systemuhr
A: und B:	Gerätetreiber für die Diskettenlaufwerke
C:	Gerätetreiber für die erste Festplatte
COM1	erste serielle Schnittstelle
LPT1 bis 3	erste bis dritte parallele Schnittstelle
COM1 bis 4	erste bis vierte serielle Schnittstelle

Hinweis

Namen sind reserviert

Die Namen dieser Gerätetreiber sind reserviert und dürfen daher nicht für andere Zwecke, etwa bei der Vergabe von Datei- oder Verzeichnisnamen, verwendet werden!

Laden durch die CONFIG.SYS

Externe Gerätetreiber dagegen werden nicht automatisch geladen, sie müssen in der CONFIG.SYS durch den Befehl DEVICE in den Speicher geladen werden. Wenn Sie nun einen externen Treiber durch die CONFIG.SYS laden, wenn Sie etwa mit der Zeile

```
DEVICE=ANSI.SYS
```

den Bildschirmtreiber ANSI.SYS laden, wird dieser nach dem Gerät NUL, aber vor allen anderen Treibern geladen:

```
NUL, ANSI, CON, AUX, PRN, CLOCK$
```

Der Grund ist einleuchtend: Jeder Gerätetreiber muß Gelegenheit bekommen, einen anderen Treiber in seiner Funktion zu ersetzen, etwa um dessen Aufgaben in erweiterter oder verbesserter Weise zu übernehmen. In unserem Falle ersetzt ANSI.SYS (ein nachträglich hinzugekommener, verbesserter Gerätetreiber für Bildschirm und Tastatur, siehe den nächsten Abschnitt) den internen, etwas schlichteren Treiber CON in seiner Funktion.

Die CONFIG.SYS im Detail

In diesem Unterkapitel geht es darum, welche Einstellungen und Treiber Sie in der CONFIG.SYS verwenden können. Dafür ist sicher eine Aufteilung gut zu gebrauchen: Einerseits werden externe Gerätetreiber eingebunden (von den internen wissen Sie, daß sie von DOS automatisch beim Start geladen werden), andererseits werden bestimmte Einstellungen unserer Hardware vorgenommen, für die Befehle in der CONFIG.SYS benutzt werden.

Das Einbinden eines Gerätetreibers

Wenn Sie einen Gerätetreiber in die CONFIG.SYS einbinden möchten, ist das eine einfache Prozedur: Sie laden die CONFIG.SYS in einen Editor und schreiben in eine Zeile den Befehl, der diesen Treiber einbindet. Für das Einbinden eines Treibers verwenden Sie den Befehl:

```
DEVICE=Treibername
```

Gleichheitszeichen bei DEVICE nicht vergessen!

Der Befehl DEVICE sowie die Angabe des Treibernamens nach dem (obligatorischen) Gleichheitszeichen ist "eigentlich" alles. Sie müssen nur beachten, daß die Schreibweise richtig ist und daß jeder DEVICE-Befehl eine eigene Zeile benötigt. Nun werden Sie fragen: Was macht denn diese ganze Sache so geheimnisvoll, wie viele meinen? Nun, schwierig ist nicht die Art und Weise, wie man den Treiber einbindet, sondern vielmehr die Beantwortung der Frage, welchen Treiber man einbindet und welche der meist recht komplizierten und vielfältigen Optionen man ihm für seine Arbeit mit auf den Weg gibt.

Vielfältige Treiber-Optionen

Nach dem Namen des Treibers werden nämlich die Optionen angegeben, mit denen Sie die Arbeitsweise eines Treibers gegenüber der Standardeinstellung (ohne Optionen) vielfältig variieren können und oftmals müssen. Um etwa mit RAMDRIVE.SYS eine RAM-Disk von 512 KByte anzulegen, müssen Sie

```
DEVICE=RAMDISK.SYS 512
```

angeben, da ohne diese Angabe nur ein kleines "Diskchen" von 64 KByte angelegt wird. Dabei handelt es sich bei diesem Beispiel noch um ein harmloses, die Einrichtung und Verwaltung der verschiedenen Speicherarten ist ungleich komplexer, doch als Anwender von MS-DOS 6.2/6.22 haben Sie den Vorteil, daß ein unscheinbarer Assistent namens MEMMAKER Ihnen die Einrichtung Ihres Speichers vollautomatisch abnehmen kann - wir kommen darauf noch zurück.

Das Auslagern der Gerätetreiber in den hohen Speicher

Auf Rechnern mit mindestens einem Prozessor 80386SX können Sie mit dem Treiber EMM386.EXE die ungenutzten Bereiche im Hauptspeicher zwischen 640 KByte und 1 MByte (UMBs) dafür verwenden, Gerätetreiber dorthin auszulagern und so den konventionellen Hauptspeicher zu entlasten. Wir werden auf diese sehr einfache und doch sehr effiziente Art, Speicher zu sparen, noch einmal zurückkommen. Die Treiber, die in den hohen Speicher ausgelagert werden können, haben wir in der folgenden Aufzählung mit einem Stern * gekennzeichnet.

Die Gerätetreiber des Betriebssystems MS-DOS

Wir listen nun alle mit MS-DOS mitgelieferten Gerätetreiber auf und beschreiben kurz, was sie tun bzw. wofür Sie sie benutzen können.

Unsere Gewichtung

Um Ihnen bereits hier die Auswahl zu erleichtern, haben wir die einzelnen Treiber mit Zahlen versehen, die ihre Bedeutung beschreiben:

1	Unwichtig
2	Nur unter gewissen Umständen wichtig
3	Für den täglichen Einsatz wichtig

Eingaberegel wird "Syntax" genannt

Außerdem fügen wir eine kurze Beschreibung der Schreibweise des Befehls (auch *Syntax* genannt) an und erläutern die wichtigsten Parameter.

Hinweis

Was Sie vorher wissen sollten

Am Ende dieses Buches finden Sie eine ausführliche Referenz der wichtigsten Befehle, die für die Konfigurationsdateien entscheidend sind. Dieses Buch soll jedoch kein Handbuch ersetzen, insofern sollten Sie sich bei einer Nutzung eines bestimmten Befehls sehr genau über die verschiedenen Parameter und ihre Bedeutung informieren. Bei Befehlen, wo dies besonders angeraten ist, haben wir es noch einmal vermerkt. Als weitere Informationsquelle kann das Original-Handbuch dienen, doch auch das mit MS-DOS mitgelieferte Hilfsprogramm kann sehr gute Dienste leisten: Rufen Sie einfach

```
HELP
```

auf und suchen Sie sich aus der Liste der Befehle mit der Maus oder den Tasten Tab und Enter einen Befehl aus, über den Sie sich näher informieren wollen.

In allen Beispielen gehen wir davon aus, daß sich die Datei, also der Gerätetreiber oder die Programmdatei, in einem Verzeichnis namens

```
C:\DOS
```

befindet. Das ist bei der Installation von DOS auch die Vorgabe. Sollte das bei Ihnen anders sein, so geben Sie bitte jeweils den entsprechenden Pfad an.

Wenn DOS einen Treiber aufgrund einer falschen oder fehlenden Pfadangabe nicht findet, meldet DOS z. B.

```
Falsche(r) oder fehlende(r) ANSI.SYS
Fehler in der Datei CONFIG.SYS in Zeile xx
```

Sollten Sie dagegen einen nicht erlaubten Befehl in die CONFIG.SYS einbauen oder einen Syntaxfehler machen - etwa der beliebte Fehler, nach DEVICE das Gleichheitszeichen zu vergessen oder dort eine Leertaste zu verwenden -, meldet DOS

40

```
Unbekannter Befehl in der Datei CONFIG.SYS
Fehler in der Datei CONFIG.SYS in Zeile xx
```

ANSI.SYS *   1

Bildschirmtreiber

Dieser Gerätetreiber ist ein erweiterter Treiber für Bildschirmausgaben und Tastatur. Es wird mit diesem Treiber möglich, auf recht einfache Weise Bildschirmfarben etc. zu definieren. Der Treiber ist für Anwenderprogramme nicht notwendig, da nahezu alle Programme unter Umgehung dieses Treibers direkt auf den Bildschirm zugreifen und diesen steuern.

```
DEVICE=C:\DOS\ANSI.SYS
```

> **Hinweis**
>
> **Farbe im Startmenü**
>
> Wenn Sie jedoch im Startmenü (siehe Kapitel "Die Luxusausführung - Wunschkonfiguration per Startmenü") auf farbige Darstellung Wert legen, müssen Sie ANSI.SYS installieren.

COUNTRY.SYS   3

Länderspezifische Einstellungen

Dieser Gerätetreiber stellt Ihren PC auf die länderspezifischen Gegebenheiten wie Datumsformat, Dezimaltrennzeichen, Zeitformat etc. ein. Ohne diesen Treiber wird das amerikanische Format (Monatsangabe vor Tagesangabe, Dezimalpunkt und zwölfstündige Zeitangabe) verwendet. Dieser Treiber muß jedoch mit einem eigenständigen Befehl (s. u.) eingebunden werden.

```
COUNTRY=049,,C:\DOS\COUNTRY.SYS
```

Der Treiber COUNTRY.SYS wird also nicht direkt mit dem Befehl DEVICE eingebunden, sondern es wird lediglich im Befehl COUNTRY ein Verweis dorthin gesetzt.

DBLSPACE.SYS/DRVSPACE.SYS * 2

Komprimiertes Laufwerk

Wenn Sie mit DBLSPACE bzw. DRVSPACE Ihre Festplatte komprimiert haben, können Sie mit diesem Treiber die Hauptspeicherposition des für den Zugriff auf ein komprimiertes Laufwerk notwendigen Treibers DBLSPACE.BIN/DRVSPACE.BIN festlegen. Auch ein Auslagern in einen von DOS nicht genutzten Speicherbereich ist mit diesem Treiber möglich.

```
DEVICE=C:\DOS\DRVSPACE.SYS {/MOVE} {/NOHMA}
```

Wenn Sie der Syntax den Zusatz /MOVE anhängen, wird der Treiber DRVSPACE. BIN, um den sich DRVSPACE.SYS kümmert, in den hohen Speicher verschoben und entlastet auf diese Weise den konventionellen Hauptspeicher. Seit MS-DOS 6.2 wird ein Teil des Treibers automatisch in das High Memory verlagert (ca. 10 KByte, sofern verfügbar), womit insgesamt die Speicherauslastung nochmals optimiert wurde. Wollen Sie das verhindern, z. B. um den HMA-Bereich für andere Treiber freizuhalten, verwenden Sie den Parameter /NOHMA.

Lesen Sie zur Speicherverwaltung auf den folgenden Seiten nach, was es damit auf sich hat.

Beachten Sie bitte, daß DBLSPACE.SYS/DRVSPACE.SYS nicht der verantwortliche Treiber für das Komprimieren des Laufwerks ist, sondern DBLSPACE.BIN/DRV-SPACE.BIN. Es ist sicher auch wichtig zu wissen, daß durch den Betrieb einer komprimierten Platte bereits durch das Betriebssystem in der CONFIG.SYS keine weiteren Maßnahmen ergriffen werden müssen.

DISPLAY.SYS * 1

Zeichensatztabellen

Dieser Bildschirmtreiber generiert bestimmte Zeichensatztabellen, die jedoch meist nicht ausdrücklich definiert werden müssen, da der Standardzeichensatz für unseren Sprachraum vollkommen ausreicht.

```
DEVICE=C:\DOS\DISPLAY.SYS
```

Wenn Sie also auf einem neuen Rechner Zeilen in der CONFIG.SYS entdecken, die Zeichensatztabellen laden, so sollten Sie diese löschen.

DRIVER.SYS * 2

Laufwerktreiber

Dieser Treiber ist ein zusätzlicher Laufwerktreiber, der externe Geräte (etwa ein drittes Diskettenlaufwerk) im System anmeldet, um über die eigentlich vorgesehene Anzahl weitere Laufwerke als sog. *logische Laufwerke* zu betreiben.

42

```
DEVICE=C:\DOS\DRIVER.SYS {Optionen}
```

Nach Einbinden mit dem DEVICE-Befehl folgen eine Reihe von Optionen, die das anzumeldende Laufwerk näher definieren (Diskettenlaufwerk oder Festplatte).

EGA.SYS   1

Umschalten in der DOS-Shell

Die DOS-Shell verfügt über eine sehr praktische Funktion: Sie können ähnlich wie in Windows zwischen verschiedenen Anwendungen hin- und herschalten. Damit auf Systemen mit einer EGA-Karte (und nur auf diesen!) der Bildschirminhalt wieder korrekt restauriert werden kann, benötigen Sie diesen Treiber.

```
DEVICE=C:\DOS\EGA.SYS
```

Auf Systemen mit anderen Grafikkarten als nach dem (älteren) EGA-Standard benötigen Sie diesen Treiber nicht.

> **Hinweis**
>
> **Nur noch geringe Bedeutung**
> Die Bedeutung von EGA.SYS ist gering, da Microsoft die DOS-Shell seit geraumer Zeit nicht mehr ausliefert.

EMM386.EXE   3

Treiber für Einrichtung von Expanded Memory

Ein wichtiger Gerätetreiber: Der Hauptspeicher oberhalb von 1 MByte kann als sog. Expanded Memory Anwenderprogrammen, die ihn zu nutzen verstehen, verfügbar gemacht werden. Um diesen Speicher als Expanded Memory (auch Expansionsspeicher genannt) einzurichten und zu verwalten, benötigt man den EMM386.EXE.

UMB-Speicher verfügbar machen

Auch für Anwenderprogramme normalerweise unerreichbare Speicherblöcke im Speicherbereich zwischen 640 KByte und 1 MByte können durch diesen Treiber für bestimmte Zwecke nutzbar gemacht werden und so den knappen Hauptspeicher entlasten. Die obere Syntax ist für das Einbinden des Gerätetreibers durch die CONFIG.SYS, die untere für nachträgliche Änderungen des Ausführungsmodus.

```
DEVICE=C:\DOS\EMM386.EXE {Optionen}
EMM386 [ON|OFF|AUTO]
```

Die Optionen sind sehr vielfältig, und damit wächst die Gefahr einer Fehlkonfiguration. Die wichtigsten Optionen:

Größe	Ist die Größe des für das Expanded Memory zu verwendenden Speichers. Standard sind 256 KByte, Werte zwischen 16 und 32.786 KByte sind möglich.
RAM=Bereich	Es wird neben dem Expanded Memory auch der hohe Speicherbereich in den *Upper memory blocks* (UMB) nutzbar gemacht. Wenn Sie keine Angabe über den Bereich machen, den der Treiber für die UMBs verwenden darf, wird der gesamte verfügbare Speicher verwendet.
NOEMS	Mit dieser Option befehlen Sie, daß EMM386 Ihnen lediglich Upper Memory zur Verfügung stellt, der Zugriff auf Expanded Memory wird nicht ermöglicht. Ist anzuraten, wenn Sie vorwiegend unter Windows arbeiten.

Hinweis

Extended Memory durch HIMEM.SYS verfügbar machen

Beachten Sie, daß für die Nutzung dieses Treibers in der CONFIG.SYS vorher der Bereich des Extended Memory, also der Speicher oberhalb 1 MByte, durch den Treiber HIMEM.SYS (s. u.) zur Verwendung freigegeben werden muß, die Zeile mit der Einbindung des EMM386.SYS muß also danach stehen.

Beispiel
Die Zeile

```
DEVICE=C:\DOS\EMM386.EXE 1024 RAM
```

richtet 1 MByte (1.024 Byte) Expanded Memory ein und stellt den hohen Speicher (UMB) bereit.

Nachträgliche Änderungen
Wenn Sie nachträglich Änderungen in der Ausführung befehlen wollen, haben Sie folgende Optionen zur Verfügung:

ON	Aktiviert den bereits durch die CONFIG.SYS geladenen Treiber.
OFF	Deaktiviert den geladenen Treiber. Das ist jedoch nur möglich, wenn sich zu dem Zeitpunkt kein Expanded Memory in Gebrauch befindet und der hohe Speicher (UMB) nicht benutzt wird.
AUTO	Expanded Memory wird nur unterstützt, wenn ein Programm es anfordert.

HIMEM.SYS   3

Verwaltung des Extended Memory

Der Hauptspeicher oberhalb 1 MByte wird vom Betriebssystem MS-DOS nicht erkannt und kann daher nicht genutzt werden. Mit dem Treiber HIMEM.SYS wird der
Speicher als sog. *Extended Memory* eingerichtet und verwaltet. Danach erst können
Programme (etwa MS-Windows) auf diesen Speicher zugreifen und ihn für sich ver-
einnahmen. Wenn der Treiber EMM386.EXE von diesem Speicher einen Teil als Expanded Memory abzweigen will, muß also zuerst HIMEM.SYS dafür sorgen, daß
dieser Speicherbereich überhaupt nutzbar ist.

```
DEVICE=C:\DOS\HIMEM.SYS
```

Weitere Angaben sind möglich, doch in aller Regel nicht nötig.

Anzumerken ist noch, daß beim Einrichten von HIMEM.SYS ein automatischer Spei-
cherbausteintest durchführt wird, der aber aus Geschwindigkeitsgründen mit dem
Parameter /TESTMEM:OFF abgeschaltet werden kann.

INTERLNK.EXE *   2

Rechnerverbindung über die serielle Schnittstelle

Dieser Gerätetreiber steuert das Zusammenspiel von Rechnern, die über die serielle
Schnittstelle verbunden sind, um Daten von einem Gerät auf das andere zu über-
spielen. Für die Übertragung ist ein spezielles Kabel, ein sog. *Null-Modem*, nötig.

```
DEVICE=C:\DOS\INTERLNK.EXE {Optionen} INTERLNK {Client={Server}}
```

Gerätetreiber und Befehl

INTERLNK wird sowohl als Gerätetreiber mit dem Befehl DEVICE in der CON-
FIG.SYS geladen als auch als normaler Befehl benutzt, um Laufwerke verschiedener
Rechner miteinander zu verbinden.

Um ein Laufwerk zu verbinden und ansonsten die Standardeinstellungen zu verwenden, können Sie diese Zeile in der CONFIG.SYS verwenden:

```
DEVICE=C:\DOS\INTERLNK.EXE /Lw:1
```

Die Parameter bei der Benutzung des Befehls:

| Client | Das Laufwerk des Rechners, der auf ein Laufwerk des Interlnk-Servers umgeleitet werden soll. |
| Server | Das Laufwerk auf dem Server, auf das der Client umgeleitet wird. Dieses Laufwerk darf nur eines der Laufwerke sein, die auf dem Server-Bildschirm als umgeleitet angegeben sind. Ohne Angabe eines Servers wird eine bestehende Verbindung aufgelöst. |

POWER.EXE *   1

Stromüberwachung

Dieser Treiber überwacht den Stromverbrauch auf Laptops, wo in Zeiten, in denen keine Aktivität des Anwenders festgestellt werden kann, das System kurzfristig eingefroren wird, um auf diese Weise kostbare Akku-Ressourcen zu sparen.

```
DEVICE=C:\DOS\POWER.EXE ADV:{Option}
POWER {Option}
```

Der Treiber wird wie jeder Gerätetreiber durch den Befehl DEVICE in den Speicher geladen, danach haben Sie mit dem normalen Befehl POWER die Möglichkeit, die Stromüberwachung in andere Modi zu schalten. Dabei werden die gleichen Optionen wie in der CONFIG.SYS benutzt.

Beispiel:

Um die maximale Stromeinsparung gleich beim Systemstart einzustellen, befehlen Sie in der CONFIG.SYS:

```
DEVICE=C:\DOS\POWER.EXE ADV:MAX
```

Wenn Sie dies später auf die mittlere "Schalterstellung" zurückschalten wollen, lautet der Befehl:

```
POWER ADV:REG
```

Hinweis

Notebooks mit eigenem Power-Management

Sie sollten beachten, daß moderne Laptops und Notebooks eigene Einrichtungen für das Power-Management mitbringen, die meist wesentlich effektiver arbeiten als POWER.EXE. Insofern kommt diesem Treiber keine allzugroße Bedeutung mehr zu.

RAMDRIVE.SYS *   2

Schnelles Laufwerk im RAM

Eine RAM-Disk ist ein im Hauptspeicher simuliertes superschnelles Laufwerk, das neben dem Vorteil der extremen Zugriffsgeschwindigkeit zwei entscheidende Nachteile hat: Der Speicher wird belastet, und der Inhalt des Speichers wird nicht dauerhaft festgehalten, sondern wird mit dem Ausschalten des Rechners gelöscht. Mit RAMDRIVE.SYS wird eine solche RAM-Disk im Speicher angelegt.

```
DEVICE=C:\DOS\RAMDRIVE.SYS {Optionen}
```

Größe	Kapazität der RAM-Disk in KByte, ohne Angabe: 64. Mindestwert ist 4 KByte, größter möglicher Wert ist 31.744 MByte.
Sektor	Definiert die Größe der simulierten Sektoren. Standard: 128. Wenn dieser Wert geändert wird, muß auch die Laufwerkgröße definiert werden.
Anzahl	Definiert, wie viele Dateien auf der RAM-Disk angelegt werden dürfen. Erlaubte Werte: 2 bis 512. Standard: 64.
/E	Wenn Sie über Extended Memory verfügen, können Sie mit dieser Option jenseits der 1-MByte-Grenze eine RAM-Disk einrichten.
/A	Anlegen der RAM-Disk im Expanded Memory.

Beispiel:

Wenn Sie eine RAM-Disk von der Größe 512 KByte im Extended Memory anlegen wollen, befehlen Sie folgendes:

```
DEVICE=C:\DOS\RAMDRIVE.SYS 512 /E
```

Lesen Sie bitte unter "Der optimale Festplattenzugriff" nach, ob und wann eine RAM-Disk Ihnen einen Vorteil verschaffen kann.

SETVER.EXE *   3

Emulation einer Betriebssystemversion

Es kommt immer wieder einmal vor, daß Anwenderprogramme beim Betriebssystem nachfragen, welche Betriebssystemversion gerade geladen ist. Dies geschieht, um sicherzustellen, daß eine Mindestversion betrieben wird. Wenn jedoch eine höhere Version angetroffen wird, so kann es passieren, daß diese Programme mit einer höheren Version ihren Dienst versagen, weil die Programmierer dies nicht vorher eingeplant haben. SETVER.EXE beantwortet eine solche Anfrage so, daß dem Programm eine niedrigere Versionsnummer mitgeteilt wird.

```
DEVICE=C:\DOS\SETVER.EXE
```

Um das Programm NIXGEHT.EXE der Liste der "betrogenen Programme" hinzuzu-
fügen und ihm die Version 5.0 vorgaukeln zu lassen, befehlen Sie einfach:

```
SETVER NIXGEHT.EXE 5.00
```

> **Tip**
>
> **SETVER ist verzichtbar**
>
> Sie müssen SETVER.EXE nur laden, wenn Sie Programme betreiben,
> die mit den neuen DOS-Versionen nicht zurechtkommen, doch das
> sind nur noch sehr wenige. Im Zweifel: Deaktivieren Sie den Treiber
> durch ein vorangestelltes REM und starten den Rechner neu - wenn
> Ihre Programme nun problemlos laufen, können Sie auf SETVER.EXE
> verzichten und auf diese Weise Speicher sparen.
>
> Eines fällt auf: Es gibt Treiber, die haben eine Erweiterung .SYS, andere
> eine Erweiterung, wie sie ein normales Anwenderprogramm hat, näm-
> lich .EXE.

Statische Gerätetreiber mit Erweiterung .SYS

Das hat einen ganz besonderen Grund: Es gibt Treiber, die geladen werden und im
Speicher verbleiben, bis der Rechner ausgeschaltet wird. Das sind jene, die Sie an
der Erweiterung .SYS erkennen können. Diese Treiber sind nach der (etwas altmo-
dischen) MS-DOS-Konzeption für Gerätetreiber "gestrickt" worden und seit ihrer
Ersteinführung nicht mehr geändert worden.

Dynamische Treiber mit Erweiterung .EXE

Anders verhält es sich mit den Treibern, die sich mit der Erweiterung .EXE als mo-
dernere Vertreter ihrer Spezies ausweisen: Diese Treiber werden zwar auf die gleiche Weise wie die anderen durch die CONFIG.SYS in den Hauptspeicher geladen,
doch sind sie dort nicht starr an ihre einprogrammierten Funktionen gebunden, der
Anwender kann vielmehr nachträglich noch in die Art der Ausführung ihrer Arbeit
eingreifen. Der Treiber POWER.EXE ist gut geeignet, die Vorteile dieser Möglichkeit
der nachträglichen Parameter-Änderung zu demonstrieren:

Änderungen nach dem Laden

Der Treiber wird beim Start des Rechners normal installiert, es werden die Voreinstellungen benutzt. Doch während des Arbeitens an seinem Laptop merkt der Anwender, daß die Ablaufgeschwindigkeit eines Windows-Programms sehr stark unter einer zu frühen Reduzierung des Stromverbrauchs leidet. Der Anwender kann nun durch einen normalen Befehl

```
POWER ADV:MIN
```

die Stromeinsparung reduzieren, um seine Anwendung problemlos betreiben zu können. Nach der Einbindung in den Speicher können also Arbeitsparameter des Treibers beliebig oft wieder geändert werden, ohne einen Neustart durchführen zu müssen, der bei einem Treiber mit der Erweiterung .SYS nötig wäre.

Die Befehle der CONFIG.SYS

Neben der Einbindung von Gerätetreibern auf die beschriebene Art und Weise haben Sie eine Reihe von Befehlen zur Verfügung, mit denen Sie bestimmte Systemparameter festlegen oder bestehende Parameter Ihres PC-Systems ändern können. Für die Befehle benötigen Sie den Befehl DEVICE nicht, die Befehle werden mit der Syntax

```
BEFEHL=Parameter
```

eingebunden, der Name des Befehls wird also nach einem Gleichheitszeichen mit der gewünschten Option versehen. Wir stellen Ihnen diese Befehle und die dadurch beeinflußten Systemparameter einmal vor, wobei wir wieder auf die bereits bekannte Gewichtung zurückgreifen:

1	Dieser Befehl ist unwichtig
2	Nur unter gewissen Umständen wichtig
3	Für den täglichen Einsatz wichtig

BREAK   1

Abbruch eines Laufwerkzugriffes erlauben

Auf einem PC gibt es eine fest "verdrahtete" Tastenkombination, mit der Sie einen DOS-Befehl und manche Anwenderprogramme abbrechen können: Strg+C. Wenn Sie also DISKCOPY befohlen haben und der Rechner die Disketten verlangt, Sie jedoch feststellen, daß Sie keine Leerdiskette mehr haben, können Sie mit Strg+C abbrechen. Dieser Abbruch erfolgt jedoch nur, wenn gerade kein Zugriff auf ein Laufwerk erfolgt. Hätten Sie also bereits Disketten eingelegt und den Kopiervorgang begonnen, könnten Sie erst bei der Aufforderung, weitere Disketten einzulegen, abbrechen. Wenn Sie jedoch BREAK auf ON schalten, indem Sie in der CONFIG.SYS

```
BREAK=ON
```

befehlen, wird während eines Laufwerkzugriffs ständig überprüft, ob Sie nicht vielleicht Strg+C betätigt haben. Sie können dann also auch Laufwerkzugriffe abbrechen. Doch da diese Überprüfung der Laufwerkzugriffe durchaus seine Zeit braucht, wird der Rechner generell etwas abgebremst, insofern sollten Sie diese Option nur in Ausnahmefällen benutzen.

BUFFERS   2

Dateipuffer erhöhen Zugriffsgeschwindigkeit

Wenn Sie eine Datei - etwa einen Text aus Ihrer Textverarbeitung - öffnen, werden neben dem ersten Zeichen die nächsten 511 Zeichen ebenfalls gelesen und in einem *Buffer* (Zwischenspeicher) abgelegt. Wenn Sie diese Datei jetzt bearbeiten, wird erst einmal nachgeschaut, ob sich das bearbeitete Zeichen nicht in einem der Zwischenspeicher befindet, denn von dort kann es wesentlich schneller herausgeholt werden, als von der doch vergleichsweise sehr langsamen Festplatte. Erst wenn es im Buffer nicht zu finden ist, wird es vom Massenspeicher nachgeladen.

Geringe Bedeutung

Die Anzahl der Zwischenspeicher beschleunigt also den Zugriff. Dieser Befehl bzw. die Anzahl der Dateipuffer haben heutzutage an Bedeutung verloren, da mit einem Cache-Speicher eine wesentlich effektivere Möglichkeit der Zugriffsbeschleunigung zur Verfügung steht. Sie müssen jedoch, wie noch besprochen wird, auch auf einem System, auf dem Sie einen opulenten Cache eingerichtet haben, einige Buffer einrichten, da viele Anwenderprogramme dies noch erfordern.

Beispiel:

Um einen praxisnahen Wert von 20 Buffers anzulegen, lautet die Zeile in der CONFIG.SYS:

```
BUFFERS=20
```

Auf Systemen mit Cache können Sie den Wert auf 2 reduzieren. Wenn Sie das Betriebssystem mit dem CONFIG.SYS-Befehl

```
DOS=HIGH
```

in den oberen Speicher ausgelagert haben, werden die Buffers ebenfalls dort angelegt und entlasten damit den wertvollen konventionellen Speicher. Dies gilt jedoch nur bis zu einem bestimmten Wert, der von Ihrer Konfiguration abhängt; wir haben ermittelt, daß der Schwellwert bei 45-48 Zwischenspeichern liegt. Wenn Sie mehr Buffer angeben, werden die Zwischenpuffer nicht mehr im oberen Speicher, sondern im konventionellen Speicher angelegt. Probieren Sie dies ggf. aus, indem Sie die Werte ändern und den Speicher mit dem Befehl MEM überprüfen. Die folgende Abbildung zeigt die Verringerung des freien Speichers in Abhängigkeit von der Anzahl der angelegten Zwischenspeicher:

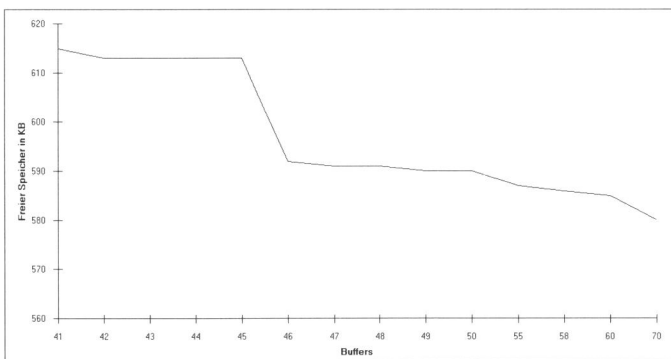

Abb. 3:
Die Anzahl BUFFERS
und der freie Speicher

Ein Verringerung der Zwischenspeicher auf 45 bringt keinerlei nennenswerte Verbesserung, ab 45 jedoch steigt der freie Speicher sprunghaft an, um dann wieder relativ konstant zu bleiben. Die folgende Tabelle verdeutlicht dies etwas genauer:

BUFFERS	Freier Speicher (KByte)	Buffers/KByte
70	580	0,12
60	585	0,10
58	586	0,10
55	587	0,09
50	590	0,08
49	590	0,08
48	591	0,08
47	591	0,08
46	592	0,08
45	613	0,07
44	613	0,07
43	613	0,07
42	613	0,07
41	615	0,07
30	615	0,07

> **Hinweis**
>
> **Mehr ist oft weniger**
>
> Beachten Sie: Eine weitere Vergrößerung der Anzahl der Zwischenspeicher bringt meist neben einer Verringerung des verfügbaren Hauptspeichers keine Verbesserung des Zugriffs, sondern eine Verschlechterung.

COUNTRY   3

Länderspezifische Informationen

Der Befehl COUNTRY legt unter Zuhilfenahme des Treibers COUNTRY.SYS und der darin gespeicherten Informationen die länderspezifischen Gegebenheiten auf Ihrem PC-System wie Datumsformat, Dezimaltrennzeichen, Zeitformat etc. fest. Dabei geben Sie für das gewünschte Land die internationale Telefonvorwahl an, also 049 für Deutschland, 001 für die USA etc.

Beispiel:

Wie oben beschrieben, greift der Befehl auf die Informationen zurück, die im Treiber COUNTRY.SYS (s. o.) festgehalten sind. Daher muß der Eintrag in der CONFIG.SYS auch einen Verweis dorthin enthalten:

```
COUNTRY=049,,C:\DOS\COUNTRY.SYS
```

DOS   3

Auslagern des Betriebssystems

Das Betriebssystem MS-DOS wird standardgemäß in den konventionellen Hauptspeicher geladen. Wenn Sie über einen Rechner mit mindestens einem Prozessor 80286 verfügen, können Sie den Speicher direkt oberhalb 1 MByte (wenn Sie mehr als 1 MByte eingebaut haben) dafür benutzen, einen Teil des Betriebssystems dorthin auszulagern und damit den wichtigen konventionellen Hauptspeicher zu entlasten. Um sich über diese wichtigen Grundlagen der Speicherverwaltung zu informieren, lesen Sie bitte im dritten Kapitel "Die Seele des Ganzen - Die Konfiguration des Hauptspeichers" nach. Um Teile des Betriebssystems aus dem knappen konventionellen auszulagern, benutzen Sie in der CONFIG.SYS den Befehl

```
DOS=HIGH
```

Auch Laden in die UMBs möglich

Auch der Speicherbereich zwischen 640 KByte und 1 MByte, der normalerweise ausgeblendet ist, kann für das Auslagern des Betriebssystems verwendet werden und so weiteren konventionellen Speicher einsparen. Wenn Sie mit dem Treiber EMM386.EXE (s. o.) die Upper Memory Blocks freigeschaltet haben, können Sie auch diesen Bereich für das Auslagern nutzen:

```
DOS=HIGH,UMB
```

Hinweis

Nach HIMEM und EMM386!

Wichtig ist, daß dieser Befehl nach der Freigabe der Nutzung des Extended Memory durch HIMEM.SYS bzw. Freischaltung der UMBs durch EMM386.EXE erfolgen muß.

DRIVPARM 1

Umdefinieren von Laufwerkeigenschaften

Wenn Sie die Standardparameter eines Laufwerks ändern möchten, verwenden Sie diesen Befehl und geben die neuen Parameter an, mit denen Sie das betreffende Laufwerk nunmehr betreiben wollen. Man benötigt diesen Befehl höchst selten (siehe unser Beispiel unten), doch wenn Sie ihn benutzen wollen oder müssen, sollten Sie sich mit dem HELP-Programm oder dem Handbuch die benötigten Parameter heraussuchen.

Beispiel:

Sie betreiben ein 1,44-MByte-Diskettenlaufwerk, verwenden jedoch ausschließlich Disketten mit der Kapazität 720 KByte. Um nicht ständig beim Formatieren die entsprechenden Parameter eingeben zu müssen, definieren Sie die technischen Parameter des Laufwerks um:

```
DRIVPARM=/D:1 /F:2
```

Ab einem Neustart wird das Laufwerk wie ein 720-KByte-Laufwerk behandelt.

FCBS 1

Dateisteuerblöcke

Eine etwas ältere Methode, gleichzeitig geöffnete Dateien im Speicher zu kontrollieren, war die Definition sog. *Dateisteuerblöcke* (File-Control-Blocks). Die maximale

53

Anzahl dieser Blöcke wird mit diesem Befehl festgelegt und der Platz dafür im Speicher freigehalten. Sie als Anwender haben damit in aller Regel nichts zu tun, es sei denn, für ein Programm wird im Handbuch eine Anzahl derartiger FCBSs vorgeschrieben.

FCBS=1 ist besser

Um Speicher zu sparen, sollten Sie dennoch einen FCBS-Eintrag in der CONFIG.SYS haben:

```
FCBS=1
```

legt nur einen File-Control-Block fest, was im Gegensatz zur Standardeinstellung von DOS - nämlich 4 - ein wenig Speicher sparen hilft.

FILES   3

Anzahl gleichzeitig geöffneter Dateien

Mit FILES definieren Sie die Anzahl von Dateien, die maximal im Speicher gleichzeitig geöffnet werden dürfen. Standardmäßig sind dies acht, was jedoch viel zu wenig ist. Ein praxiserprobter Wert ist 20, bei Datenbankanwendungen kann es jedoch erforderlich sein, 50 und mehr gleichzeitig geöffnete Dateien zuzulassen.

Wenn Sie die gleichzeitige Öffnung von 30 Dateien zulassen wollen, lautet der Eintrag in der CONFIG.SYS

```
FILES=30
```

Zu wenig Filehandler in Windows

Wenn Sie in Windows in einer DOS-Box die Meldung erhalten, daß zu wenig Filehandler zur Verfügung gestellt wurden und Sie bitte den Wert von FILES in der CONFIG.SYS erhöhen sollen, so werden Sie Ihre CONFIG.SYS laden und dieser Aufforderung Folge leisten, indem Sie den Wert für FILES anheben.

Doch ein erneuter Start des fraglichen Programms bringt erneut diese Meldung. Keine auch noch so großzügige Vergabe von Dateihandles scheint zu helfen.

Die Lösung: Die Filehandles einer DOS-Box werden nicht in der DOS-Startdatei CONFIG.SYS angelegt, sondern werden in der DOS-Box von Windows reinitialisiert; es stehen standardmäßig für jede DOS-Box zehn Filehandles zur Verfügung, was einem Eintrag von

---

```
FILES = 10
```

in der CONFIG.SYS entspricht.

Wenn Sie diesen Wert auf praxisgerechte 30 erhöhen wollen, müssen Sie in der SYSTEM.INI in der Sektion [386enh] die Zeile

```
PerVMFiles=30
```

eintragen. Falls eine Anwendung sehr viel mehr benötigt (Datenbanken neigen dazu), sollten Sie dies unbedingt beachten.

INSTALL 1

Ökonomisches Laden residenter Programme

Speicherresidente Programme werden normalerweise aus der AUTOEXEC.BAT heraus aufgerufen. Wenn Sie speicherresidente Programme mit INSTALL laden, anstatt sie von der AUTOEXEC.BAT aus aufzurufen, werden diese Programme ökonomischer im Speicher abgelegt, es wird (etwas) weniger Platz für das Programm benötigt. Da aber dann keine Möglichkeit besteht, diese Programme noch ökonomischer außerhalb des konventionellen Speichers abzulegen, hat diese Methode an Bedeutung eingebüßt.

Hinweis

Kompletter Pfad erforderlich

Wenn Sie ein residentes Programm laden, müssen Sie den kompletten Pfad angeben, da der Suchpfad mit PATH zum Zeitpunkt der Abarbeitung der CONFIG.SYS noch nicht bekannt ist.

Der Befehl INSTALL installiert laut DOS-Handbuch nur die residenten Programme des Betriebssystems (s. u.), doch das ist natürlich nicht wahr - wenn Sie ein beliebiges residentes Programm durch die CONFIG.SYS starten wollen, steht Ihnen das natürlich vollkommen frei:

```
INSTALL=C:\UTILS\PROG.COM
```

Auch hier: Es muß der komplette Pfad angegeben werden!

Tip.

Auch Batch-Befehl oder Text möglich

Wenn Sie einen beliebigen Batch-Befehl ausführen wollen, etwa PAUSE, geht dies auch in der CONFIG.SYS: Binden Sie ihn über den Kommandoprozessor COMMAND.COM ein:

```
INSTALL=C:\DOS\COMMAND.COM /C PAUSE
```

Auch Text läßt sich auf diese Weise natürlich ausgeben:

```
INSTALL=C:\DOS\COMMAND.COM /C ECHO Hallo, hier ist die CONFIG.SYS!
```

Der Text wird jedoch in Großbuchstaben angezeigt!

INSTALLHIGH   1

Residente Programme in UMB laden

Dieser nicht dokumentierte Befehl lädt wie INSTALL residente Programme, doch im Gegensatz zu diesem lädt er das Programm in den hohen Speicherbereich (siehe Kapitel "Die Seele des Ganzen - Die Konfiguration des Hauptspeichers") statt in den konventionellen Hauptspeicher. Der Vorteil: Sie können auf die AUTOEXEC.BAT (fast) verzichten und mit F5 und F8 nunmehr alle Treiber und Programme selektiv auslassen (siehe auch Kapitel "Ohne alles - Ignorieren der Konfigurationsdateien beim Start"). Der Nachteil: MEMMAKER arbeitet nicht mit diesem offiziell nicht vorhandenen Befehl zusammen und kann Programme, die so geladen werden, nicht optimieren.

Tip

Programm über COMMAND.COM laden

Normale Programme (Anwenderprogramme) oder Batch-Befehle werden - da sie dafür nicht programmiert wurden - nicht im Speicher gehalten, auch wenn Sie sie mit INSTALLHIGH laden. Sie müssen das Programm nur über COMMAND.COM laden:

```
INSTALLHIGH=COMMAND.COM /C WORD
```

um etwa die Textverarbeitung Word bereits dort zu starten.

LASTDRIVE   3

Angabe des letztmöglichen Laufwerks

Standardmäßig ist vorgesehen, daß Sie fünf Laufwerke bis zum Laufwerknamen E: benutzen dürfen. Da dies jedoch dann nicht ausreicht, wenn Sie in einem Netzwerk arbeiten oder über diesen Buchstaben hinaus logische Laufwerke verwenden wollen, können Sie mit dem Befehl LASTDRIVE das System anweisen, mehr Laufwerke als die standardmäßig vorgesehenen zuzulassen. Dafür wird lediglich das Laufwerk angegeben, das als letzter Laufwerkname erlaubt sein soll:

```
LASTDRIVE=Z
```

erlaubt Laufwerke bis zum Buchstaben Z:, wobei Sie bitte bedenken, daß für all diese Laufwerke im Speicher Platz freigehalten werden muß. Geben Sie also nur die Laufwerke an, die Sie auch wirklich benötigen.

	Realistische Werte sind gefragt
Tip	In Netzwerkumgebungen wird oft mit

```
LASTDRIVE=Z
```

gearbeitet, ohne daß dies nötig wäre. Geben Sie auch in einem solchen Falle realistische Werte an und sparen Sie so Speicher.

Multitrack   1

Festplattenzugriffe

Dieser undokumentierte Befehl ist für Sie nur von Interesse, wenn Sie eine ältere Zenith-Festplatte betreiben, die Zugriffe, die mehr als eine Spur betreffen, nicht richtig verarbeiten. In diesem Falle ist die Einstellung

```
MULTIRACK=OFF
```

vorzunehmen, die Standardeinstellung ON sollte ansonsten bestehen bleiben.

NUMLOCK   3

Num *deaktivieren*

Es ist manchmal ärgerlich, daß bei modernen BIOS-Versionen nach dem Start die Taste Num gedrückt ist, der Zahlenblock auf der rechten Seite der Tastatur also aktiv ist. Ehe man sich versieht, hat man Zahlen getippt, obwohl man doch nur den Cursor bewegen wollte. Mit dem Befehl

```
NUMLOCK=OFF
```

in Ihrer CONFIG.SYS ist nach dem Start Num deaktiviert.

	Einfacher als Änderung in BIOS-Setup
Hinweis	Diese Lösung ist wesentlich einfacher, als die betreffende Option im Setup des CMOS-RAMs einzurichten (s. o.).

REM   3

Kommentarzeile

Es kann sich als sehr nützlich erweisen, in der CONFIG.SYS eine Kommentarzeile unterzubringen, um sich an die Notwendigkeit des einen oder anderen Treibers auch noch nach Monaten und Jahren zu erinnern. Auch können Sie mit diesem Befehl eine Zeile der CONFIG.SYS ungültig machen, indem Sie sie mit REM zu einem Kommentar "degradieren".

```
REM DEVICE=C:\DOS\XXX.SYS
```

sorgt z. B. dafür, daß nach dem nächsten Systemstart der Treiber nicht geladen wird.

Der Vorteil dieser Methode: Wenn Sie den Treiber wieder einbinden wollen, müssen Sie nur das REM entfernen.

Beachten Sie jedoch, daß jede REM-Anweisung in einer BATCH-Datei, also auch in der AUTOEXEC.BAT, die Abarbeitung verlangsamt.

Hinweis

Semikolon geht auch

Ab MS-DOS 6.2 können Sie in der CONFIG.SYS anstelle des Befehls REM ein Semikolon verwenden.

SET   1

Einstellen von Umgebungsvariablen

Es ist zwar nirgendwo dokumentiert, doch es funktioniert prächtig: Wenn Sie eine der Umgebungsvariablen mit SET setzen wollen, können Sie dies bereits in der CONFIG.SYS erledigen. Das hat im Falle des Suchpfades mit PATH einen entscheidenden Vorteil: Der Suchpfad wird nicht mehr durch die Größe des Umgebungsspeichers begrenzt, sondern kann nahezu beliebig groß werden (max. 64 KByte). Binden Sie also in der CONFIG.SYS den Befehl

```
SET PATH=Ihr Suchpfad
```

ein. Wichtig ist, daß Sie in diesem Fall das Gleichheitszeichen benutzen müssen.

> **Am Ende der AUTOEXEC.BAT**
>
> Wir werden noch einmal darauf zurückkommen, doch bereits hier der Hinweis: Da jedes residente Programm mit einer Kopie der Umgebungsvariablen geladen wird, sollten Sie die Umgebungsvariablen erst am Ende der AUTOEXEC.BAT einrichten.

SHELL   3

Einbinden eines anderen Kommandoprozessors

Eigentlich ist SHELL dafür gedacht, einen anderen Kommandoprozessor als COM-MAND.COM zu laden. Sie können den Befehl jedoch auch dafür benutzen, mehr Speicher für den Kommandoprozessor und seine Aufgaben zu reservieren. Diesen Speicher in der unmittelbaren Umgebung des Kommandoprozessors nennt man auch *Umgebungsspeicher*. Wir gehen weiter unten auf diese Spezialität von MS-DOS näher ein. Um COMMAND.COM im Verzeichnis C:\DOS als den gültigen Kommandoprozessor einzubinden und ihm gleichzeitig 1024 Byte Umgebungsspeicher zuzuweisen, lautet die Zeile

```
SHELL=C:\DOS\COMMAND.COM /C:\DOS /P /E
```

Wir wollen an dieser Stelle darauf hinweisen, daß für den Umgebungsspeicher meist zuviel Platz freigehalten wird. Den wirklich benötigten Platz können Sie leicht ermitteln: Wenn Sie einmal MEM mit der Option /D aufrufen, sehen Sie den Befehl MEM selbst mit der Größe des gerade verwendeten Umgebungsspeichers in der Liste. Dieser Wert mit etwas Sicherheitszuschlag ist vollkommen ausreichend. So sparen Sie noch einmal Platz im Speicher.

> **Absicherung für geplagte Systembetreuer**
>
> Wenn Sie es (als geplagter Systembetreuer) verhindern wollen, daß Windows-Anwender über MS-DOS nach dem Spiel suchen, das Sie gestern mühsam aufgespürt und verbannt haben, oder neugierig in allerlei Programme schauen, so gibt es einen einfachen Weg:
>
> Starten Sie in der CONFIG.SYS den Kommandoprozessor COMMAND. COM (der für ein Arbeiten unter Windows nur für den Systemstart gebraucht wird!) über die Zeile
>
> ```
> SHELL=C:\DOS\COMMAND.COM /c \AUTOEXEC.BAT
> ```

Auf diese Weise wird der COMMAND.COM nicht permanent geladen, sondern verschwindet wieder. Jeder Versuch, Windows zu beenden, führt daher zu einem Absturz, da eine Rückkehr zum Kommandoprozessor nicht möglich ist.

Das ist sicher eine radikale Lösung, doch finden wir sie allemal besser, als die Arbeiten, die unerfahrene Anwender durch ihre Neugier verursachen können.

Tip

Fehlermeldung verhindern

Wenn Sie einen Zugriff auf ein Diskettenlaufwerk versuchen, in dem sich keine Diskette befindet, bekommen Sie eine Fehlermeldung und können befehlen, daß erneut auf das Laufwerk zugegriffen oder der Vorgang abgebrochen werden soll. Wenn Sie dem SHELL-Befehl die undokumentierte Option /F anhängen, wird ein derartiger Fehlversuch ohne Rückfrage selbsttätig abgebrochen.

STACKS   2

Stapelspeicher einrichten

Stapelspeicher sind interne Speicherbereiche, die vom Rechnersystem während der Programmausführung benötigt werden. Ein Eingriff in die Standardeinstellungen ist in aller Regel nicht nötig, es sei denn, Sie werden in Ihrem Benutzerhandbuch dazu aufgefordert.

Windows fügt bei seiner Installation in die CONFIG.SYS vieler Systeme eine Zeile mit diesem Befehl ein:

```
STACKS=9,256
```

Wenn Sie diese Zeile mit REM (s. o.) deaktivieren oder den Wert auf 0,0 setzen, sparen Sie ein wenig Speicher. Wenn jedoch ein einziges Mal eine Meldung eines "Stapelüberlaufes" erscheint, sollten Sie den Befehl schleunigst wieder aktivieren. Wenn Sie nur unter Windows arbeiten, werden Sie wahrscheinlich mit der Einstellung

```
STACKS=0,0
```

zurechtkommen, da die Stapelspeicher - wenn überhaupt - nur unter DOS gebraucht werden.

60

> **Hinweis**
>
> **BUFFERS geht vor STACKS**
> Wenn Sie Stapelspeicher einrichten, achten Sie darauf, erst die BUF-FERS und dann STACKS zu definieren, da die Stapelspeicher in den Buffern angelegt werden.

SWITCHES 2

Tastatur einschränken

Ab DOS 4.0 wird die erweiterte Tastatur unterstützt, also auch die Funktionstasten F11 und F12, was jedoch bei sehr alten Anwendungen zu Problemen führt: Da diese Programme mit einer modernen Tastatur nichts anzufangen wissen, kommt es zu Fehlern. Wenn Sie den Befehl

```
SWITCHES=/K
```

in Ihre CONFIG.SYS aufnehmen, wird Ihre Tastatur funktional in den Stand von "anno dazumal" zurückversetzt. SWITCHES hat jedoch noch zwei andere Aufgaben: Mit der Option /F wird die Meldung

```
Starten von MS-DOS
```

beim Systemstart verhindert, die eigentlich nur als Verzögerung eingebaut ist, um Ihnen das Drücken der Tasten F5 oder F8 für einen selektiven Systemstart (siehe Kapitel "Ohne alles - Ignorieren der Konfigurationsdateien beim Start") zu ermöglichen. Die Option /N unterbindet die Möglichkeit für die Benutzung der Tasten F5 und F8 ganz. Beachten Sie jedoch, daß ein Anwender, dem Sie diese Möglichkeit nehmen wollen, durch eine Änderung der CONFIG.SYS dies durchaus wieder einrichten kann.

Die AUTOEXEC.BAT im Detail - Das Prinzip der residenten Programme

Werden in der CONFIG.SYS die für Ihr System notwendigen Gerätetreiber geladen, so hat die AUTOEXEC.BAT die Aufgabe, Anwenderprogramme und Module des Betriebssystems automatisch zu laden, um Ihnen Tipparbeit nach dem Start zu ersparen. Auf die Anwenderprogramme und ihren Start durch die AUTOEXEC.BAT - etwa der automatische Start der Textverarbeitung direkt nach dem Start des Rechners - kommen wir später zurück, lassen Sie uns hier etwas näher auf die Programmodule und Einstellungen des Betriebssystems eingehen, die dort vorgenommen werden können. Das Betriebssystem MS-DOS kann man grob in drei Gruppen aufteilen:

- Betriebssystemkern
- Interne Befehle
- Externe Befehle (Dienstprogramme)

Kern des Betriebssystems

Der Betriebssystemkern (die beiden versteckten Systemdateien IO.SYS und MSDOS. SYS sowie der Kommandoprozessor COMMAND.COM, ggf. auch der Treiber DBL-SPACE.BIN/DRVSPACE.BIN für den Betrieb einer komprimierten Festplatte) ist zu dem Zeitpunkt, in welchem die CONFIG.SYS und AUTOEXEC.BAT abgearbeitet werden, längst geladen. Durch das Laden von COMMAND.COM sind auch die internen Befehle verfügbar, lediglich die externen Befehle warten ausgelagert auf der Festplatte auf ihren Aufruf, manche schlummern immer. Einige der notwendigen Einstellungen des Systems können nicht von der CONFIG.SYS vorgenommen werden, da diese Einstellungen nicht mehr (oder nur in sehr engen Grenzen) geändert werden können, was jedoch in diesen Fällen nicht erwünscht ist.

Tasaturbelegung per Treiber

Betrachten Sie das anhand des folgenden Beispiels: In den USA, wo der PC konzipiert und das Betriebssystem entwickelt wurde, hatte man immer eine andere Belegung der Schreibmaschinentastatur, als wir sie kennen. Das liegt zum einen daran, daß die Amerikaner die Umlaute und das ß nicht kennen, zum anderen aber auch daran, daß dort ganz andere Sonderzeichen gebraucht werden als bei uns. Die amerikanische QWERTY-Tastatur, wie man sie wegen der ersten sechs Tasten der Buchstabentastatur nennt, ist in Deutschland also aus den erwähnten Gründen nicht zu gebrauchen, wir benötigen die QWERTZ-Version. Der PC jedoch kennt standardmäßig diese Tastaturbelegung nicht.

So hat man im Zuge der Internationalisierung des PCs einen Tastaturtreiber nach dem anderen hinzugefügt, denn nach kurzer Zeit begehrten die Spanier wegen des umgedrehten Fragezeichens auf.

CONFIG.SYS nicht variabel genug

Diese Software jedoch kann man nun nicht mit der CONFIG.SYS in die Nähe des Betriebssystemkerns laden, denn vielleicht möchten Sie als Übersetzer einerseits mit dem deutschen Tastaturlayout arbeiten, zehn Minuten später jedoch mit dem skandinavischen, um etwa *Smorebrod* richtig schreiben zu können. Daher werden diese Module nicht als Gerätetreiber, sondern als sog. *residentes Programm* durch die AUTOEXEC.BAT geladen. Da diese Art Programme auf dem PC eine weitreichende (und oft merkwürdige) Rolle spielen, erfahren Sie nun einiges über deren Grundlagen. Dies ist umso nötiger, als in der AUTOEXEC.BAT oft genug Programme dieser Art geladen werden. Ein normales Anwenderprogramm - Ihre Textverarbeitung oder das Computerspiel - wird nach dem entsprechenden Befehl beendet und der Programmcode restlos aus dem Speicher entfernt. Das können Sie mit dem Befehl MEM rasch ermitteln: Wenn Sie vorher und nachher mit

```
MEM /C
```

den verfügbaren Speicher ermitteln, werden Sie auf das Byte genau den gleichen Wert feststellen.

Residentes Programm verbleibt im Speicher

Ein residentes Programm wird zwar beendet, was Sie daran erkennen, daß der Bildschirm nach einer Meldung o. ä. wieder frei wird. Eine Überprüfung mit MEM wird jedoch ergeben, daß nun nicht mehr derselbe Speicherplatz zur Verfügung steht; in der Liste der geladenen Programme taucht das residente Programm auf, das sich nun im Speicher eingenistet hat.

TSR-Programme arbeiten im Hintergrund

Man nennt Programme, die nach dem Beenden weiter im Hauptspeicher verbleiben, daher auch TSR-Programme (terminate and stay resident).

Dieses Programm arbeitet nun im Hintergrund weiter, wobei dies auf sehr unterschiedliche Art und Weise passieren kann: Der beschriebene Tastaturtreiber KEYB. COM wartet darauf, daß Sie eine Taste betätigen, um diese intern auf die eigentliche Taste der Tastatur umzuleiten - Sie schreiben mit einer amerikanischen Tastatur und merken es nicht. Ein anderes residentes Programm ist das Virenabwehrprogramm VSAFE.COM, das im Speicher jede verdächtige Aktivität registriert, die auf das verderbliche Tun eines Virus hinweisen könnte.

"Hotkey" startet residentes Programm

Sie können jedoch auch andere Programme käuflich erwerben, etwa Hilfsprogramme, die resident im Speicher warten, bis Sie eine bestimmte Taste betätigen, den sog. *Hotkey*, um dann einen Terminkalender, Taschenrechner oder einen astrologischen Kalender auf die laufende Anwendung zu zaubern, um nach getaner Arbeit wieder auf Knopfdruck zu verschwinden.

Unverträglichkeit von Programmen

Die residenten Programme waren lange Zeit das Sorgenkind der Anwender, denn viele residente Programme wollten sich einfach nicht miteinander vertragen, Systemabstürze oder rätselhafte Verhaltensweisen des PCs waren die Folge. Heutzutage sind diese Probleme kleiner geworden, gelöst sind sie jedoch nicht. Die bei MS-DOS mitgelieferten residenten Programme können bedenkenlos miteinander eingesetzt werden, sie sind sauber programmiert und erprobt. Anders ist es immer noch mit residenten Programmen, die man hinzukaufen kann. Diese haben ein Konfliktpotential, das zwar kleiner als früher, aber immer noch groß genug ist, dem Anwender den Ausdruck blanken Hasses in die Augen zu treiben.

Wie Sie diese Unverträglichkeiten beseitigen, haben wir im Kapitel "Wenn es sein muß - Fehlersuche" beschrieben.

Entfernen von speicherresidenten Programmen

Ein Programm, das sich resident im Speicher befindet, benötigt dort einen mehr oder weniger großen Teil des ohnehin knappen Hauptspeichers. Nun kann es sein, daß Sie aus diesem oder einem anderen Grund ein residentes Programm wieder entfernen möchten - und da ist es mit der Einfachheit zu Ende:

Last in - First out

Entfernt werden residente Programme, falls überhaupt möglich, nach der Devise *Last in - First out*. Es kann also immer nur das zuletzt geladene Programm entfernt werden. Wenn das Programm, das Sie entfernen wollen, irgendwo in der Mitte dieses Kartenhauses plaziert ist, können Sie es nicht entfernen, da der dazwischen liegende Speicherbereich nicht wieder freigegeben wird. Ungünstigenfalls bricht die gesamte Speicherarchitektur zusammen, Ihr Rechner "hängt sich auf", wobei der nun anstehende Warmstart mit Strg+Alt+Entf einen Datenverlust bedeutet. Im günstigsten Falle verschenken Sie den Speicherplatz.

Von hinten entfernen

Wenn Sie ein Programm aus der Mitte entfernen wollen, müssen Sie erst alle danach geladenen Programme und dann das fragliche Programm entfernen und die anderen Programme wieder laden.

Laden eines residenten Programms aus einem Anwenderprogramm heraus

Manche Anwenderprogramme verfügen über einen sog. DOS-Ausgang, einen Menüpunkt, der Ihnen erlaubt, vorübergehend zum Betriebssystem zu wechseln, um dort einen DOS-Befehl zu geben. Das ist zwar sehr bequem, aber auch sehr gefährlich:

Wenn Sie von dort aus nämlich ein residentes Programm laden (und sei es auch noch so harmlos), so haben Sie gute Chancen für einen Systemabsturz. Dieses residente Programm installiert sich nämlich hinter Ihrem (möglicherweise recht großen) Anwenderprogramm. Wenn Sie dieses nun wieder beenden, so hinterläßt es eine Riesenlücke im Speicher, die später nicht wieder mit Daten gefüllt werden kann. Der verbleibende Speicher ist nun jedoch möglicherweise so klein geworden, daß ein normaler Betrieb nicht mehr möglich ist - Ihr Rechner stürzt ab.

Die residenten Programme des Betriebssystems

Mit MS-DOS werden für die verschiedensten Aufgaben eine Reihe von Programmen ausgeliefert, die als residente Programme in den Speicher geladen werden. Wohlgemerkt: Diese Programme müssen nicht durch die AUTOEXEC.BAT geladen werden, sie können auch als ganz normaler Befehl gestartet werden. Der Vorteil der AUTO-EXEC.BAT ist also nur darin zu sehen, daß die Programme nach dem Systemstart ohne das Zutun des Anwenders bereits geladen sind.

Hinweis

Korrekter Suchpfad

In unseren Beispielen gehen wir davon aus, daß die Programmdateien sich in einem Verzeichnis befinden, auf das ein Suchpfad mit PATH gelegt wurde, so daß die Programme auch gefunden werden. Wir gehen im Kapitel "Erstellen Sie Ihre optimale AUTOEXEC.BAT" noch einmal auf den Suchpfad und die korrekte Einbindung der Befehle in die Startdatei ein.

DOSKEY.COM   2

Befehlswiederholung und Makros

Das residente Programm DOSKEY ist nur interessant, wenn Sie nicht mit einer grafischen Benutzeroberfläche wie der DOS-Shell oder Windows arbeiten, denn DOS-KEY merkt sich alle von Ihnen am Prompt eingegebenen Befehle und stellt sie Ihnen bei Bedarf wieder zur Verfügung. Sie sparen u. U. sehr viel Tipperei. Als weitere Funktion können Sie sog. Makros definieren, bei denen Sie einfache Befehle mit komplexen Funktionen belegen, also auch hier Zeit sparen. Die Syntax ist einfach:

```
DOSKEY
```

wenn Sie nur die Befehlswiederholung installieren wollen. Wenn Sie ein Makro KOPIERE erstellen möchten, daß bestimmte Dateien auf A: kopiert, so lautet der Aufruf

```
DOSKEY KOPIERE=COPY  *.TXT  A:
```

Im Zeitalter von Windows sind Tastaturmakros natürlich nicht mehr so wichtig, doch wenn Sie häufig unter DOS arbeiten, können Sie so manchen DOS-Befehl damit "umbiegen" oder entschärfen:

```
DOSKEY DEL=DEL $1 /P
```

beispielsweise ergänzt jeden DEL-Befehl durch die Option /P, die für die zu löschenden Dateien eine Sicherheitsabfrage ausgibt.

GRAPHICS.COM   1

Ausdruck eines Grafikbildschirms

Wenn Sie mit der Taste Druck eine Kopie des Bildschirms auf dem Drucker ausgeben wollen, ist dies nur bei Textbildschirmen ohne weiteres möglich. Wenn Sie auch Grafikbildschirme fotografieren wollen, müssen Sie vorher das residente Programm GRAPHICS laden. GRAPHICS erlaubt neben der einfachen Installation mit

```
GRAPHICS
```

die Angabe weiterer Optionen, etwa daß die Grafik invers gedruckt werden soll etc. Informieren Sie sich ggf. im Handbuch.

INTERSVR.EXE   2

Vorbereiten eines Laufwerks für eine serielle Verbindung

Wenn Sie zwei Rechner über die serielle Schnittstelle miteinander verbinden wollen, muß der eine (der zugreifende Rechner) mit dem Gerätetreiber INTERLNK.EXE auf den Zugriff vorbereitet werden. Beim anderen Rechner, auf dessen Laufwerke zugegriffen werden soll, regelt das residente Programm INTERSVR den Zugriff. Es ist sozusagen "die Erlaubnis", Daten von dem betreffenden Laufwerk zu holen.

```
INTERSVR Lw: {Optionen}
```

KEYB.COM   3

Tastaturtreiber

Natürlich werden Sie auch den verwendeten Tastaturtreiber in die AUTOEXEC.BAT einbauen, damit Sie jeden Tag nach dem Start sofort mit der gewünschten Belegung arbeiten können. Bei der Einbindung von KEYB.COM ist das gewünschte Land mit einer Abkürzung anzufügen und die Datei anzugeben, in der die Daten gespeichert sind, also der Treiber KEYBOARD.SYS:

```
KEYB GR,,C:\DOS\KEYBOARD.SYS
```

Zwischen den beiden Kommata kann noch die Nummer einer sog. Zeichensatztabelle angegeben werden, was jedoch nicht notwendig ist.

Falls Sie mit einer griechischen oder türkischen Tastatur arbeiten wollen oder die brasilianische oder rumänische Belegung wünschen, geben Sie statt KEYBOARD.SYS den Treiber KEYBRD2.SYS an.

MODE.COM   2

Allgemeiner Konfigurationsbefehl

MODE ist ein universeller Befehl für die allgemeine Konfiguration, der jedoch nur in wenigen Fällen benötigt wird, um bestimmte Standardeinstellungen (etwa die Größe der Zeichen auf dem Bildschirm) zu verändern. In einigen Fällen muß MODE, um seine von Ihnen befohlene Arbeit verrichten zu können, resident im Speicher verbleiben. Im Falle einer Nutzungsabsicht sollten Sie sich umfassend im Handbuch informieren.

MOUSE.COM   3

Maustreiber

Der Maustreiber MOUSE.COM wird bei MS-DOS mitgeliefert, ist jedoch nur mit der Microsoft-Maus oder einer kompatiblen Maus einsetzbar. Wenn Sie eine kompatible Maus betreiben, sollten Sie im Zweifel immer den Treiber des Betriebssystems einsetzen, bevor Sie es mit der mitgelieferten Software versuchen. Es gibt zwei Möglichkeiten, einen Maustreiber zu laden: Als Gerätetreiber MOUSE.SYS über die CONFIG.SYS oder als residentes Programm MOUSE.COM über die AUTOEXEC.BAT.

> **Hinweis**
>
> **Einer reicht!**
> Achten Sie darauf, daß Sie nicht beide laden, das kann zu Konflikten führen, zumindest jedoch verschenken Sie Speicher.

MSCDEX.EXE   2

CD-ROM-Laufwerk einbinden

Der Befehl MSCDEX bindet ein CD-ROM-Laufwerk in das Laufwerksystem ein, das vorher mit seinem Gerätetreiber in der CONFIG.SYS angemeldet worden sein muß. Dabei muß vorher in der CONFIG.SYS der Gerätetreiber geladen worden sein, der mit dem Laufwerk auf einer Diskette geliefert wird. In der CONFIG.SYS haben Sie mit der Zeile

```
DEVICE=C:\DOS\ASPICD.SYS /D:MSCD000
```

einen mitgelieferten Gerätetreiber Ihres CD-ROM-Laufwerks integriert. Der entsprechende MSCDEX-Befehl lautet:

```
MSCDEX /D:MSCD000
```

Auf die Einbindung eines CD-ROM-Laufwerks in Ihr System gehen wir in dem Kapitel "CD-ROM, Sound & Co - Konfigurieren von Zusatzgeräten" näher ein.

PRINT.EXE   1

Hintergrunddruck

Wenn Sie nicht über Ihr Anwenderprogramm ausdrucken wollen, bietet Ihnen PRINT an, mehrere Druckdateien nacheinander auszudrucken, während Sie im Vordergrund weiterarbeiten können. PRINT ist also ein sog. Drucker-Spooler, der

Druckdateien im Hintergrund zum Drucker schickt. PRINT verfügt über ein Reihe von Möglichkeiten der Einstellung, die Sie bitte im Handbuch nachlesen. Um PRINT ganz normal zu installieren, reicht der einfache Befehl

```
PRINT
```

Um nach der Installation Dateien auszudrucken, werden sie mit

```
PRINT Dateiname
```

an die Warteschlange angehängt.

SHARE.EXE   2

Dateizugriff regeln

Wenn Sie im Netzwerkbetrieb arbeiten oder unter Windows ein Programm mehr-fach betreiben möchten, müssen Sie SHARE laden, um den Dateizugriff zu regeln, also Mehrfachzugriffe auf ein und dieselbe Datei zu unterbinden. Ansonsten benöti-gen Sie diesen Befehl nicht. Auch für den Betrieb einer Festplatte mit einer Größe über 32 MByte - wie in der Version 4.0 von DOS - wird der Treiber nicht mehr ge-braucht. Das Programm wird einfach durch den Aufruf von

```
SHARE
```

geladen. Es sind noch weitere Angaben möglich, über die Sie sich im Falle einer Nutzungsabsicht informieren sollten.

Hinweis

VSHARE ersetzt SHARE

Wenn Sie Anwender von Windows für Workgroups sind, wird das Modul VSHARE mitgeliefert, das das residente Programm SHARE er-setzt. Wenn Sie unter Windows arbeiten, können Sie also in diesem Falle auf SHARE verzichten. Wenn Sie jedoch mit einem DOS-Pro-gramm arbeiten, das SHARE benötigt, müssen Sie weiterhin mit SHARE arbeiten, da das DOS-Programm das Windows-Modul nicht nutzen kann!

SMARTDRV.EXE   3

Zugriff auf Festplatte verbessern

Wenn Sie einen Rechner mit einem Prozessor 80386 oder gar einem 80486 Ihr Ei-gen nennen, so laufen dort die Vorgänge, die durch den Prozessor gesteuert werden, derart schnell ab, daß die Festplatte nicht nachkommt und so zum Flaschenhals des Systems wird. Um nun die Zugriffe auf das langsame Speichermedium "Festplatte" zu beschleunigen, wird im Hauptspeicher ein sog. Cache-Speicher eingerichtet, der die Daten von der Festplatte zwischenspeichert. Wird nun auf die Platte zugegriffen, so wird erst einmal im (schnellen) Cachespeicher nachgesehen. Erst bei einem Fehlversuch werden die Daten normal von der Platte geladen. Dieser Cachespeicher wird mit SMARTDRV.EXE eingerichtet und verwaltet. Dafür sind zwei Parameter ganz wichtig: Wie groß soll der Cachespeicher sein und auf welche Größe darf Windows den Cache reduzieren, um den Speicher selbst zu nutzen? Das sieht in der AUTOEXEC.BAT so aus:

```
SMARTDRV 2048 1024
```

Umfangreiche Einstellmöglichkeiten

Dieser Befehl legt den Cachespeicher erst einmal mit 2 MByte an, gibt jedoch Windows das Recht, den Cache auf 1 MByte zu reduzieren. Wenngleich der beschriebene Aufruf in nahezu allen Fällen ausreichen dürfte, sind doch eine Reihe von zusätzlichen Einstellungen möglich, über die Sie sich im einzelnen eingehend informieren sollten. Zu erwähnen ist die Deaktivierung des Schreibcaches mit /X, um die Datensicherheit zu erhöhen.

Mit der Version 3.11 von Windows für Workgroups wird ein 32-Bit-Cachemodul namens VCACHE mit ausgeliefert, das durch seinen 32 Bit breiten Zugriff wesentlich schneller ist als SMARTDRV. Sie werden also unter Windows wahrscheinlich auf SMARTDRV verzichten können, es sei denn, Sie wollten Diskettenlaufwerke oder ein CD-ROM-Laufwerk "cachen".

UNDELETE.EXE   3

Wiederherstellen gelöschter Dateien

UNDELETE ist ein Programm, das gelöschte Dateien wiederherstellen kann. Die sicherste Methode ist die sog. *Löschüberwachung*, bei der gelöschte Dateien in einem versteckten Verzeichnis eine festgelegte Anzahl von Tagen aufbewahrt werden. Dafür wird UNDELETE im Gegensatz zu seiner normalen Verwendung als residentes Programm geladen und überwacht die Löschvorgänge. Wenn Sie eine Löschüberwachung installieren wollen, müssen Sie UNDELETE.EXE mit dem Zusatz /LOAD aufrufen, also

```
UNDELETE /LOAD
```

Das Programm sucht dann nach einer Datei namens UNDELETE.INI, um sich mit den dort niedergelegten Einstellungen in den Speicher zu laden und dort Ihre Löschaktivitäten sorgsam zu registrieren.

VSAFE.COM   3

Virusabwehr

Die Aufgabe von VSAFE ist es, resident im Hauptspeicher auf verdächtige Aktivitäten zu achten, die auf einen Virus hindeuten. In einem solchen Falle werden vom Anwender festgelegte Aktivitäten ausgelöst, die schädliche Auswirkungen fernhalten können. Wenn Sie das Programm mit seinen Voreinstellungen resident laden wollen, reicht der einfache Aufruf von

    VSAFE

Wenn Sie jedoch weitere Einstellungen vornehmen wollen, legen Sie mit sog. Schaltern fest, welche Aktivitäten VSAFE überwachen soll. Die Angabe erfolgt mit einem nachgestellten Pluszeichen (+) für das Einschalten und einem Minuszeichen (-) für das Ausschalten der Option:

1	Warnt vor einer Low-Level-Formatierung, die die jeweilige Festplatte löschen könnte. Voreinstellung: +
2	Warnt vor dem Versuch eines Programms, im Arbeitsspeicher zu verbleiben. Voreinstellung: -
3	Hindert Programme daran, auf einen Datenträger zu schreiben. Voreinstellung: -
4	Prüft ausführbare Dateien, also Dateien mit der Erweiterung COM und EXE, die von MS-DOS geöffnet werden, auf Viren. Voreinstellung: -
5	Prüft alle Datenträger auf Viren, die sich im jeweiligen Startsektor befinden. Voreinstellung: +
6	Warnt vor Versuchen, in den Startsektor oder in die Partitionstabelle der Festplatte zu schreiben. Voreinstellung: +
7	Warnt vor Versuchen, in den Startsektor einer Diskette zu schreiben. Voreinstellung: -
8	Warnt vor Versuchen, ausführbare Dateien zu ändern. Voreinstellung: -

Beispiel:

Sie möchten die standardmäßig deaktivierte Option 4 einschalten:

    VSAFE 4+

> **Hinweis**
>
> **Aktualität ist Trumpf**
>
> Leider aktualisiert Microsoft in den aktuellen MS-DOS-Versionen die Virenliste nicht. Somit ist die Verläßlichkeit des Virenchecks eingeschränkt.

Wichtige Umwelteinflüsse - Der Umgebungsspeicher

Die AUTOEXEC.BAT hat, wie bereits besprochen wurde, zum einen die Aufgabe, die residenten Programme des Betriebssystems zu laden, die Sie als Anwender für nötig halten oder die in Ihrer Arbeitsumgebung benötigt werden.

Zum anderen ist es die Aufgabe dieser automatisch ausgeführten Batch-Datei, die Anwenderprogramme bereits nach dem Systemstart zu laden, mit denen Sie danach arbeiten wollen.

Umgebungsspeicher festlegen

Doch das ist noch nicht alles: Eine weitere wichtige Aufgabe übernimmt die AUTO-EXEC.BAT für Sie: das Festlegen der Inhalte des Umgebungsspeichers. Der Umgebungsspeicher (oder engl.: environment) wird deshalb so genannt, weil es sich um einen Speicherbereich des Hauptspeichers handelt, der sich in der unmittelbaren Nachbarschaft des Kommandoprozessors befindet, damit dieser auf diese Daten möglichst schnell zugreifen kann.

> **Tip**
>
> **In der CONFIG.SYS geht's auch**
>
> Es ist nicht wahr, daß die Einrichtung der Umgebungsvariablen nur in der AUTOEXEC.BAT vorgenommen werden kann; dies kann durchaus auch in der CONFIG.SYS geschehen. Weiter oben haben wir ein Beispiel angeführt, wie der Suchpfad mit PATH auch durch die CONFIG. SYS geladen werden kann, wenn man den Befehl SET benutzt.

Umgebungsspeicher ist eine "Pinwand"

Im Umgebungsspeicher werden während der wichtigen Arbeit des COMMAND.COM alle Daten abgelegt, die er für seine Arbeit benötigt, dabei handelt es sich um eine

Art "Pinwand", es werden dort also auch von anderen Programmen (und von Ihnen als Anwender!) Daten abgelegt, um dem Kommandoprozessor während seiner Arbeit Informationen aller Art zu geben.

Die Daten, die dort niedergelegt werden, nennt man Umgebungsvariablen, weil es Daten sind, deren Inhalt durchaus variieren kann. Dabei wird ein einfaches Prinzip angewendet: Die Variable bekommt einen Namen und einen mit einem Gleichheitszeichen zugewiesenen Inhalt. Wenn Sie also Ihren Namen dort hinterlegen wollen, so geschieht dies dadurch, daß der Wert der Variablen NAME auf "Hans" gesetzt wird.

Das Setzen einer Umgebungsvariablen

Es gibt zwei Möglichkeiten, eine Umgebungsvariable festzulegen oder zu ändern:

1 Die beiden Variablen des Suchpfads PATH und des eingestellten Bereitschaftszeichens PROMPT werden mit einem normalen Befehl, wie etwa

```
PATH C:\DOS
```

festgelegt. Dies gilt auch für eine Definition der Variablen in der AUTO-EXEC.BAT.

2 Alle andere Variablen werden mit dem Befehl SET festgelegt. Die Syntax dieses Befehls ist

```
SET Variable={Wert}
```

wobei die Angabe eines Wertes optional ist (s. u.). Wenn Sie mit

```
SET TEMP=C:\TEMP
```

die Variable mit dem Namen TEMP definieren, weisen Sie ihr gleichzeitig den Wert C:\TEMP zu und legen damit fest, daß die temporären Dateien (s. u.) in diesem Verzeichnis abgelegt werden sollen.

Alle mit Kleinbuchstaben eingegebenen Variablen werden in Großbuchstaben umgewandelt, außer dem Wert einer Variablen:

Der Befehl

```
SET vorname=michael
```

73

würde im Umgebungsspeicher folgendes Ergebnis bringen:

```
VORNAME=michael
```

Regeln für Variablen

Folgende Regeln beachten Sie bitte bei der Zuweisung einer Variablen:

- Die Namen dürfen beliebig lang sein, alle Zeichen, die in Dateinamen erlaubt sind, sind auch als Bestandteil eines Variablenwertes gültig. Der Wert ist beliebig, hier dürfen auch alle Sonderzeichen und die Leertaste auftauchen.

- Die Angabe des Namens einer Variablen ohne einen Wert (aber mit Gleichheitszeichen) löscht die Variable ganz aus dem Umgebungsspeicher:

```
SET TEMP=
```

würde also die eben angelegte Variable (nicht nur den Wert!) löschen.

- Man muß, um den Wert einer Variablen zu verändern, diese nicht löschen, sondern kann die Variable durch Zuweisung eines neuen Wertes überschreiben.

- Der Aufruf von

```
SET
```

ohne Parameter zeigt den aktuellen Inhalt des Umgebungsspeichers an, also alle gespeicherten Variablen sowie deren Werte.

- Da jedes residente Programm mit einer Kopie der Umgebungsvariablen geladen wird, sollten Sie die Umgebungsvariablen erst am Ende der AUTOEXEC.BAT einrichten.

Die maximale Größe des Umgebungsspeichers

Der Umgebungsspeicher darf "serienmäßig" nur 256 Zeichen umfassen, was sicher in vielen Fällen ausreichend oder mehr als ausreichend sein wird (s. u.). Wenn Sie mehr reservieren wollen, benutzen Sie den Befehl SHELL.

SHELL vergrößert den Umgebungsspeicher

In einem solchen Fall sollten Sie den Befehl SHELL, der eigentlich für das Einbinden eines Fremdprozessors gedacht war, dafür benutzen, mehr Umgebungsspeicher zu reservieren, der allerdings dem Arbeitsspeicher dann nicht mehr zur Verfügung steht.

74

```
SHELL C:\COMMAND.COM  C:\  /E:1024 /P
```

lädt den gleichen Prozessor wie im vorigen Befehl, nur wird permanent ein Umgebungsspeicher von 1.024 Byte für die Belange des Kommandoprozessors freigehalten.

	Richtiger Pfad ist wichtig
Hinweis	Beachten Sie, daß die Pfadangabe zum Kommandoprozessor richtig eingegeben wird!

Die optimale Größe des Umgebungsspeichers

Es gibt nicht nur eine maximale Größe des Umgebungsspeichers, es gibt auch eine
optimale Größe, eine Größe nämlich, die einerseits die Größe des Umgebungsspeichers nicht beschneidet, andererseits jedoch nicht unsinnig viel Speicher freihält.

Wenn Sie mit dem Befehl

```
SHELL C:\COMMAND.COM  C:\  /E:1024 /P
```

in der CONFIG.SYS einen Umgebungsspeicher von 1.024 Byte freihalten, verschenken Sie wahrscheinlich 750 Byte, denn in Wahrheit kann Ihr Speicher für den
Kommandoprozessor wesentlich kleiner ausfallen.

Dafür sollten Sie einmal MEM mit der Option /D aufrufen, um einen detaillierten
Überblick über alle Gerätetreiber, Programme und den Umgebungsspeicher zu bekommen.

Wenn nun COMMAND.COM diesen MEM-Befehl ausführt, legt er einen Block im
Speicher an, der eine lokale Kopie aller derzeit festgelegten Umgebungsvariablen
darstellt. Der Grund hierfür ist einleuchtend: Falls ein Programm aus dem Umgebungsspeicher einen Wert benötigt, steht er in der Kopie sofort für dieses Programm
zur Verfügung.

Dabei wird sehr sorgfältig darauf geachtet, daß dieser Block exakt der Größe des
echten Umgebungsspeichers entspricht, um nicht unnötig Speicher zu verschwenden.

MEM hilft also, die optimale Größe zu ermitteln. Dies jedoch können Sie sich zunutze machen:

Starten Sie MEM mit der Option /D, so wird dieser Speicherblock angezeigt und - ein erstklassiger Service - dazu die Größe, die Sie einfach übernehmen können, um eine optimale Größe des Umgebungsspeichers einzurichten.

In unserem Beispiel hat die Umgebung eine Größe von 208 Byte, wenn Sie, um Eventualitäten abzufangen, diese Größe auf 220 Byte setzen, haben Sie einen "maßgeschneiderten" Umgebungsspeicher:

```
SHELL C:\COMMAND.COM C:\ /E:220 /P
```

Hinweis	**/P steht für Dauer** Beachten Sie, daß Sie die Option /P auf keinen Fall weglassen, da nur diese Option DOS anweist, diesen Kommandoprozessor mit diesem Umgebungsspeicher dauerhaft einzurichten.

Tip	**Mehr ist besser** Wenn Sie viel mit Batch-Dateien arbeiten, die mit der Anweisung `%Name%` auf im Umgebungsspeicher hinterlegte Werte zurückgreifen, so sollten Sie vorsorglich den Wert etwas höher setzen. Auch der Benutzung der Umgebungsvariablen CONFIG (im Falle eines Startmenüs, siehe auch Kapitel "Die Luxusausführung - Wunschkonfiguration per Startmenü") sollte dadurch Rechnung getragen werden, daß der Wert des maßgeschneiderten Umgebungsspeichers nicht 'auf Taille' gesetzt wird.

Die Standard-Variablen des Betriebssystems

BREAK   2

Abbruch von Laufwerkzugriffen erlauben

Nur wenn BREAK auf ON gesetzt wurde, wird auch bei einem Laufwerkzugriff geprüft, ob Sie den Vorgang mit Strg+C abbrechen möchten. Sie können dies in der CONFIG.SYS befehlen, Sie können aber auch in der AUTOEXEC.BAT eine Umgebungsvariable namens BREAK festlegen und deren Wert auf ON setzen. Die Auswirkung ist dieselbe. In der AUTOEXEC.BAT setzen Sie BREAK wie folgt auf ON:

```
BREAK ON
```

COMSPEC 1

Pfad zum Kommandoprozessor

Unter dem Variablennamen COMSPEC wird dort der Name des geladenen Kommandoprozessors sowie die präzise Pfadangabe dahin abgelegt. Da der Kommandoprozessor manchmal teilweise aus dem Speicher herausgenommen wird, muß für ein schnelles Nachladen der Pfad bekannt sein. Diese Variable wird automatisch beim Laden des Kommandoprozessors erstellt, ein Eingriff Ihrerseits ist nicht nötig.

> **Weitere COMMAND.COM-Instanz laden**
>
> Da COMSPEC immer den kompletten Pfad zum Kommandoprozessor beinhaltet, können Sie diese Variable auch zum Aufruf des COM-MAND.COM benutzen:
>
> `%COMSPEC% /C TEST.BAT`
>
> würde (auch aus Windows heraus) den TEST.BAT mit einer weiteren Instanz des Kommandoprozessors ausführen und diesen sofort wieder beenden.

CONFIG 3

Variable für Verzweigung in AUTOEXEC.BAT

Diese Variable wird gesetzt, wenn Sie ein Startmenü in der CONFIG.SYS definieren, um in der AUTOEXEC.BAT in Abhängigkeit vom gewählten Menüpunkt entsprechende Verzweigungen zu unterschiedlichen Tätigkeiten vornehmen zu können. Mit

```
GOTO %CONFIG%
```

verzweigen Sie zu der entsprechenden Sprungmarke.

COPYCMD 1

Standardvorgabe für die Ausführung von COPY

Ab der Version 6.2 hat man endlich die Kopierbefehle COPY, XCOPY und MOVE dahingehend entschärft, daß im Falle eines möglichen Überschreibens einer Datei im Ziel eine Warnung ausgegeben wird. Wenn Sie also eine Datei kopieren, die es im Ziel bereits gibt, wird nicht mehr ohne Rückfrage überschrieben, wie das bisher der Fall war. Mit der Variablen COPYCMD regeln Sie, wie es auf Ihrem System gehandhabt werden soll:

Die Regeln für die Überschreibwarnung

- Geben Sie keine Option an, wird im Normalbetrieb vor dem Überschreiben gewarnt, bei einem Aufruf aus einer Batch-Datei heraus nicht.

- Mit

```
SET COPYCMD=/Y
```

wird keine Warnung ausgegeben.

- Geben Sie

```
SET COPYCMD=/-Y
```

an, wird immer vor einem Überschreiben gewarnt, auch wenn COPY in einem Batch befohlen wird.

- Beachten Sie: COPYCMD gilt auch für die Befehle MOVE und XCOPY.

DIRCMD   2

Standardvorgabe für die Ausführung von DIR

Der Befehl DIR zeigt das Inhaltsverzeichnis eines Datenträgers an. Wenn Sie nun die Ausführungsweise dieses Befehls (Sortierung der Dateien, seitenweises Anzeigen etc.) generell festlegen wollen, so legen Sie im Umgebungsspeicher die Variable DIRCMD ab, die als Wert genau jene Optionen enthält, die Sie für die Ausführung von DIR festlegen wollen. Wenn Sie etwa die Option /P für seitenweises Anzeigen und eine Sortierung nach der Erweiterung als Standard definieren wollen, lautet die Zeile

```
SET DIRCMD=/P /O:E
```

Natürlich macht das nur Sinn, wenn Sie nicht mit der DOS-Shell oder mit dem Datei-Manager von Windows arbeiten, da Sie dort über eine komfortable Dateianzeige verfügen.

> **Hinweis**
>
> **Bitte keine Leertaste**
> Beachten Sie: DIRCMD funktioniert nur einwandfrei, wenn Sie vor und nach dem Gleichheitszeichen keine Leertaste einfügen!

MSDOSDATA   2

Variable für INI-Dateien

Die Programme MSBACKUP, MWBACKUP, VSAFE, MWAV und UNDELETE legen Informationen, die benötigt werden, in Dateien ab, die normalerweise im Verzeichnis des Betriebssystem erstellt werden. Dies macht dieses Verzeichnis jedoch möglicherweise unübersichtlich, da eine stattliche Anzahl von Initialisierungsdateien entstehen kann. Um diese in einem anderen Verzeichnis als dem DOS-Verzeichnis ablegen zu lassen, weisen Sie einen Pfad dorthin:

```
SET MSDOSDATA=C:\DOS\DATEN
```

Das Verzeichnis muß jedoch existieren, damit es korrekt benutzt werden kann!

PATH   3

Suchpfad für Datendateien

Wenn Sie, was für sinnvolles Arbeiten unerläßlich ist, Ihre Programme in unterschiedlichen Verzeichnissen abgelegt haben, so hat diese Ordnung viele Vorteile, doch einen entscheidenden Nachteil: Sie müssen beim Programmstart immer angeben, in welchem Verzeichnis sich das zu startende Programm befindet, also statt einfach

```
WORD
```

zu tippen, müssen Sie nun

```
\WORD55\WORD
```

befehlen, wenn sich das Programm Word in eben diesem Verzeichnis WORD55 befindet. Um dies etwas einfacher zu gestalten, können Sie mit der Umgebungsvariablen PATH einen sog. Suchpfad bestimmen, das ist eine Aufzählung von Verzeichnissen, in denen der Kommandoprozessor suchen soll, wenn Sie ein Programm starten wollen. Er durchsucht dann die dort niedergelegten Verzeichnisse, bis er das angegebene Programm gefunden hat, und startet es. Die Verzeichnisse werden einfach aneinandergehängt, wobei ein Semikolon die einzelnen Einträge in der Liste trennt:

```
PATH C:\DOS;C:\WORD;C:\WINDOWS
```

Der Suchpfad darf nicht mehr als 127 Zeichen umfassen. Lesen Sie daher im Kapitel "Die Umgebungsvariablen" nach, wie Sie dies umgehen können.

Ohne Angabe gilt bei PATH die Vorgabe C:\DOS.

PROMPT   2

Aussehen des Bereitschaftszeichens

Auch diese Umgebungsvariable hat im Zeitalter von DOS-Shell und Windows etwas an Bedeutung verloren, denn Sie definieren mit dieser Umgebungsvariablen, wie das Bereitschaftszeichen, der Prompt des Betriebssystems, aussehen soll. Sie können ihn, wie es standardmäßig vorgesehen ist, auf die Angabe des aktuellen Laufwerks beschränken.

> **Standardprompt automatisch**
> Ab Verion 6.22 wird dieser Prompt als Standardprompt eingestellt und muß daher nicht definiert werden.

Sie können jedoch auch andere Angaben wie die aktuelle Uhrzeit, das Datum und das aktuelle Verzeichnis anzeigen lassen. Um den aktuellen Pfad und die Uhrzeit im Prompt darzustellen, lautet der Befehl

```
PROMPT  $T  $P$G
```

Dieser Prompt würde folgendermaßen aussehen:

```
12:23:45,56  C:\DOS>
```

Nach der Angabe der Zeit (bis hinunter zur Hundertstelsekunde!) wird das aktuelle Verzeichnis ausgegeben. Auch wenn Sie mit der DOS-Shell oder Windows arbeiten, sollten Sie einen aussagefähigen Prompt erstellen, denn ab und zu muß man ja doch einmal auf die "schnöden Niederungen" des MS-DOS zurück. Wie Sie einen Prompt anlegen, der nur in der DOS-Box von Windows gültig ist, lesen Sie bitte weiter unten nach. Wir kommen auf den Systemprompt und seine Möglichkeiten auf den folgenden Seiten noch einmal zurück.

TEMP   3

Pfad für temporäre Dateien

Es ist manchmal unumgänglich, während der Programmausführung von einer Datei eine Kopie anzulegen, die später wieder gelöscht wird. Dieses Prinzip nennt man temporäre Datei, eine Datei also, die nur vorübergehend benötigt wird. Daß diese Dateien gelöscht werden sollen, ist zwar vorgesehen, aber daß sie tatsächlich auch gelöscht werden, ist oft genug nicht der Fall. Insbesondere, wenn ein Programm abgestürzt ist und Sie nur durch einen Neustart wieder Leben in Ihr System bringen konnten, verbleiben diese Programme auf der Platte und "müllen" so langsam Ihre Festplatte zu. Mit der Umgebungsvariablen TEMP weisen Sie alle Programme, die auf der "Pinwand" Umgebungsspeicher nachsehen und die diese Variable verwenden, unmißverständlich an, die temporären Dateien nur in dem Verzeichnis anzulegen, das Sie dort angeben. So haben Sie eventuell verbleibende temporäre Dateien in einem Verzeichnis und können Sie dort mit einem Handgriff löschen. Sie möchten das Verzeichnis C:\TEMP für die temporären Dateien verwenden, dann lautet die Befehlszeile:

```
SET TEMP=C:\TEMP
```

TMP   3

Pfad für temporäre Dateien

Es gilt für diese Variable das zuvor Gesagte, nur mit dem Unterschied, daß manche Programme, insbesondere amerikanische, auf der Pinwand nach einer Variablen namens TMP Ausschau halten. Sie sind also gut beraten, wenn Sie vorsichtshalber diese Variable auch definieren, denn welches Programm welche Variable sucht, ist Ihnen wahrscheinlich nicht bekannt.

WINPMT   3

Prompt für DOS-Box in Windows

Diese weithin unbekannt und auch im Windows-Handbuch schmählichst vernachlässigte Variable ist sehr nützlich: Wenn Sie aus Windows heraus vorübergehend zum Betriebssystem DOS zurück müssen, so können Sie das über die sog. DOS-Box in der Hauptgruppe. Um nun nach Verlassen von Windows immer darüber informiert zu sein, ob Sie sich nur vorübergehend im Betriebssystem befinden, können Sie einen eigenen Prompt definieren, der nur dann Gültigkeit hat, wenn Sie sich in der DOS-Box befinden:

```
SET WINPMT=Wir sind in Windows! $P$G
```

81

Sie sehen also immer die Meldung, wo Sie sich befinden, und den aktuellen Pfad.

> **WINPMT in AUTOEXEC.BAT einbinden**
>
> Diesen Befehl sollten Sie unbedingt in die AUTOEXEC.BAT einbinden, wenn Sie mit Windows arbeiten, da diese Variable vor dem Start von Windows gesetzt werden muß. Ein Aufruf aus der DOS-Box ist nicht wirksam!

Umgebungsvariable von Anwenderprogrammen

Manche Anwenderprogramme benötigen neben der Variablen TEMP bzw. TMP andere Variablen, um bestimmte Funktionen ordnungsgemäß durchführen zu können. Dies kann hier jedoch nicht allgemeinverbindlich besprochen werden, Sie sind in diesem Fall auf ein aufmerksames Handbuchstudium angewiesen. Beispielsweise benötigt das Textprogramm MS-Word für einen korrekten Netzwerkbetrieb die Variable MSWNET, die mit der Befehlszeile

```
SET MSWNET=Pfadangabe
```

im Umgebungsspeicher abgelegt wird, um das lokale Verzeichnis des Anwenders zu definieren.

Ohne alles - Ignorieren der Konfigurationsdateien beim Start

Gerade PC-Anwender wissen, daß McMurphy's Gesetz, nach dem alles, was schiefgehen kann, auch schief geht, sehr trefflich beobachtet ist.

CONFIG.SYS funktioniert nicht mehr

Da hat man nun nach einem Hinweis in einer Fachzeitschrift und langem Handbuchstudium in der CONFIG.SYS einige Änderungen vorgenommen, von denen man sich eine Verbesserung der Geschwindigkeit verspricht. In Erwartung großer Dinge startet man den Rechner neu, um die neue CONFIG.SYS als Konfigurationsdatei wirksam werden zu lassen - und nichts tut sich. Exakt an der Stelle, an der man die "Verbesserung" eingebaut hat, bricht der Start ab und der Rechner hängt sich auf. Wenn man in seinem Übereifer die Änderung auch bereits auf der einzigen Startdiskette vorgenommen hat oder diese trotz heftigen Suchens nicht auffindbar ist, ist guter Rat teuer. Man würde ja gern die alte CONFIG.SYS wiederherstellen - wenn man den Rechner starten könnte, um genau das zu tun. Um diesem (und anderen Übeln) vorzubeugen, hat man sich bei Microsoft etwas einfallen lassen: Seit der Version 6.0 und in erweiterter Form seit 6.2 können Sie, während die Startmeldung

```
Starten von MS-DOS...
```

Konfigurationsdateien übergehen

sichtbar ist (und nur dann!), mit F5 oder F8 einen bereinigten Systemstart befehlen, einen Start des Rechners also, der die Startdateien ganz oder teilweise unberücksichtigt läßt:

Wenn Sie während der Meldung die Taste F5 betätigen, werden beide Startdateien übergangen, die CONFIG.SYS (mit Ihren Änderungen) und die AUTOEXEC.BAT werden also komplett ignoriert. Das hat zwar zur Folge, daß der deutsche Tastaturtreiber nicht geladen wird und daß auch andere Einstellungen nicht mehr stimmen, doch Sie kommen wenigstens in das System hinein, um den alten Zustand der CONFIG.SYS wiederherzustellen. Wenn Sie eine Festplatte betreiben, die mit einem Gerätetreiber in der CONFIG.SYS erst ansprechbar ist, etwa eine RLL-Platte mit dem Treiber DMDRVR.BIN oder eine SCSI-Festplatte mit dem Treiber ASPI4DOS, so dürfen Sie diesen Start u. U. nicht durchführen, da die Platte dann möglicherweise nicht zugänglich ist. In einem solchen Falle sollten Sie den Systemstart mit F8 selektiv durchführen. Wollen Sie dagegen aus den Gerätetreibern oder Befehlen in der CONFIG.SYS oder AUTOEXEC.BAT nur einen oder mehrere ausklammern, betätigen Sie während der Startmeldung F8.

```
Starten von MS-DOS...

DOS=HIGH,UMB [J,N]? N
DEVICE=C:\DOS\HIMEM.SYS [J,N]? N
DEVICE=C:\DOS\EMM386.EXE NOEMS HIGHSCAN [J,N]? N
FILES=40 [J,N]? J
COUNTRY=049,,C:\DOS\COUNTRY.SYS [J,N]? J
SHELL=C:\DOS\COMMAND.COM C:\DOS\ /E:1024 /p [J,N]? J
STACKS=9,256 [J,N]? N




C:\>
```

Abb. 4:
Selektives Starten
mit F8

Sie erhalten dann nach jeder Zeile die Möglichkeit, mit J oder N für JA oder NEIN Ihre Auswahl zu treffen. Darüber hinaus können Sie zusätzlich bestimmen, ob die AUTOEXEC.BAT übergangen werden soll oder nicht.

Wenn Sie die AUTOEXEC.BAT nicht umgehen wollen, wird dort die Prozedur wiederholt, also jede Zeile zur Bestätigung vorgelegt.

Um alle folgende Befehle auszuführen, drücken Sie die Esc-Taste, wenn aber die noch ausstehenden Befehle nicht abgearbeitet werden sollen, drücken Sie die F5-Taste.

Im beschriebenen Falle des mißglückten Starts nach einer Änderung der CONFIG.SYS hätten Sie den Start also problemlos durchführen können:

1 Während des Startens drücken Sie F8.

2 Mit J laden Sie alle Treiber bzw. bestätigen alle Befehle, die vor den von Ihnen geänderten abgearbeitet werden.

3 Wenn Sie sicher sind, daß es nur ein Befehl sein kann, verwerfen Sie diesen mit N, wenn Sie nicht sicher sind, ob es nicht womöglich ein "Zusammenspiel" gegeben haben könnte, verwerfen Sie ab dort alle Treiber und Befehle.

4 Die AUTOEXEC.BAT können Sie laufen lassen, denn Ihre Änderung wurde ja in der CONFIG.SYS vorgenommen. Nur in einigen ganz wenigen Fällen müssen Sie auch die AUTOEXEC.BAT zeilenweise abarbeiten, etwa wenn SMARTDRV.EXE für Probleme sorgt.

Eine weitere Möglichkeit, bestimmte Zeilen der CONFIG.SYS während des Starts ausschließen zu können, ist leider auch nicht so dokumentiert, wie wir uns das wünschen würden, dabei ist es so praktisch:

Angenommen Sie wollten nur ab und zu mit dem Treiber ANSI.SYS arbeiten, weil er für den Normalbetrieb nicht nötig ist, jedoch für ein bestimmtes Programm gefordert wird. Wenn Sie nun statt

```
DEVICEHIGH=C:\DOS\ANSI.SYS
```

die Zeile

```
DEVICEHIGH?=C:\DOS\ANSI.SYS
```

84

einbinden, also einfach ein Fragezeichen anhängen, wird Ihnen diese Zeile beim Start zur Bestätigung vorgelegt, und Sie können entscheiden, ob Sie heute den Treiber brauchen oder nicht.

Das ist zwar nicht geeignet, um einen Wert festzulegen, doch das können Sie mit einem Trick erreichen: Geben Sie mehrere Zeilen an, von denen Sie nur eine nicht verwerfen:

```
BUFFERS?=20
BUFFERS?=30
BUFFERS?=40
```

beispielsweise erlaubt Ihnen, für jede Sitzung eine andere Anzahl Zwischenspeicher festzulegen.

Wenn Sie jedoch mit mehreren unterschiedlichen Konfigurationen arbeiten, ist dies sicher keine komfortable Lösung, hier hilft nur noch ein Startmenü.

Wie Sie ein Menü erstellen können, mit dem Sie (auch in der geschilderten Situation!) unter verschiedenen Konfigurationen wählen können, haben wir weiter unten für Sie aufbereitet.

Den DBLSPACE/DRVSPACE-Treiber beim Rechnerstart nicht laden

Die oben gezeigte Möglichkeit, die Systemdateien zu umgehen, verhindert nicht, daß DBLSPACE.BIN/DRVSPACE.BIN geladen wird. Ab MS-DOS 6.2 können Sie aber mit Strg+F5 oder Strg+F8 genau das verhindern. Es versteht sich von selbst, daß Sie dadurch keinen Zugriff auf Ihr mit DBLSPACE/DRVSPACE komprimiertes Laufwerk haben.

Probleme beim Start von Windows?

Wie Sie verfahren, wenn Ihr Rechner mit DOS nicht korrekt startet, haben wir beschrieben. Doch was, wenn Windows nicht richtig startet?

1 Zuerst einmal müssen Sie verhindern, daß Windows durch die AUTOEXEC.BAT gestartet wird. Drücken Sie also während des Systemstarts die Taste F8 (wie oben beschrieben) und laden Sie alle Treiber durch die CONFIG.SYS. Die AUTOEXEC.BAT lassen Sie ebenfalls abarbeiten, nur die Zeile mit dem Aufruf von Windows

```
WIN
```

übergehen Sie mit **N**.

2 Nun müssen Sie Windows mit verschiedenen Startparametern starten, von denen jeder eine Anweisung für die Nichtbenutzung bestimmter Funktionen beinhaltet.

Um feststellen, aus welchem Grund Windows nach der Eingabe des WIN-Befehls nicht startet, stehen Ihnen die folgenden drei Optionen zur Verfügung:

/d:f	Der 32-Bit-Festplattenzugriff wird deaktiviert.
/d:s	Systemunterbrechungen im ROM werden abgeschaltet.
/d:v	Unterbrechungen bei Festplattenzugriffen werden unterbunden.
/d:x	Das Adaptersegment des Hauptspeichers (zwischen 640 und 1.024 KByte) wird von Windows nicht benutzt.

Zur Diagnose des Startfehlers geben Sie zuerst alle vier Befehle gleichzeitig ein:

```
Windows /d:f /d:s /d:v /d:x
```

Startet nun Windows einwandfrei, beginnen Sie mit der Fehlereingrenzung. Starten Sie Windows erneut und lassen Sie eine Option weg, etwa /d:s.

Ist der Startversuch erfolgreich, wissen Sie, daß der Fehler nicht durch das ROM (Read Only Memory) verursacht wurde.

Durch einen erneuten Start und Weglassen der nächsten Option, kommen Sie dem Fehler auf die Spur.

Entweder der Startversuch mißlingt, dann liegt es an der Festplatte (sofern Sie die Option /d:v weggelassen haben) bzw. am Adaptersegment (Sie haben die Option /d:x nicht eingegeben) oder der Start glückt, dann ist der Fehler bei der Option zu suchen, die Sie angegeben haben.

In diesem Falle bieten sich Ihnen folgende Lösungsmöglichkeiten:

Ist der Fehler auf den 32-Bit-Plattenzugriff zurückzuführen, tragen Sie in der Sektion [386enh] in der SYSTEM.INI die Zeile

```
32BitDiskAccess=Off
```

ein und schalten damit den speziellen Zugriff dauerhaft ab. Wenn Windows bei der Option /d:s wieder startet, wird die Zeile

86

```
SystemROMBreakPoint=False
```

in der gleichen Sektion Ihnen einen problemlosen Windows-Start ermöglichen.

Sollte Windows nach Verwendung von /d:v wieder ohne Probleme starten, müssen Sie die Zeile

```
VirtualHDIrq=False
```

aufnehmen, um Windows zu veranlassen, die BIOS-Routinen für den Festplattenzugriff zu benutzen.

Wenn Sie mit der Option /d:x einen Speicherkonflikt festgestellt haben, so müssen Sie die Nutzung des Adaptersegments ausschließen, indem Sie in die Sektion [386enh] die Zeile

```
EMMExclude=A000-FFFF
```

einbringen und damit den Speicherbereich zwischen diesen Adressen aussparen.

Die Datei BOOTLOG.TXT

Wenn Sie die Option /B beim Start von Windows verwenden, werden die Starts der einzelnen Module protokolliert, damit Sie bei einer Fehlersuche den Übeltäter einkreisen können. Der Startvorgang wird in der Datei BOOTLOG.TXT protokolliert.

Damit die Fehlerbeschreibungen möglichst exakt und aussagefähig sind, sollte Ihre Datei BOOTLOG.TXT mit der folgenden Zeile enden:

```
LoadFaile status=xx
```

Haben Sie diese Zeile integriert, so kann Ihnen Windows mit den folgenden Fehlermeldungen bei der Fehlersuche weiterhelfen:

Wert	Beschreibung
0	Zu wenig Speicher verfügbar. Beachten Sie: Dies könnte der Hinweis auf einen Virenbefall Ihres Systems sein. Führen Sie auf jeden Fall einen Virencheck mit einem dafür geeigneten Programm durch.
2	Datei nicht gefunden. Grund: Datei wurde entweder gelöscht oder umbenannt.
3	Pfad nicht gefunden. Grund: Da nicht alle Windows-Treiber im Verzeichnis \WINDOWS\SYSTEM gespeichert sind, kann es vorkommen, daß das entsprechende Verzeichnis zur Zeit nicht verfügbar ist (Netzwerklaufwerk).

87

Wert	Beschreibung
5	Versuch, eine dynamische Verbindung zu einem Task aufzunehmen. Grund: Fehlerhafter oder beschädigter Treiber.
6	Die aufgerufene DLL-Datei benötigt separate Datensegmente für jeden Task. Dieser Fehler erscheint i. d. R. nur bei fehlerhaften oder beschädigten Treibern.
8	Zu wenig Speicher verfügbar, um die Anwendung zu starten (siehe erste Fehlermeldung 0).
10	Falsche Windows-Version. Grund: Möglicherweise sind im Verzeichnis \WINDOWS noch alte Windows-Dateien vorhanden.
11	Ungültige EXE-Datei. Grund: Entweder ist die EXE-Datei beschädigt oder es handelt sich um die EXE-Datei eines anderen Betriebssystems.
12	OS/2-Anwendung. Grund: In dem von Ihnen definierten Suchpfad (wird mit PATH bestimmt) befindet sich ein Verzeichnis, das auf die OS/2-Version einer Anwendung hinweist, die Sie möglicherweise auch als Windows-Version vorliegen haben.
13	MS-DOS-4.0-Anwendung. Grund: Es handelt sich bei der Datei um eine DOS-Datei und Windows erwartet einen Windows-Treiber. Hinweis: Diese Fehlermeldung erfolgt auch, wenn es sich um eine MS-DOS-5.0-Datei handelt.
14	Unbekannte EXE-Datei. Grund: Vermutlich haben Sie versehentlich einen NT-Treiber als Windows 3.1-Treiber deklariert.
15	Versuch, eine EXE-Datei zu laden, die für eine ältere Windows-Version geschrieben wurde. Grund: Der Treiber ist defekt, oder Sie arbeiten mit einem veralteten Treiber. Löschen Sie den veralteten oder beschädigten Treiber und installieren Sie den Treiber neu, ggf. besorgen Sie sich einen Treiber neueren Datums und installieren diesen.
16	Versuch, eine geladene EXE-Datei (mit mehrfach beschreibbaren Datensegmenten) erneut zu laden (siehe Fehlermeldung 15).
17	Siehe Fehlermeldung 15

Die Seele des Ganzen - Die Konfiguration des Hauptspeichers

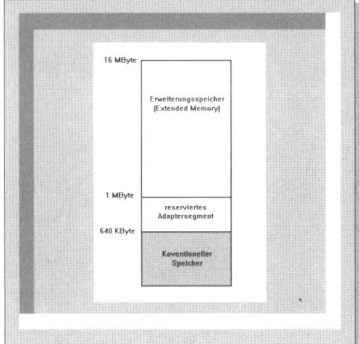

Bevor wir Ihnen mehr über die Konfigurationsmöglichkeiten des Hauptspeichers berichten, scheint es angebracht, ein paar grundlegende Worte über den Hauptspeicher zu verlieren und dabei auch aufzubereiten, warum es so wichtig ist, daß Sie dieses "Handlager des Prozessors" richtig auf Ihrem System einrichten.

Der Hauptspeicher wird auch RAM genannt - dieser Name sagt über die Verwendung bereits viel aus: Random Access Memory, ein "Speicher mit wahlfreiem Zugriff". Dort legen der Prozessor oder Anwendungsprogramme wahlfrei Daten ab, die durch andere ersetzt oder gelöscht werden können.

Kurze Zugriffszeit

Neben dem Prozessor ist der Hauptspeicher die wichtigste Baugruppe des PCs, da in diesem schnellen Speicher (Zugriffszeit 70 Milliardstel Sekunden!) zur Laufzeit eines Programms alle notwendigen Daten bereitgehalten werden: Im RAM befindet sich zur Laufzeit eines Programms (bspw. Textverarbeitung) zuerst einmal das Betriebssystem DOS, das von allen Programmen benötigt wird, um mit dem PC kommunizieren zu können. Das Betriebssystem wird, wie bereits besprochen wurde, beim Start in diesen Hauptspeicher geladen. Gleiches gilt für die Gerätetreiber, die in Zusammenarbeit mit dem Betriebssystem die angeschlossenen Geräte steuern. Auch das Programm mit allen notwendigen Daten (etwa dem gerade bearbeiteten Brief sowie den benötigten Textbausteinen) befindet sich im Hauptspeicher. Im Hauptspeicher legt also der Prozessor Daten in den Speicherstellen ab, die zu einem anderen Zeitpunkt dort wieder für eine weitere Verarbeitung "abgeholt" werden.

Chaotisches Lager

Die Ablage in den Speicherstellen geschieht nach dem Prinzip des "chaotischen Lagers": Es werden keine festen Plätze vergeben, sondern es wird im Speicher abgelegt, wo gerade Platz ist - nur die Speicherstelle und ihr Inhalt muß gemerkt werden.

Wiederfinden von Daten ohne Suchen

Dabei ist augenfällig, daß - wie in jedem modernen Lager - nicht so sehr die Ablage von Interesse ist, sondern daß die Daten ohne jeden Zweifel und ohne Suchen wiedergefunden werden. Dafür muß jede Speicherstelle eine eindeutige Adresse haben. Diese schlichte Aussage wird für die Größe des Hauptspeichers und für seine Verwendbarkeit unter MS-DOS noch enorm an Bedeutung gewinnen.

Wie funktioniert das - Die Grundlagen der Speicherverwaltung

Auf 640 KByte begrenzter Speicher

Die theoretische Größe des Hauptspeichers ist zwar unbegrenzt (wenn man einmal davon absieht, daß es bei einem sehr großen Speicher erhebliche thermische Probleme gäbe), doch auf Ihrem mit möglicherweise 32 MByte ausgestatteten Rechner können Sie unter DOS lediglich ganze 640 KByte nutzen (das ist ein Fünfzigstel!), alles andere ist für DOS nicht vorhanden. Dieser auf den ersten Blick verwunderliche Tatbestand ist jedoch einfach erklärt:

Adreßbus überträgt die Adressen

Das Betriebssystem DOS wurde für den 1981 auf dem Markt erschienenen PC geschrieben, bei dem Intels 8088 als Prozessor eingesetzt wurde. Dieser Prozessor verfügte im Vergleich zu den seinerzeit in den Home-Computern verwendeten Kollegen über wahrhaft gigantische Fähigkeiten, wovon eine war, daß er über 20 Leitungen für die Adressierung der Daten im Speicher besaß. Diese 20 Leitungen nennt man den Adreßbus. Mit diesen 20 Adreßleitungen lassen sich auf einem System, auf dem das binäre Zahlensystem verwendet wird, jedoch lediglich 2^{20} Bytes, also 1.048.576 Bytes (= 1 MByte) adressieren, denn in einem PC kann wie in jedem digitalen Rechner jede Leitung nur eine Null oder eine Eins transportieren.

MS-DOS auf 20 Adreßleitungen ausgelegt

Und da 1981 nicht bekannt war und sein konnte, daß es einmal Prozessoren mit 32 Adreßleitungen geben würde, hat man das gesamte Betriebssystem auf diesen Prozessor ausgelegt. Wenn man darüber hinaus weiß, daß IBM den Bereich zwischen 640 KByte und 1 MByte für eigene Zwecke hat reservieren lassen, weiß man, wie unbefriedigend ein solcher Zustand auf einem Rechner ist, der über 8 oder gar 16 MByte verfügt, von dem das Betriebssystem MS-DOS jedoch lediglich 640 KByte nutzen kann.

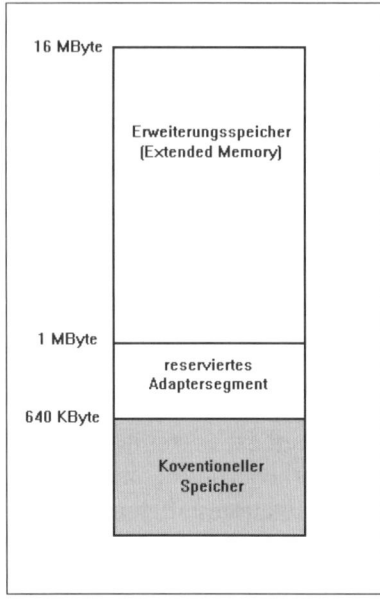

Abb. 5:
Die Speicheraufteilung
unter MS-DOS

Erweiterter Speicher wird auch unter DOS genutzt

Diesen für alle Programme uneingeschränkt nutzbaren Bereich nennt man den konventionellen Hauptspeicher. Dieser Umstand ist umso unbefriedigender, als ein Prozessor ab 80386 bis zu 4.096 MByte Speicher (!) adressieren könnte, wenn Sie ihn einbauten und MS-DOS ihn kennen würde. Wenn ... Wenn das so ist, muß aber die Frage doch lauten: Warum baut man Rechner mit derartigen Speichergrößen, obwohl das Betriebssystem des Rechners diesen nicht adressieren kann? Wofür wird er benutzt, der teure Hauptspeicher? Die Antwort lautet schlicht: Er wird doch benutzt - auch unter MS-DOS. Es hat nämlich im Verlaufe der Entwicklung von MS-DOS nicht an Versuchen gefehlt, diese Erbkrankheit des Betriebssystems zu überwinden. Da Sie als Anwender wahrscheinlich mit den verschiedenen Speichertypen konfrontiert werden, werden wir Ihnen die verschiedenen Möglichkeiten der Speichernutzung nun vorstellen.

Expanded Memory

Um den Speicher jenseits der magischen Grenze von 1 MByte nutzen zu können, verfiel man zuerst auf die Idee, dem Rechner auf einer Zusatzsteckkarte (das berühmte Above-Board der Firma Intel) sog. Expanded Memory zu spendieren. Die Regeln, nach denen die Verwaltung zu geschehen hatten, wurden kurz darauf als EMS (Expanded Memory Specification) vorgestellt und das Expanded Memory auch EMS-Speicher genannt.

Speicher als "Untermieter"

Der Trick bei der Adressierung des Speichers als Expanded Memory ist der, daß man eine physische Adresse und eine logische Adresse definierte, eine Art Untermieter, an dessen Klingel "Bitte 2 x klingeln" zu lesen ist.

Durchreichfenster im reservierten Speicherbereich

Und das funktioniert so: Im Speicherbereich zwischen 640 KByte und 1 MByte sind einige Bereiche immer ungenutzt. Dort wird ein zusammenhängendes "Durchreichfenster" von 64 KByte fest eingerichtet.

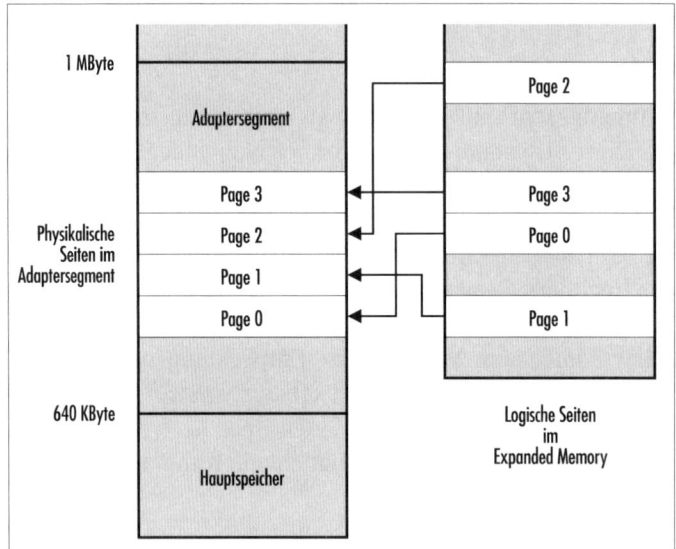

Abb. 6:
Das Expanded Memory

Eine Steuersoftware bemächtigt sich des Speichers oberhalb von 1 MByte und richtet diesen als Expanded Memory ein, indem der Speicher in 16 KByte große Stücke aufgeteilt wird. Wird nun eine dort abgelegte Information angefordert, wird sie in das Durchreichfenster eingeblendet und vom Prozessor abgeholt.

Für das Umschalten zwischen diesen Speicherbereichen hat man den Begriff "bankswitching" erfunden. Es wird also zwischen Speicherbänken hin- und hergeschaltet, was natürlich immer seine Zeit dauert. Dieses Umschalten ist auch der Grund dafür, daß der Zugriff auf das Expanded Memory immer langsamer ist als auf einen linear (also durchgängig) adressierten Speicher.

Auf 386er keine Zusatzkarte nötig

In der ersten Zeit wurde das Expanded Memory wie gesagt auf Zusatzkarten eingerichtet, bei denen mit einem speziellen Baustein das Umschalten zwischen den Speicherbänken durchgeführt wurde, auf einem Rechner des Typs 80386 und höher benötigt man keine spezielle Speichererweiterungskarte - dort kann man die im Rechner bereits vorhandene Speichererweiterung oberhalb 1 MByte als Expanded Memory einrichten: Der Gerätetreiber, der mitgeliefert wird, um das Expanded Memory zu verwalten, ist der Treiber EMM386.EXE.

Brauchen Sie diesen Speichertyp?

Das Expanded Memory kann nicht von jedem Programm genutzt werden, sondern nur jene Programme können darauf zugreifen, die speziell für die Nutzung dieses Speichertys programmiert wurden.

Als Faustregel gilt: Die Anwenderprogramme der großen Anbieter unterstützen in der Regel das Expanded Memory. So sind größere Textprogramme wie MS-Word oder WordPerfect zwar ohne Expanded Memory auch zu betreiben, doch komplexe Anwendungen erfordern bereits mehr Speicher, um mit befriedigender Geschwindigkeit arbeiten zu können. Auch Tabellenkalkulationen benötigen und unterstützen meist EMS-Speicher. Doch auch komplexe Vorgänge in einer Textverarbeitung, wie Sortieren oder einen Index erstellen, laufen mit Expanded Memory wesentlich schneller ab. Umgekehrt: Wenn keines Ihrer Programme EMS-Speicher nutzen kann - im Zweifel sollten Sie die Software-Unterlagen genau prüfen -, macht es keinen Sinn, diesen Speichertyp auf Ihrem PC einzurichten.

Hinweis

Windows braucht nur Extended Memory?

Da die Betriebssystemerweiterung Windows nur mit dem anderen Speichertyp, dem Extended Memory, richtig arbeiten kann, sollten Sie keinen EMS-Speicher einrichten, wenn Sie Windows nutzen.

Tip

Wann Expanded Memory emulieren

Wenn ein von Windows aus gestartetes DOS-Programm - und nur da macht es Sinn! - Expanded Memory benötigt, können Sie durch entsprechende Veränderung der PIF-Datei Windows veranlassen, für dieses Programm Expanded Memory zu emulieren (nachzubilden). Wenn Sie vor dem Windows Start Expanded Memory einrichten, wird dieser Speicher fest eingerichtet und steht Windows nicht mehr zur Verfügung! Lassen Sie dagegen Windows Expanded Memory nachbilden, wird dieser EMS-Speicher nach Beendigung des betreffenden Anwenderprogrammes wieder in Extended Memory umgewandelt und steht Windows wieder zur Verfügung.

Extended Memory

Der Bereich oberhalb der magischen 1-MByte-Grenze wird Extended Memory genannt, in der Literatur von Microsoft findet man auch das Wort Erweiterungsspeicher.

Der Protected Mode

Um in diesem Speicher Daten ablegen zu können, wäre die Funktion der Prozessoren ab 80286 nötig, die DOS nicht unterstützt: der sog. Protected Mode. Dieser Modus der Prozessoren ab 80286 läßt mehrere Prozesse simultan - voreinander "geschützt" - ablaufen, die Prozesse beeinflußen sich gegenseitig nicht. Für MS-DOS ist die Nutzung dieses Speicherbereichs nicht möglich, da DOS nicht merkt, ob eine Speicherzelle belegt ist oder nicht, die Daten würden sich gegenseitig löschen und überschreiben, ein Chaos wäre die Folge. Und das alles, obwohl die Prozessoren dies unterstützen und die Rechner mit dem notwendigen Speicher ausgerüstet sind. Wenn man so will, wird ein Prozessor 80486 des Jahres 1993 zurechtgestutzt auf einen etwas schnelleren "Opa 8088" aus dem Jahre 1981.

XMS-Standard regelt Zugriff auf Extended Memory

Es war also allerhöchste Zeit, als Microsoft 1988 zusammen mit anderen Firmen den XMS-Standard (Extended Memory Specification) vorstellte, einen Standard, der die Behandlung und Nutzung dieses Speicherraums regelt. Von nun an kann eine Software, die diesen Standard unterstützt, das Extended Memory wie normalen Hauptspeicher nutzen. Voraussetzung auch hier: Ein Gerätetreiber muß darüber wachen, daß die Regeln des Standards strikt eingehalten werden. Der Gerätetreiber, der diesen Speicherbereich verwaltet, ist unter DOS der HIMEM.SYS.

Wofür können Sie das Extended Memory nutzen?

Was haben Sie als Anwender nun von diesem Speicherbereich oberhalb 1 MByte, den Sie beim Kauf Ihres Rechners mitbezahlt haben? Die beste und derzeit sicher attraktivste Möglichkeit ist diese:

Windows nutzt XMS-Speicher

Sie arbeiten in einer Windows-Umgebung. Dieser Aufsatz auf das Betriebssystem übernimmt nach dem Start (der nach wie vor durch MS-DOS durchgeführt wird) die Oberherrschaft über das gesamte System, das für das Starten und einige Primitivfunktionen nötige MS-DOS wird "abgemeldet". Dadurch können die Programme, die für Windows geschrieben werden, den gesamten Hauptspeicher bis 256 MByte nutzen - mehr ist derzeit noch nicht möglich, weil der Speicher oberhalb 256 MByte durch HIMEM.SYS noch nicht überwacht wird. Doch nicht nur Anwender von Windows können das Extended Memory nutzen, auch andere Anwendungen in diesem Speicherbereich machen Gebrauch davon:

Laufwerkzugriffe mit Cachespeicher optimieren

Sie können den als Extended Memory eingerichteten Speicher für einen Cache-Speicher nutzen, mit dem Sie die Zugriffe auf die Festplatte(n) des Systems drastisch verbessern können. Wir gehen in dem Kapitel "Der schnelle Cache SMARTDRV.EXE" darauf näher ein.

Drucker-Spooler einrichten

Wenn Sie die Druckausgabe Ihres Anwenderprogramms verbessern wollen, richten Sie im Extended Memory einen Drucker-Spooler an, der die Druckdaten Ihres Programms aufnimmt und im Hintergrund an den Drucker weiterleitet, während Sie im Vordergrund weiterarbeiten, ohne auf den Drucker warten zu müssen.

RAM-Disk einrichten

Bei ausreichendem Speicherausbau ist auch eine RAM-Disk eine überlegenswerte Alternative, um Programme durch den Betrieb von diesem schnellsten aller Laufwerke drastisch zu beschleunigen. Wir werden in dem Kapitel "Die Optimierung für die DOS-Umgebung", wo wir über die CONFIG.SYS für eine DOS-Umgebung sprechen, darauf zurückkommen.

> **Hinweis**
>
> **RAM-DISK für Windows nicht geeignet**
> Wenn Sie mit Windows arbeiten, ist die Einrichtung einer RAM-Disk nicht anzuraten, da eine ausreichend große RAM-Disk zuviel Speicher benötigt, mit dem Windows selbst mehr anfangen kann. Wie Sie sehen, ist außer der Nutzung des Extended Memory durch Windows der Speicher oberhalb 1 MByte durchaus sinnvoll einzusetzen. Hierzu jedoch müssen Sie sich die verschiedenen Speichertypen Extended Memory und Expanded Memory so einrichten, daß die jeweiligen Speicherbereiche optimal ausgenutzt werden.

Das Speicherreservoir Adaptersegment - Der Speicherbereich zwischen 640 KByte und 1 MByte

In Zeiten, in denen jedes zusätzliche 10-KByte-Stück im Speicher als Erfolg zu werten ist, hat man natürlich nichts unversucht gelassen, für die speicherfressenden Anwendungen von heute so viel Speicher wie eben möglich aus dem PC herauszuholen. Da verwundert es nicht, daß man sich den Speicherbereich oberhalb 640 KByte, den IBM sich seinerzeit für eigene Zwecke hat reservieren lassen und der dem Betriebssystem MS-DOS eigentlich unbekannt ist, einmal genauer angesehen hat.

Reservierter Speicher wird Adaptersegment genannt

In diesen Bereich wird die Steuerungssoftware ausgelagert, die von Bestandteilen der Hardware benötigt wird und daher Adaptersegment genannt wird. Da gibt es zum Beispiel einen Bereich, in dem der Speicher der verwendeten Grafikkarte angelegt wird. Dabei gibt es einen Speicherbereich für eine Farb-Grafikkarte und einen für eine monochrome Grafikkarte.

Doch hier zeigt sich schon, daß man mit dem Speicher früher sehr verschwenderisch umgegangen ist: Da man in den seltensten Fällen mehr als eine Grafikkarte benutzt, bleibt immer einer dieser 32 KByte großen Bereiche frei, immerhin 5 % der gesamten möglichen Kapazität.

98

Freie Speicherblöcke heißen UMB

Auch andere Speicherbereiche werden nicht oder selten genutzt, so daß etwa 120 KByte des Speichers nicht für den eigentlich gedachten Zweck benötigt werden, sondern einfach brach liegen. Diese Speicherblöcke werden "Upper memory blocks" (UMB) genannt.

Nur auf 386er können die UMBs genutzt werden

Seit der Version 5.0 ist es nun möglich, auf einem Rechner mit mindestens einem Prozessor 80386 in diesen Speicherbereich residente Programme und Gerätetreiber, ja sogar Teile des Betriebssystems auszulagern und so den konventionellen Hauptspeicher zu entlasten. Der Treiber EMM386.EXE, der normalerweise das Expanded Memory einrichtet und verwaltet (s. o.), hat als Nebenjob auch die Aufgabe, Ihnen auf Wunsch die UMBs zu öffnen und so für Ihre Anwendungen mehr Hauptspeicher bereitzustellen. Das Auslagern des Betriebssystems in die UMBs geschieht mit dem Befehl DOS, der in der CONFIG.SYS diese steuert:

```
DOS=UMB
```

Das Auslagern eines Gerätetreibers - etwa des MOUSE.SYS - nehmen Sie wie beschrieben vor, nur daß Sie anstelle des Befehls

```
DEVICE=C:\DOS\MOUSE.SYS
```

den Befehl

```
DEVICEHIGH=C:\DOS\MOUSE.SYS
```

einbinden. Sie sehen also, daß es weniger kompliziert ist, als Sie vielleicht angenommen haben.

Die High-Memory-Area (HMA)

Die Erbkrankheit, die MS-DOS in das PC-System eingebracht hat, ist wie besprochen auf die Tatsache zurückzuführen, daß es für den Prozessor 8088 geschrieben wurde, der seinerzeit auf seinen 20 Adreßleitungen nur 1 MByte Hauptspeicher adressieren konnte. Nun hatten die Prozessoren ab 80286 jedoch mehr Adreßleitungen, was auf der Jagd nach mehr Speicher auch genutzt wird:

99

48 KByte mehr Speicher

Bedingt durch eine Eigenart bei der Speicheradressierung, um die Sie sich (Zum Glück!) nicht kümmern müssen, ist die letzte ansprechbare Adresse nicht exakt 1 MByte, sondern 1 MByte plus 64 KByte abzüglich 16 Byte. Wir wollen dies jetzt nicht näher erläutern, sondern Ihnen sagen, was Sie damit machen können: Seit der Version 5.0 können Sie auf einem Rechner mit mindestens einem Prozessor 80286 einen Teil des Betriebssystems in diesen Bereich dieser sogenannten "High memory area" (HMA) auslagern und so weitere 48 KByte konventionellen Speichers einsparen. Um das Betriebssystem beim Start in die HMA auszulagern, verwenden Sie den bereits beschriebenen Befehl DOS in der CONFIG.SYS:

```
DOS=HIGH
```

Dieser Befehl verschiebt einen Teil des Betriebssystems in diesen Speicherbereich und entlastet den normalen Hauptspeicher. Wollen Sie auch noch die UMBs nutzen, werden beide Befehle in einem kombiniert:

```
DOS=HIGH,UMB
```

Die verschiedenen Speichertypen müssen erst konfiguriert werden

Es hat sich also einiges getan in Sachen "Speicher", doch auch auf einem Rechner mit einem Speicher von mehr als 1 MByte stehen Ihnen die beschriebenen Speicherarten nicht zur Verfügung, wenn Sie sie nicht eingerichtet haben.

Speicher muß verwaltet werden

Sie müssen folgendes auseinanderhalten: Es mag sein, daß auf Ihrem Rechner der Speichertyp Extended Memory vorhanden ist und beim Start hochgezählt wird. Nutzen können Sie ihn erst, wenn er für DOS entsprechend konfiguriert wurde, wenn also die Verwaltung dieses Speichers nach dem XMS-Standard von HIMEM.SYS übernommen worden ist. Das also sind die Aufgaben der Speicherkonfiguration, die Sie als Anwender übernehmen müssen:

- Der Speicher oberhalb von 1 MByte muß grundsätzlich zuerst einmal als Extended Memory eingerichtet werden, bevor Sie ihn nutzen können. Auch wenn Sie diesen Speicher als Expanded Memory nutzen wollen, müssen Sie ihn zuerst als Extended Memory einrichten.

- Wenn Sie Expanded Memory auf diesem Extended Memory ganz oder teilweise einrichten wollen, muß der Speichermanager EMM386.EXE eingesetzt werden, nachdem der Speicher als Extended Memory eingerichtet wurde.
- Die High Memory Area (HMA) hat jeder Rechner ab 80286 mit mehr als 1 MByte Speicher. Doch daß Sie das Betriebssystem dort ablegen wollen, weiß der PC erst, wenn Sie es mit dem Befehl DOS in der CONFIG.SYS anordnen.
- Auch die Nutzung der UMBs für das Auslagern von Programmen, Treibern und dem Betriebssystem geschieht nicht automatisch, sondern erst auf Ihre ausdrückliche Anweisung hin.

MEM analysiert den Speicher

Dies alles können Sie mit Befehlen in der CONFIG.SYS einrichten und mit dem Programm MEM, das für die Speicheranalyse gedacht ist, herausfinden, wie sich Ihre Konfiguration bzw. eine Änderung derselben auf den verfügbaren Speicher ausgewirkt hat - eine etwas längere Versuchsreihe stünde Ihnen andernfalls ins Haus. Doch man hat mit dem vielgeplagten Anwender ein Einsehen gehabt und hat dem Betriebssystem ein Programm beigegeben, mit dem Sie die Speicherverwaltung vollautomatisch durchführen können: dem MEMMAKER.

Der komfortable Speichermanager MEMMAKER

Wir werden nun die Arbeit mit diesem Hilfsprogramm beschreiben, verweisen jedoch darauf, daß Sie sich die weiteren Erläuterungen nicht schenken sollten, denn die Kenntnisse darüber, wie man den Speicher "per Hand" konfiguriert, sind auch für die Arbeit mit dem MEMMAKER von Nutzen. Insofern sollten Sie auch dann die Kapitel über eine optimale CONFIG.SYS und AUTOEXEC.BAT lesen, wenn der MEMMAKER bereits gute Arbeit geleistet hat. Vorbereitungen haben Sie keine zu treffen, Sie starten lediglich durch Eintippen von

```
MEMMAKER
```

und Übergabe des Befehls mit Enter den hilfreichen Assistenten. Nach dem Start des Programms werden Sie über die Aufgabe des Programms und die Grundlagen der Bedienung informiert.

Beachten Sie jedoch ein paar Grundvoraussetzungen:

- MEMMAKER kann keinesfalls eine Konfiguration erstellen, sondern nur eine bestehende Konfiguration optimieren.

- Der EMM386.EXE muß vorhanden sein und sich in einem Verzeichnis befinden, auf das MEMMAKER über den Suchpfad mit PATH zugreifen kann.

- MEMMAKER arbeitet nur mit den DOS-Speichermanagern HIMEM.SYS und EMM386.EXE zusammen, andere wie QEMM oder 386MAX kann MEMMAKER nicht behandeln, was jedoch nicht weiter tragisch ist, da diese ihre eigenen Optimierer mitbringen.

- Mit INSTALL oder INSTALLHIGH eingebundene residente Programme werden nicht optimiert - bringen Sie diese also in der AUTOEXEC.BAT unter, damit die Optimierung reibungslos verläuft.

- Umlenkungszeichen > oder < sollten Sie vorher aus der AUTOEXEC.BAT entfernen, da MEMMAKER derartige Zeilen an dieser Stelle trennt und einen Zeilenumbruch einfügt.

- Arbeiten Sie in einer Netzwerkumgebung, starten Sie alle dafür notwenigen Treiber und Programme. Damit ist gewährleistet, daß auch diese in die Optimierung einbezogen werden.

| F3 | Mit F3 können Sie jederzeit abbrechen, auch etwaige Änderungen können rückgängig gemacht werden, Sie gehen also kein Risiko ein. Wenn Sie ganz sichergehen wollen, kopieren Sie AUTOEXEC.BAT, CONFIG.SYS, eine eventuelle WIN.INI und SYSTEM.INI auf eine Diskette, um die Dateien im Falle eines schweren Absturzes wiederherstellen zu können. |

Der nächste Bildschirm erlaubt die Auswahl der Art und Weise der Ausführung des Programms:

| Expreß | Der Ablauf ist für den Laien empfehlenswert, denn die Eingriffsmöglichkeiten (und damit die Möglichkeiten, Fehler zu machen) sind stark reduziert. |
| Benutzerdefiniert | Diese Betriebsart erlaubt etwas tiefere Eingriffe und ist daher nur für den erfahreneren Anwender anzuraten. Wir gehen weiter unten darauf ein. |

Der Expreß-Modus

Der Ablauf im Expreß-Modus ist einfach: Sie werden gefragt, ob Sie Expanded Memory (EMS) nutzen wollen. Wenn Sie diese Frage mit dem vorgegebenen *Nein* beantworten, wird in der CONFIG.SYS der Treiber EMM386.EXE lediglich dafür benutzt, das Betriebssystem in die Bereiche der UMBs auslagern zu können. Antworten Sie mit N für Nein, wird Expanded Memory angelegt. Das ist alles, was Sie an- oder eingeben müssen, im Zweifelsfall können Sie mit F1 Hilfe anfordern. Als nächstes wird ermittelt, ob Windows installiert ist, da die Konfiguration natürlich darauf abgestimmt werden muß.

Danach erwartet man von Ihnen, daß Sie die Disketten aus den Laufwerken (insbesondere aus Laufwerk A:) entfernen, denn nun startet MEMMAKER nach der Betätigung von Enter den Rechner neu, um verschiedene Einstellungen zu testen, dies kann durchaus mehrmals geschehen!

Bei Problemen

Wenn durch Ihre AUTOEXEC.BAT ein Anwenderprogramm gestartet wird, etwa Windows, beenden Sie dieses, damit MEMMAKER seine Arbeit fortsetzen kann. Sollte ein Problem auftauchen, schalten Sie den Rechner mit dem Ein/Aus-Schalter aus und nach 10 Sekunden wieder ein, MEMMAKER stellt dann den alten Zustand wieder her.

Mehrfacher Start des Rechners

Nach erneutem Starten des Rechners werden Sie gefragt, ob Ihr Rechner sauber gestartet hat, da nun die vorgeschlagene Konfiguration dem Startvorgang zugrundegelegt wurde.

Wenn Interaktivität nicht gefragt ist

Wenn Sie nicht immer um eine Bestätigung für den Neustart gebeten werden wollen, starten Sie MEMMAKER mit

```
MEMMAKER /BATCH2
```

und das Programm arbeitet bis zum letzten Bildschirm ohne Ihren Eingriff.

Dieser letzte Bildschirm informiert Sie anschließend darüber, wieviel freier Arbeitsspeicher neuerdings zur Verfügung steht, wieviel MEMMAKER also für Sie noch hat herausschlagen können.

Alte Versionen der Startdateien auf keinen Fall löschen

Die alten Startdateien AUTOEXEC.BAT und CONFIG.SYS sowie eine eventuell geänderte WIN.INI erhalten die Erweiterung UMB, wobei zu beachten ist, daß die alten Konfigurationsdateien nicht im Hauptverzeichnis, sondern im Programmverzeichnis des Betriebssystems, standardmäßig also C:\DOS, gespeichert werden.

Diese Dateien sollten Sie erst löschen, wenn Ihre neue Konfiguration problemlos läuft! MEMMAKER verwendet sie nämlich, um die vorherige Konfiguration wiederherzustellen, wenn Sie die Option /UNDO angeben.

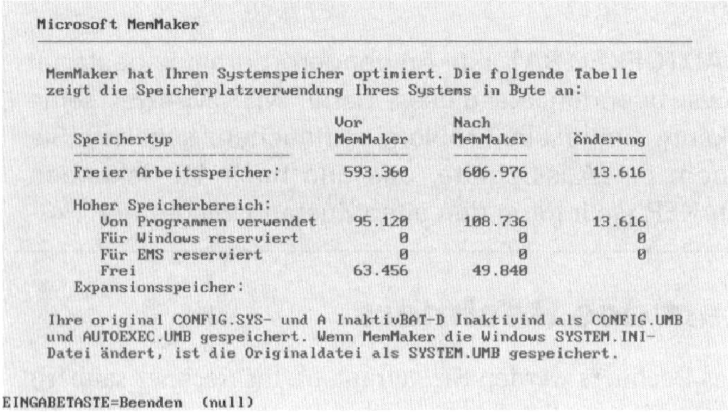

```
Microsoft MemMaker
─────────────────────────────────────────────────────────────────
MemMaker hat Ihren Systemspeicher optimiert. Die folgende Tabelle
zeigt die Speicherplatzverwendung Ihres Systems in Byte an:

                             Vor         Nach
Speichertyp                  MemMaker    MemMaker    Änderung
─────────────────────────────────────────────────────────────────
Freier Arbeitsspeicher:      593.368     606.976     13.616

Hoher Speicherbereich:
   Von Programmen verwendet   95.120     108.736     13.616
   Für Windows reserviert          0           0          0
   Für EMS reserviert              0           0          0
   Frei                       63.456      49.840
Expansionsspeicher:

Ihre original CONFIG.SYS- und A InaktivBAT-D Inaktivind als CONFIG.UMB
und AUTOEXEC.UMB gespeichert. Wenn MemMaker die Windows SYSTEM.INI-
Datei ändert, ist die Originaldatei als SYSTEM.UMB gespeichert.

EINGABETASTE=Beenden  (null)
```

Abb. 7:
Der Bildschirm von
MEMMAKER nach der
Beendigung

> **Hinweis**
>
> ## Nach Änderung MEMMAKER erneut starten
>
> Wenn Sie ein neues residentes Programm durch die AUTOEXEC.BAT oder einen neuen Gerätetreiber durch die CONFIG.SYS laden wollen, binden Sie diese Programmzeilen ein und starten Sie MEMMAKER, der nun versucht, die Gesamtkonfiguration auf die neuen Gegebenheiten abzustimmen.

Treiber-Reihenfolge bleibt unverändert - Also Feintuning

Eines macht MEMMAKER (aus gutem Grund) nicht: Er verändert nicht die Reihenfolge der Treiber in der CONFIG.SYS bzw. AUTOEXEC.BAT, da viele Treiber, die MEMMAKER natürlich nicht alle kennen kann, eine bestimmte Reihenfolge des Ladens vorschreiben. Gerade die Reihenfolge jedoch birgt eine weitere Möglichkeit der Optimierung, da die Treiber dann am effektivsten im Speicher untergebracht werden können, wenn sie in der Reihenfolge ihrer Größe geladen werden. Dafür laden Sie Ihre CONFIG.SYS mit

```
EDIT CONFIG.SYS
```

in den Editor und sortieren Sie die Treiber beginnend mit den größten Treibern in der Reihenfolge der Größe. Die Größe können Sie ablesen, denn MEMMAKER hat mit dem Hilfsprogramm SIZER die Größe der Datei im Speicher ermittelt und hinter den Aufruf in die Datei geschrieben:

Statt

```
DEVICE=SETVER.EXE
```

lesen Sie dort die Zeile

```
DEVICEHIGH=/L:1,12224 SETVER.EXE
```

Die Zahl 12.224 entspricht der Größe des Treibers, die als maximale Größe festgestellt wurde und die Sie zum Sortierkriterium machen.

In der folgenden Tabelle haben wir einmal die Datei-, Lade- und Speichergrößen der verschiedenen residenten Programme und Treiber zusammengestellt:

Treiber	Ladegröße	Speichergröße	Dateigröße
ANSI.SYS	9.056	4.192	9.043
DBLSPACE.SYS	44.176	44.176	358
DOSKEY.COM	6.528	4.160	6.013
INTERLNK.EXE	9.408	9.392	17.645
KEYB.COM	16.416	6.224	15.104
FASTOPEN.EXE	13.088	5.616	12.194
MOUSE.COM (8.0)	32.352	14.992	31.833
MOUSE.EXE (9.0)	36.164	24.112	93.780
SHARE.EXE	14.064	5.264	11.008
SMARTDRV.EXE	42.944	27.264	42.585
UNDELETE.EXE	52.672	9.632	26.782
VSAFE.COM	63.104	23.040	62.704
WORKGRP.SYS	7.184	7.184	4.352

Die Tabelle gibt einen Aufschluß, wie Sie beim Laden der Treiber und residenten Programme vorgehen sollten:

Das Programm VSAFE.COM etwa hat beim Laden eine Größe von fast dem dreifachen seiner Speichergröße. Ein derartiges Programm werden Sie also zu dem Zeitpunkt laden, wo der Speicher noch nicht so sehr belegt ist, also möglichst früh. Wenn dieser Treiber geladen ist (Sie ihn durch das Loch gezwängt haben ...), können Sie von seiner Speichergröße von 23 KByte ausgehen.

Machen wir uns das wieder an einem Beispiel klar: Wenn Sie einen verfügbaren UMB-Speicherblock von 80 KByte haben und MOUSE.EXE sowie VSAFE.COM hochladen wollen, können Sie zuerst MOUSE.EXE laden. Ergebnis: Der verbleibende Rest von etwa 56 KByte (80 KByte - 24 KByte) ist für die Ladegröße von 63 KByte zu klein, der VSAFE.COM wird nicht hochgeladen.

Hätten Sie umgekehrt VSAFE zuerst geladen, wäre das Programm im Speicher und würde dort 23 KByte benötigen. Von den 80 KByte sind also noch 57 KByte frei, genug für die Ladegröße von MOUSE.EXE von 36 KByte, wahrscheinlich könnten wir sogar noch das eine oder andere Programm zusätzlich dort unterbringen.

Hinweis	**Notwendige Reihenfolge beachten**
	Auf folgendes sollten Sie auch achten: Wenn in Ihrem System Treiber aufeinander abgestimmt sind, etwa für den Betrieb der Festplatte oder eines Netzwerkes, darf die Reihenfolge dieser Treiber zueinander nicht geändert werden.

Optimieren Sie also die von MEMMAKER bearbeiteten Startdateien, starten Sie Ihr System mit Strg+Alt+Entf neu und beobachten Sie, ob der Rechner sauber (= ohne Fehlermeldungen) startet. Wenn das System ordnungsgemäß startet, beauftragen Sie MEMMAKER, diese Konfiguration erneut zu optimieren, damit möglicherweise weitere Speicherlücken genutzt werden können. Nach unseren Erfahrungen wird das jedoch selten der Fall sein.

Mögliche Probleme

MEMMAKER-Programm wird nicht ausgeführt ...

MEMMAKER kann natürlich die diversen Speicherarten nur einrichten, wenn Ihr Rechner dafür die Voraussetzungen erfüllt:

Sie müssen MS-DOS (nicht Novell DOS oder andere Emulationen) ab Version 6.0 betreiben, der Rechner muß einen Prozessor mindestens des Typs 80386 SX haben und der Rechner muß über mindestens 384 KByte Extended Memory verfügen. Ohne diese Voraussetzungen wird MEMMAKER seine Dienste versagen.

MEMMAKER meldet, daß er bereits ausgeführt wurde ...

Wenn MEMMAKER neu startet, um die verschiedenen Speicherkonfigurationen zu testen, muß es nach dem Neustart weitermachen können - beenden Sie also jedes Programm, das in der AUTOEXEC.BAT gestartet wird. Wenn also nach dem Start des Rechners Ihre Textverarbeitung gestartet wird, beenden Sie diese, damit MEM-MAKER weitermachen kann.

> **Hinweis**
>
> **Systemdateien nicht übergehen**
>
> Übergehen Sie auf keinen Fall mit F5 oder F8 die Abarbeitung der AUTOEXEC.BAT oder CONFIG.SYS! Dadurch kann es passieren, daß die Konfiguration nicht komplett oder nicht korrekt durchgeführt wird.

MEMMAKER will nicht mit anderen Speicher-Managern zusammenarbeiten

Das Programm kann seine Arbeit nur zusammen mit dem EMM386.EXE durchführen, mit anderen Speichermanagern wie QEMM oder 386MAX kann er nicht zusammenarbeiten. Diese Speichermanager verfügen über eigene Optimierungsprogramme.

Die Datei MEMMAKER.INF

Nicht jeder Treiber in der CONFIG.SYS und jedes Programm in der AUTOEXEC. BAT eignet sich für die Optimierung durch MEMMAKER:

- Ein Spezialtreiber, etwa der Gerätetreiber Ihres Scanners, arbeitet nur im konventionellen Speicher, MEMMAKER würde ihn jedoch versuchen, in die UMBs hochzuladen. Ein manueller Eingriff wäre nötig.

- Sie starten in der AUTOEXEC.BAT ein normales Anwenderprogramm, etwa Ihre Textverarbeitung. Daß es sich bei Word um ein normales Programm und nicht um ein residentes Modul handelt, das zum Hochladen in die UMBs geeignet ist, kann MEMMAKER nicht wissen.

Von der Optimierung ausschließen

Um MEMMAKER anzuweisen, ein bestimmtes Programm nicht in die Optimierung einzubeziehen, können Sie dieses Programm in die Datei MEMMAKER.INF aufnehmen. Diese Datei wird bei der Installation von MS-DOS in das Programmverzeichnis kopiert und enthält bereits einige sinnvolle Einträge. Wenn Sie Gerätetreiber von einer Optimierung durch MEMMAKER (gleichgültig, ob im benutzerdefinierten oder im Expreß-Modus) ausschließen wollen, so gelten folgende Regeln:

- Wenn Sie eine Datei von der Konfiguration durch MEMMAKER ausschließen wollen, setzen Sie den Namen des Treibers (ohne Erweiterung) mit einem Sternchen in die Liste ein, etwa

```
*ASPI4DOS
```

- Wenn ein Programmin der AUTOEXEC.BAT gestartet werden soll, etwa Ihre Textverarbeitung AMIPRO, nehmen Sie den Namen des Programms (auch ohne Erweiterung) in die Liste auf, setzen jedoch keinen Stern davor. Das Programm wird dann von MEMMAKER wie gehabt in die AUTOEXEC.BAT eingetragen.

- Wenn Sie einen Kommentar unterbringen wollen, um etwa andere Kollegen über bestimmte Maßnahmen zu informieren, setzen Sie dem Text in jeder Zeile ein Semikolon voraus:

```
;Dies ist ein Kommentar
```

Sehen Sie sich die vorhandene MEMMAKER.INF einmal an, sie gibt selbst Auskunft, wie sie zu handhaben ist!

Für Profis - Der benutzerdefinierte Ablauf

Wenn Sie nicht den Expreß-Modus wählen, sondern sich einmal daran versuchen möchten, "freihändig" noch ein Quentchen mehr Speicher herauszukitzeln, wählen Sie den benutzerdefinierten Ablauf.

Dies sollten Sie jedoch nur tun, wenn Sie sich über die Bedeutung der Fragen (und Ihrer Antwort) ausreichend informiert haben. In der Regel ist der Expreß-Modus vollkommen ausreichend. Folgende Gründe könnten Sie dazu veranlassen:

- Sie wollen unter Windows keine MS-DOS-Anwendungen ausführen.
- Keine Ihrer Anwendungen benötigt Erweiterungsspeicher.
- Sie möchten bestimmte Gerätetreiber oder Programme von der Optimierung ausnehmen.
- Sie möchten verhindern, daß MEMMAKER den hohen Speicher (HMA) vollständig durchsucht.

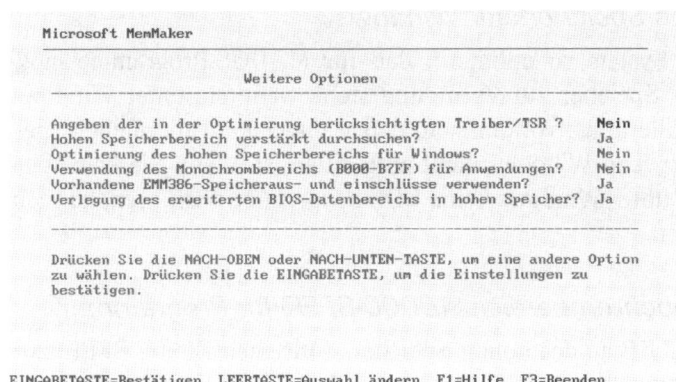

Abb. 8:
Der Bildschirm des
benutzerdefinierten
Modus

Der erste Bildschirm ist der wichtigste, folgende Fragen müssen Sie dort beantworten:

Angeben der in der Optimierung berücksichtigten Treiber/TSR?

Standardmäßig bezieht MEMMAKER alle Gerätetreiber und speicherresidenten Programme in den Optimierungsvorgang ein. In einigen Fällen verursacht ein Programm jedoch Probleme, was Sie daran merken, daß das Programm nicht startet oder der Rechner abstürzt. Sie können Probleme mit einem Programm vermeiden, indem Sie es von vornherein vom Optimierungsvorgang ausschließen. Benutzen Sie dafür die Datei MEMMAKER.INF, die wir oben erläutert haben.

Hohen Speicher für EMS-Seitenrahmen reservieren?

Standardmäßig konfiguriert das Setup EMM386 als Programm für die Emulation von Expanded Memory und reserviert 64 KByte des hohen Speichers für den EMS-Seitenrahmen. Wenn Sie kein Programm betreiben, das EMS-Speicher nutzt, können Sie mit *Nein* antworten.

Hohen Speicher verstärkt durchsuchen?

Standardmäßig weist MemMaker EMM386 an, nach freien hohen Speicherblöcken (UMBs) an den Adressen F000 bis F7FF des hohen Speichers zu suchen. Wenn UMBs in diesen Adreßbereichen gesetzt werden, starten einige Computer nicht mehr korrekt. Wenn Sie hier mit *Nein* antworten, werden UMBs nur an den Adressen C600 - EFFF gesucht und ein Konflikt wird so vermieden.

109

Optimierung des hohen Speichers für Windows?

Standardmäßig wird das System so optimiert, daß für MS-DOS-Programme möglichst viel konventioneller Speicher zur Verfügung steht, wenn sie unter Windows ablaufen. Dabei kann es allerdings vorkommen, daß weniger konventioneller Speicher zur Verfügung steht, wenn Windows nicht aufgerufen ist. Wenn Sie kein Windows-Anwender sind oder unter Windows keine DOS-Programme ausführen, können Sie hier mit *Nein* antworten.

Verwendung des Monochrombereichs (B000-BFFF) für Programme?

Standardmäßig werden 32 KByte des hohen Speichers (Adressen B000 - BFFF) zur Verwendung mit einer Monochrom-Grafikkarte reserviert. Dieser Speicherbereich wird auf den meisten Computern mit EGA- oder VGA-Bildschirm nicht verwendet.

> **Hinweis**
>
> **Bei SVGA nicht**
>
> Mit einer SVGA-Karte dürfen Sie hier nicht mit *Ja* antworten!

Vorhandene EMM386-Speicheraus- und -einschlüsse verwenden?

Normalerweise werden Ihre Parameter zu EMM386.EXE berücksichtigt, die ja meist nicht ohne Grund gemacht wurden. Wenn Sie dies auch weiterhin so halten wollen, antworten Sie mit *Ja* - mit *Nein* kann MEMMAKER eigene Parameter verwenden. Vielleicht sollten Sie das einfach einmal ausprobieren ...

Verlegung des erweiterten BIOS-Datenbereichs in hohen Speicher?

Der erweiterte BIOS-Bereich (Extended BIOS Data Area, EBDA) befindet sich normalerweise im konventionellen Speicher. Standardmäßig verschiebt MEMMAKER den EBDA in den hohen Speicher, wodurch ein weiteres KByte konventioneller Speicher zur Verfügung steht. Hier können Sie mit *Ja* antworten, wenn nach dem Start des Rechners mit dieser Einstellung keine Probleme auftraten.

Rückgängigmachen von Konfigurationen

Bei allem Kenntnisreichtum bleibt es einem oft nicht erspart, neue Kenntnisse durch bittere Erfahrungen zu gewinnen, etwa die, daß eine Konfiguration nicht so funktioniert, wie man es gedacht hat.

Glücklicherweise können Sie problemlos jede Änderung, die der MEMMAKER für Sie durchgeführt hat, wieder rückgängig machen und so den Seelenfrieden zurückbekommen: Tippen Sie

```
MEMMAKER /UNDO
```

und weisen Sie MEMMAKER damit an, die an Ihrer CONFIG.SYS und AUTOEXEC. BAT sowie, falls notwendig, an Ihrer Windows-Datei SYSTEM.INI vorgenommenen Änderungen rückgängig zu machen.

MEMMAKER stellt Ihre Systemdateien wieder her, indem sie durch die vorher gemachten Sicherungskopien ersetzt werden. Diese Dateien mit der Erweiterung UMB dürfen Sie also keinesfalls löschen. Wenn Sie dies tun, kann die Option /UNDO nicht funktionieren! In dem sich öffnenden Bildschirm wählen Sie mit der Leertaste die Option *Wiederherstellen* aus und drücken Sie Enter.

MEMMAKER und ein Startmenü

Wenn Sie, wie indem Kapitel "Die Luxusausführung - Wunschkonfiguration per Startmenü" beschrieben, ein Startmenü angelegt haben, um Ihren Rechner mit verschiedenen Konfigurationen starten zu können, werden Sie MEMMAKER ohne weiteres nicht benutzen können, denn MEMMAKER erkennt nicht, was Sie da alles von ihm wollen.

Auch der Aufruf anderer Batch-Dateien aus der AUTOEXEC.BAT heraus bleibt von MEMMAKER unbeachtet, genauso wie Sprünge mit GOTO innerhalb der AUTO-EXEC.BAT von MEMMAKER nicht analysiert werden können, wenn in den Blöcken unterschiedliche Treiber geladen werden.

In beiden Fällen wird Sie ein ähnliches Resultat zur Verzweiflung bringen: MEM-MAKER erkennt die Verzweigung nicht und will alle Treiber und Programme laden und danach optimieren, was natürlich absoluter Nonsens ist.

Erstellen Sie zuallererst eine Sicherheitskopie Ihrer Systemdateien. Sicher ist sicher.

Wenn Sie bereits ein Startmenü haben, bleibt Ihnen keine andere Wahl, als folgendermaßen zu verfahren:

1 Deaktivieren Sie in der CONFIG.SYS außer dem ersten Block alle weiteren Blöcke, in denen Treiber geladen werden.

2 Auch die Zeilen, die [MENÜ], [MENÜITEM] etc. heißen, deaktivieren Sie durch Voranstellen eines Semikolons.

3 Führen Sie MEMMAKER aus. Die erste Konfiguration wird optimiert.

4 Deaktivieren Sie den ersten Block mit Befehlen und Treibern und löschen Sie das Semikolon vor den Zeilen des zweiten Blocks.

5 Führen Sie MEMMAKER durch und optimieren Sie den zweiten Block.

6 Verfahren Sie so für jeden weiteren Block.

7 Richten Sie das Startmenü wieder korrekt ein.

So etwa sieht das dann aus:

```
; [MENU]
;MENUITEM=OHNE_NETZ, Ohne Netzwerk
;MENUITEM=MIT_NETZ, Start mit Netzwerk
;MENUDEFAULT=MIT_NETZ,10
[OHNE_NETZ]
Hier die Befehle des ersten Blocks
(nicht deaktiviert)
; [MIT_NETZ]
;REM Die CONFIG.SYS-Befehle für den Start mit Netzwerk.

;REM Diese sind beim ersten Lauf

;REM von MEMMAKER deaktiviert.
```

Wenn Sie in der AUTOEXEC.BAT Blöcke mit unterschiedlichen residenten Programmen haben, so verfahren Sie ähnlich:

1 Deaktivieren Sie alle Blöcke inklusive der Sprungmarken - außer dem ersten Block - durch ein vorangestelltes REM.

2 Deaktivieren Sie auch die Sprungmarke des ersten Blocks.

Der Grund: Wenn MEMMAKER eine Sprungmarke sieht oder eine GOTO-Anweisung, wird nicht optimiert.

3 Führen Sie MEMMAKER durch und optimieren Sie den ersten Block. Die CONFIG.SYS darf dafür noch nicht wieder in ihren Normalzustand versetzt sein, da MEMMAKER immer beide Dateien optimiert!

4 Verfahren Sie für alle anderen Blöcke in der gleichen Weise.

Der optimale Festplattenzugriff

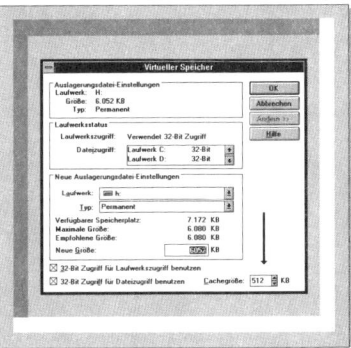

Neben einer korrekten Konfiguration des Hauptspeichers gibt es eine weitere Konfiguration Ihres Rechners, die ebenfalls geeignet ist, Ihr System zu optimieren: das Optimieren der Laufwerkzugriffe, insbesondere der Zugriffe auf die Festplatte.

Die Zugriffsgeschwindigkeit der Festplatte ist zwar heutzutage relativ hoch (etwa 10 bis 12 ms bei schnellen Festplatten), doch ist dies im Vergleich zu einem Zugriff auf den Hauptspeicher mit 70 ns extrem langsam. Es ist daher sicher nicht übertrieben, die Festplatte als "den Flaschenhals" des PC-Systems zu bezeichnen und gleichzeitig zu überlegen, wie man dies verbessern kann.

Bremsende Einflüsse beim Zugriff beseitigen

Bei den Maßnahmen, die die Zugriffszeit der Festplatte verbessern, unterscheidet man die Maßnahmen, die einen bremsenden Einfluß auf die Festplatte beseitigen, etwa das Reorganisieren der Daten durch Zusammentragen aller Dateifragmente und eine sortierten Neuordnung der Platte durch das Programm DEFRAG, und jene Maßnahmen, die durch Einbinden bestimmter Programme dafür Sorge tragen, daß die Lesezugriffe der Festplatte auf ein Minimum reduziert werden. Dies geschieht, indem die Daten, die von der Festplatte gelesen werden sollen, in einem schnelleren Bereich des Systems bereitgehalten werden. Über das Reorganisieren (oder Defragmentieren, wie es auch genannt wird) wollen wir hier nicht reden, denn dies wird vorzugsweise nicht durch die AUTOEXEC.BAT gestartet, sondern von Ihnen, wenn Sie einmal ein paar Minuten Zeit für Ihren Rechner haben (er wird es Ihnen mit einem Zugewinn an Datensicherheit und Zugriffsgeschwindigkeit danken!). Wohl aber muß darüber gesprochen werden, wie der Zugriff auf die Festplatte verbessert werden kann, denn die meisten Anwendungen greifen heutzutage dauernd auf die

Platte zu, sei es, daß sie temporäre Dateien anlegen (oder aus ihnen Daten einlesen), sei es, daß bei einer Datenbankanwendung auf verbundene Datenbanken zugegriffen werden muß.

Hier jedoch macht sich eine Verbesserung der Zugriffsgeschwindigkeit auf diese Daten teilweise dramatisch bemerkbar. Das Betriebssystem stellt drei Möglichkeiten bereit, den Zugriff auf einen Datenträger zu optimieren, deren Nutzen sehr unterschiedlich beurteilt werden muß:

Zwischenspeichern von Daten - SMARTDRV

Das residente Programm SMARTDRV.EXE legt im Hauptspeicher des Rechners einen Zwischenspeicher (Cache) für oft benötigte Daten an und verbessert so den Zugriff sehr effektiv.

> **Hinweis**
>
> **32-Bit-Zugriff mit VCACHE**
> Ab der Version 3.11 von Windows für Workgroups können die Windows-Anwender auf einen noch schnelleren Cache zurückgreifen: Das Modul VCACHE (s. u.) ist durch seinen 32-Bit-Zugriff um einiges schneller als SMARTDRV.

Zwischenspeichern der Fundstelle - FASTOPEN

Das Programm FASTOPEN arbeitet ähnlich, nur daß nicht die Daten selbst zwischengespeichert werden, sondern lediglich der Lagerort auf der Platte. Der Zugewinn an Geschwindigkeit ist daher nicht sehr groß.

Zwischenspeicher mit geringer Kapazität - BUFFERS

Mit dem Befehl BUFFERS in der CONFIG.SYS können Sie eine Anzahl Zwischenspeicher mit begrenzter Kapazität festlegen, die beim Öffnen einer Datei zusätzliche Daten aufnehmen, die möglicherweise ebenfalls benötigt werden. Der Nutzen der Einrichtung von Zwischenspeichern dieser Art ist gegenüber dem Nutzen eines echten Zwischenspeichers (auch Cache genannt) sehr gering.

Schnelles Laufwerk im RAM - RAM-Disk

Mit einem im Hauptspeicher simulierten Laufwerk, einer RAM-Disk, können Sie u. U. auch eine Verbesserung der Ablaufgeschwindigkeit mancher Programme erzielen. Wenn Sie nicht über ausreichend Speicher für die Einrichtung eines Cachespeichers mit SMARTDRV.EXE verfügen, müssen Sie mit FASTOPEN und BUFFERS (siehe Kapitel "Erstellen Sie Ihre optimale CONFIG.SYS" und "Erstellen Sie Ihre optimale AUTOEXEC.BAT") Vorlieb nehmen, da der Speicher, der von SMARTDRV. EXE für seine Aufgaben benötigt wird, natürlich anderen Anwendungen verlorengeht.

Der schnelle Cache SMARTDRV.EXE

Von allen Möglichkeiten ist der Cachespeicher wie beschrieben die effektivste. Theoretisch haben Sie die Möglichkeit, den Zugriff auf die Festplatte genauso schnell zu machen, wie auf den Speicher: beide müssen nur gleich groß sein.

Vorausschauendes Speichern

Ein Cachespeicher (von engl. = verstecktes Lager, Versteck) ist ein Bereich des Hauptspeichers, der Daten der Festplatte zwischenlagert, um sie für erneute Zugriffe bereitzuhalten. Ein entsprechendes Programm - im Falle MS-DOS das Programm SMARTDRV.EXE, doch Sie können auch Fremdprogramme käuflich erwerben - sorgt sowohl dafür, daß Daten, die benötigt werden, im Speicherbereich des Caches bereitgehalten werden als auch, daß die Daten korrekt wieder auf die Festplatte zurückgeschrieben werden. Wenn also Daten aufgerufen werden, werden sie in den Hauptspeicher eingelesen und gleichzeitig im Cachespeicher hinterlegt. Wenn nun der Prozessor diese Daten erneut aufruft, wird erst im Cachespeicher nachgesehen, ob nicht dort diese Daten oder wenigstens ein Teil von ihnen zwischengelagert sind.

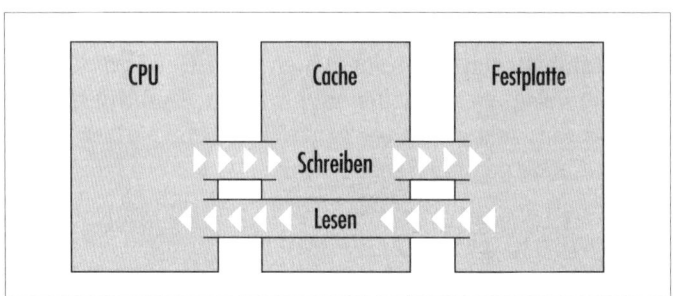

Abb. 9:
Das Prinzip des
Cachespeichers

Besonders trickreiche Cacheverfahren sind die sogenannten assoziativen Caches:

Hier wird die Zeit, die der Prozessor für die Bearbeitung der gerade eingelesenen Daten braucht, dafür benutzt, Daten in den Speicher einzulesen, die mit hoher Wahrscheinlichkeit als nächstes benötigt werden. Damit lassen sich weitere Verbesserungen des Zugriffs erzielen.

Trefferquote muß hoch sein

Allerdings: Das verwendete Cacheprogramm muß diese Vorausschau möglichst zuverlässig treffen, um die Trefferquote des Cache möglichst hoch zu halten, denn jeder vergebliche Zugriff auf den Cachespeicher verlangsamt sogar die Zugriffsgeschwindigkeit auf die Festplatte, denn nach dem erfolglosen Zugriff auf den Cache muß eben doch von der Festplatte gelesen werden, wobei sich die Zeit der erfolglosen Suche wieder addiert. Um die Daten auf dem Massenspeicher möglichst ständig aktuell zu halten, werden sie mit kurzer Verzögerung oder sofort wieder durch einen "durchlässigen" Cache hindurch zurückgeschrieben. Wenn Sie mit SMARTDRV. EXE einen Cachespeicher im Extended Memory einrichten wollen, befehlen Sie

```
SMARTDRV {Größe} {Win-Größe}
```

Es ist also die Gesamtgröße des Caches anzugeben sowie - optional - die Größe, auf die Windows den Cache reduzieren kann, um den Speicher selbst zu verwenden.

Der Cache wird standardmäßig (also ohne weitere Angabe) im Extended Memory angelegt, da ein Cache im normalen Hauptspeicher zu viel Platz belegen würde und ein Cache im Expanded Memory zu langsam wäre. Das Hochladen des Cache-Treibers mit LOADHIGH ist bei eingerichtetem UMB-Speicher jedoch möglich; es wird dann nicht der Cachespeicher selbst hochgeladen, sondern lediglich das Programm SMARTDRV.EXE. Auf die Größe des Caches werden wir später zurückkommen, hier wollen wir uns zunächst um die Grundlagen kümmern. Die Zeile für die Errichtung des Caches sollten Sie in Ihre AUTOEXEC.BAT einbinden, um den Cachespeicher nicht jeden Morgen per Tastenbefehl anlegen zu müssen.

Die Größe eines Diskcache

Wenn Sie beim Einrichten des Caches keine Größe angeben, wird in Abhängigkeit der Größe des Erweiterungsspeichers oberhalb 1 MByte folgende Standardeinstellung zugewiesen:

Erweiterungsspeicher	Größe	Win-Größe
< 1 MByte	alles	Null
< 2 MByte	1 MByte	256 KByte
< 4 MByte	1 MByte	512 KByte
< 6 MByte	2 MByte	1 MByte
> 6 MByte	2 MByte	2 MByte

Cache nicht zu klein wählen

Die Größe eines Cachespeichers sollte 1 MByte, in Ausnahmefällen 512 KByte, nicht unterschreiten, damit die Chance, die benötigten Daten im Cache zu finden, recht hoch ist. Eine optimale Größe ist 2 bis 3 MByte, doch bei den heutigen RAM-Kosten ist das sicher kein so großes Problem mehr, wie noch vor einiger Zeit.

Geringe Trefferquote macht das System langsamer als ohne Cache

Grundsätzlich muß also gelten: Besser kein Cachespeicher als ein zu kleiner, denn wird der Cache zu klein gewählt, wird die Trefferrate immer geringer, was zur Folge hat, daß der Prozessor die Daten zweimal suchen muß, einmal (erfolglos) im Cache, ein weiteres Mal auf der Platte.

Intensive Nutzung verlangt einen effektiven Cachespeicher

Daraus folgt: Je professioneller also ein System genutzt wird, insbesondere bei Anwendungen, die intensiv auf die Platte zugreifen, desto eher ist ein entsprechender Speicherausbau anzuraten, der die Einrichtung eines großen Cachespeichers erlaubt. Andererseits ist es für die Geschwindigkeit des Systems besser, einen kleineren Erweiterungsspeicher komplett dem speicherhungrigen Windows zur Verfügung zu stellen, also dort einen großen Cache einzurichten. Im Zweifel sollten Sie verschiedene Einstellungen einmal durchprobieren.

Mehr zum Cache erfahren Sie in dem Kapitel "Erstellen Sie Ihre optimale AUTO-EXEC.BAT".

Die Vorteile und Tücken des Schreibcache

Eine entscheidende Neuerung von SMARTDRV.EXE gegenüber seinen Vorgängern ist die, daß der Cache nicht nur Leseoperationen von der Platte optimiert, sondern auch die Schreiboperationen verzögert durchführt. Dieses sog. Write-Behind bedeutet nichts anderes, als daß das Zurückschreiben der geänderten Daten auf die Platte nicht sofort durchgeführt wird, sondern etwas später, wenn Sie gerade nichts am PC tun. Diese Verzögerung beschleunigt das System einerseits noch einmal deutlich, denn jeder Zugriff auf die Platte verzögert die Abläufe. Wenn jedoch der Zugriff zu Zeiten einer weniger hohen Auslastung durchgeführt wird, werden die Anwendungen dadurch beschleunigt. Das hat jedoch auch einen entscheidenden Nachteil:

Nachteil des Schreibcache - Die Datensicherheit geht zurück

Wenn das System ausfällt oder ausgeschaltet wird, bevor die aktualisierten Daten auf die Platte zurückgeschrieben werden, befinden sich auf der Platte, von der diese Daten das nächste Mal gelesen werden, immer noch die alten Daten.

Aus diesem Grund wird ab der Version 6.2 mit der Option /X der Schreibcache ausgeschaltet, so daß der Schreibcache nur durch Ihren Eingriff aktiviert werden kann. Auch eine andere Neuerung sorgt für mehr Sicherheit: Vor jedem Beenden eines Programms (also Rückkehr zum Prompt) wird der Inhalt des Caches auf die Platte zurückgeschrieben.

Auch bei einem Warmstart mit Strg+Alt+Entf wird vorher der Inhalt des Cachespeichers auf die Platte zurückgeschrieben.

SMARTDRV und das CD-ROM-Laufwerk

Ab MS-DOS 6.2 und in Windows für Workgroups 3.11 wird die Version 5.0 von SMARTDRV mitgeliefert, der nun auch in der Lage ist, ein CD-ROM-Laufwerk auf Trab zu bringen. Insbesondere bei Spielen von CD-ROM werden Sie dies begrüßen.

Der Cache wird wie oben beschrieben eingerichtet. Doch um das CD-ROM-Laufwerk bedienen zu können, muß der Treiber MSCDEX.EXE vor SMARTDRV.EXE geladen werden!

In der AUTOEXEC.BAT wird also der Treiber MSCDEX wie folgt geladen:

```
LH C:\WINDOWS\MSCDEX.EXE /S /L:G /D:MSCD001 /M:15 /V
```

Danach erst wird SMARTDRV gestartet (in unserem Beispiel mit 1 MByte für die Arbeit unter DOS und 1 MByte für Windows) und für das Laufwerk G: ein Cache eingerichtet:

```
LH C:\DOS\SMARTDRV.EXE 1024 1024
G+
```

> **Hinweis**
>
> ## SMARTDRV für Windows auf Null setzen
>
> Sollten Sie mit der Windows-für-Workgroups-Version 3.11 arbeiten und VCACHE nutzen (s. u.), dann sollten Sie den Cache für Windows auf einen niedrigeren Wert einrichten. Wenn Sie Ihre Spiele nur unter DOS betreiben, können Sie den Cache für den Windows-Betrieb auf 0 setzen:
>
> ```
> LH C:\DOS\SMARTDRV.EXE 1024 0 G+
> ```

Der Cache unter Windows für Workgroups 3.11

Ab der Version 3.11 von Windows für Workgroups (Abkürzung WfW) wird der Treiber VCACHE mitgeliefert, der als 32-Bit-Modul wesentlich schneller als SMARTDRV ist.

Unter WfW werden Sie SMARTDRV also nur noch benutzen, wenn Sie noch DOS-Programme außerhalb der Windows-Umgebung betreiben oder (s. o.) den Zugriff auf ein CD-ROM-Laufwerk beschleunigen wollen.

Der Grund: Das neue VFAT-Dateisystem gestattet einen schnelleren Zugriff auf die Festplatte und hat ein integriertes Cacheprogramm, das wesentlich schneller und effektiver als SMARTDRV arbeitet.

Wenn Sie diesen Cache benutzen wollen, können Sie dies in der Dialogbox *386 erweitert* der Systemsteuerung einstellen. Gleichzeitig können Sie die Größe des Caches festlegen.

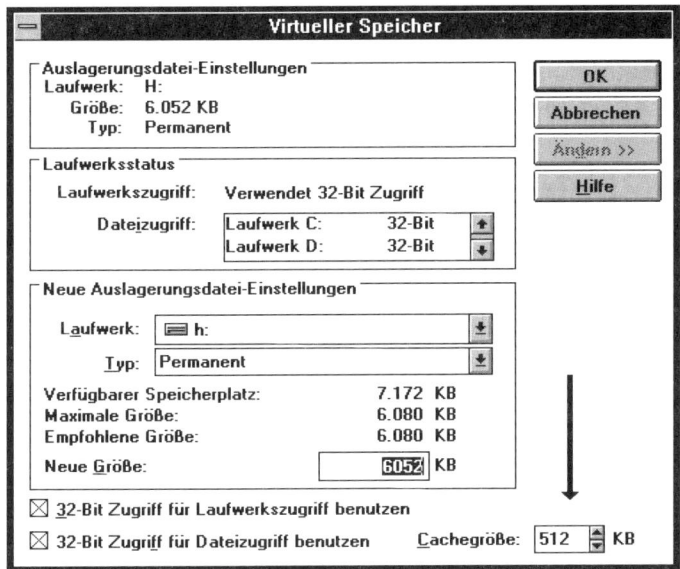

Für dieses Verfahren sind zwei Voraussetzungen nötig: In der CONFIG.SYS muß mit der Zeile

```
DEVICEHIGH = C:\WINDOWS\IFSHLP.SYS
```

oder

```
DEVICE = C:\WINDOWS\IFSHLP.SYS
```

eingetragen sein - der Aufruf mit DEVICEHIGH lädt den Treiber in den hohen Speicher.

Die zweite Voraussetzung: Die Festplatte und ihr Controller müssen dafür geeignet sein.

Bei normalen IDE-Festplatten mit einem Primitiv-Controller ist das i. d. R. kein Problem, wenn Sie jedoch einen Adaptec-SCSII-Controller mit eigener Intelligenz nutzen, müssen Sie spezielle Treiber des Herstellers anfordern.

Die schnelle RAM-Disk

Die RAM-Disk ist ein Laufwerk der besonderen Art - kein Wunder, besteht es doch nicht aus (langsamen) mechanischen Teilen, sondern aus (extrem schnellen) Speicherbausteinen: Eine RAM-Disk wird im Hauptspeicher als Laufwerk lediglich simuliert. Dieser Umstand macht den einzigen Vorteil dieser Art Laufwerk aus, nämlich die ungeheure Geschwindigkeit - gegenüber einer schnellen Festplatte ist der Zugriff auf eine RAM-Disk bis zu eintausendmal schneller!

Daten werden beim Ausschalten des PCs gelöscht

Dies macht aber auch den entscheidenden Nachteil der RAM-Disk aus: Da beim Ausschalten des PCs (oder bei Stromausfall) der Hauptspeicher komplett geleert wird, ist der Inhalt einer RAM-Disk, wenn er nicht vorher auf einen magnetischen Speicher übertragen wurde, konsequenterweise ebenfalls verloren. Für eine dauerhafte Ablage von Daten ist die RAM-Disk daher nicht geeignet - von den Preisen für RAM-Bausteine, die wesentlich höher sind als für eine gleich große Festplatte, sowie den thermischen Problemen gar nicht zu reden. Die RAM-Disk hat da Vorteile, wo es darum geht, für kleinere Datenmengen einen schnellen Zwischenspeicher bereitzustellen und so den Zugriff auf die Festplatte dadurch zu optimieren, daß man sie einfach nicht benutzt. Zwei Beispiele mögen aufzeigen, für welche Aufgaben eine RAM-Disk herangezogen werden kann:

Temporäre Dateien auf der RAM-Disk anlegen lassen

Manche Programme arbeiten mit den bereits besprochenen temporären Dateien. Das sind Dateien, die vorübergehend angelegt werden, um Daten des Programms zwischenzuspeichern. Sie als Anwender merken das möglicherweise nicht, allenfalls das Aufleuchten der Leuchtdiode an der Festplatte deutet an, daß hier etwas gespeichert wird, ohne daß Sie den Befehl gegeben haben.

Diese temporären Dateien werden meist gelöscht, wenn Sie das Programm verlassen, doch oft werden die Dateien auch auf dem Datenträger belassen, erkennbar daran, daß Sie Dateien vorfinden, die die Erweiterung TMP oder $$$ aufweisen. Wenn Sie nun dafür sorgen, daß diese nur vorübergehend benötigten Dateien auf einer schnellen RAM-Disk angelegt werden, schlagen Sie zwei Fliegen mit einer Klappe: Zum einen werden Anwendungsprogramme, die temporäre Dateien anlegen, in ihrer Ablaufgeschwindigkeit sehr beschleunigt, da das Schreiben und Lesen dieser Datei auf der RAM-Disk wesentlich schneller geschieht, zum anderen werden eventuell vorhandene, nicht gelöschte temporäre Dateien beim Ausschalten des Rechners automatisch gelöscht.

124

> **Hinweis**
>
> **Es gibt auch Probleme**
>
> Wenn Sie mit Konvertierungsprogrammen arbeiten, kann es sein, daß sehr große temporäre Dateien (oft größer als 1 MByte) entstehen. Tragen Sie dem ggf. Rechnung. Auch unter Windows können Probleme entstehen; lesen Sie weiter unten nach, welche Probleme auftauchen können.

Ausgelagerte Programmteile

Ein zweites Anwendungsbeispiel: Viele Programme werden so groß, daß sie nicht mehr in den Hauptspeicher passen. Daher verfällt man auf den Trick, Teile des Programms auszulagern, sogenannte Overlay-Dateien zu erstellen, die Funktionen beinhalten, die nicht so häufig aufgerufen werden. Wenn nun eine dieser Funktionen aufgerufen wird, wird die entsprechende Datei schnell von der Festplatte nachgeladen. Dies geschieht zwar recht schnell, doch eben nicht immer schnell genug. Abhilfe mit einer RAM-Disk schaffen Sie, wenn Sie das Programm, das Sie starten wollen, vorher mitsamt den Overlay-Dateien - erkennbar an der Erweiterung OVL oder OVR - auf die RAM-Disk kopieren und das Programm dann von dort starten. Sie werden sich wundern, wie schnell ein Programm auf diese Art werden kann.

> **Tip**
>
> **Wichtige Dateien zurückkopieren**
>
> Wenn Sie Anwenderprogramme von einer RAM-Disk aus betreiben, sollten Sie unbedingt dafür Sorge tragen, daß vor dem Abschalten des Rechners alle Dateien, die sich geändert haben, von der RAM-Disk wieder auf die Festplatte zurückkopiert werden, denn es kann sein, daß eine oder mehrere sogenannte Initialisierungsdateien angelegt werden, in denen Einstellungen der Programmumgebung abgespeichert werden und auf die beim nächsten Aufruf des Programms zurückgegriffen wird.

Anlegen einer RAM-Disk

Die RAM-Disk wird dem mit Treiber RAMDRIVE.SYS in der CONFIG.SYS eingerichtet, wobei Sie lediglich die Größe der RAM-Disk in KByte hinzufügen müssen.

Der nächste freie Laufwerkbuchstabe wird benutzt

Wenn das derzeit letzte Laufwerk C: ist, wird durch folgende Zeile in der CONFIG.SYS eine RAM-Disk von der Größe 1 MByte eingerichtet, da der nächste freie Laufwerkbuchstabe benutzt wird:

```
DEVICE=C:\DOS\RAMDRIVE.SYS  1024
```

Die RAM-Disk ist nach dem Starten des Rechners (also nach Abarbeiten der CONFIG.SYS mit dem Befehl, eine RAM-Disk anzulegen) sofort betriebsbereit, muß also nicht formatiert oder einer anderen Spezialbehandlung unterzogen werden. Geben Sie keine Größe an, wird eine RAM-Disk von 64 KByte angelegt. Neben der Größe können Sie noch (von der Angabe der Größe durch ein Leerzeichen getrennt) angeben, wie viele Einträge (also welche Anzahl Dateien) auf diesem Laufwerk angelegt werden dürfen. Als Standardeinstellung - also ohne weitere Angabe - werden 64 Dateien zugelassen, ein für die Praxis allemal aus-reichender Wert.

LASTDRIVE erlaubt höhere Laufwerknamen

Sie können durch mehrere Befehlszeilen in der CONFIG.SYS jeweils eine RAM-Disk anlegen. Diese Laufwerke werden der Reihe nach mit dem jeweils nächsten Laufwerkbuchstaben versehen. Falls Sie mehr als den Laufwerknamen E: benötigen, müssen Sie vor dem Installieren der RAM-Disk die Zeile

```
LASTDRIVE=N
```

einbinden, wobei N für den Namen des von Ihnen benötigten letzten Laufwerks steht.

```
LASTDRIVE=G
```

erlaubt, Laufwerkbuchstaben bis einschließlich G: zu benutzen.

> **Hinweis**
>
> **Laufwerkname ohne Doppelpunkt**
> Die Laufwerknamen werden im Befehl LASTDRIVE übrigens ausnahmsweise ohne Doppelpunkt angegeben.

Die TEMP-Dateien und die RAM-Disk

Sie sollten keine RAM-Disk für die temporären Dateien anlegen, wenn Sie nicht Speicher satt (> 16 MByte!) in Ihrem Rechner haben. Es ist zwar immer wieder als Geheimtip zu lesen, doch durch ständige Wiederholung wird eine falsche Aussage eben nicht wahr.

Wahr ist: Wenn Sie 16 MByte oder mehr Speicher verwalten dürfen, haben Sie eine vernünftige Chance, daß Ihnen eine RAM-Disk für die Temporärdateien nicht mehr Arbeit als nötig macht.

Hintergrund: Wenn Programme ihre Daten im schnellen RAM anstatt in einem Verzeichnis auf der Festplatte zwischenspeichern, laufen manche Programme schneller ab, manche sogar dramatisch schneller.

Unter DOS mag das noch gehen, aber unter Windows bekommen Sie möglicherweise schnell Probleme:

Viele vergessen nämlich, daß auch der Druck-Manager von Windows dort seine Daten zwischenspeichert - und eine Druckdatei kann sehr schnell sehr groß werden; Dateien von 2 oder 3 MByte sind keine Seltenheit. Überprüfen Sie das einmal, indem Sie einen Druckauftrag geben und sich während des Drucks die Größe der Datei im Verzeichnis für die temporären Dateien ansehen.

Wenn Sie nun auf einem Rechner mit 8 MByte Speicher "großzügig" eine RAM-Disk von 2 MByte spendieren, so führt das dazu, daß der Druck langsamer wird (auch das Entpacken wird über eine temporäre Datei gesteuert).

Wenn Sie jedoch eine RAM-Disk von 4 MByte anlegen können, so werden Sie bei vielen Programmen ein blaues Wunder erleben.

 DOS-Box im Nu
Wenn Sie COMMAND.COM auf die RAM-Disk kopieren und in der PIF-Datei DOSPRMPT.PIF befehlen, daß dieser Kommandoprozessor geladen werden soll, steht Ihre DOS-Box in Bruchteilen von Sekunden auf dem Bildschirm.

Die RAM-Disk komprimieren?

Sie haben richtig gelesen: DBLSPACE/DRVSPACE kann auch eine RAM-Disk komprimieren und so auf diesem superschnellen Laufwerk noch mehr Platz schaffen!

127

Der Zugewinn an Platz ist jedoch wegen der anderen Organisation der Daten nicht so groß, wie auf der Festplatte, aber etwa 40 % bis 50 % können Sie erzielen.

Doch da eine RAM-Disk beim Ausschalten des Rechners wieder gelöscht wird, müssen Sie sie in der AUTOEXEC.BAT erstellen lassen.

Dafür ist darauf zu achten, daß der RAMDRIVE-Befehl in der CONFIG.SYS vor dem DBLSPACE-/DRVSPACE-Befehl auftauchen muß. Der lautet dann so, wenn Ihre Festplatte C: heißt und die RAM-Disk daher den Namen D: trägt:

```
DRVSPACE /CREATE D:
```

Die Laufwerkzuweisungen

Wo wir gerade dabei sind: Die Namen der Laufwerke sind nicht mehr so eindeutig wie früher - schuld ist u. a. DBLSPACE/DRVSPACE: Der Plattenkomprimierer benötigt als Host-Laufwerk einen Laufwerkbuchstaben, den er bei Bedarf sogar hinter der mit LASTDRIVE gesetzten Grenze holt.

Wenn nun der RAMDRIVE-Befehl nach dem Treiber DBLSPACE.SYS/DRVSPACE. SYS in der CONFIG.SYS erscheint, so belegt DBLSPACE/DRVSPACE die gesamten verfügbaren Laufwerkbuchstaben vom letzten physikalischen Laufwerk bis zum Laufwerk, das mit LASTDRIVE festgelegt wurde; die RAM-Disk erhält dann möglicherweise den Namen J: oder K:.

Wenn die Reihenfolge jedoch umgekehrt ist, kann es sein, daß das Host-Laufwerk aufgrund vorheriger physikalischer Laufwerke den Namen K: bekommt, obwohl Sie in der CONFIG.SYS als letztes Laufwerk das Laufwerk I: festgelegt haben.

Aus 1 mach 2 - Die komprimierte Festplatte mit bis zu 80 % mehr Kapazität

Seit der Version 6.0 des Betriebssystems gibt es die Möglichkeit, mit dem Programm DBLSPACE die Festplatte zu komprimieren und so noch einmal bis zu 80 % mehr Kapazität hinzuzugewinnen.

> **Seit 6.22 heißt DBLSPACE jetzt DRVSPACE**
> Seit Version MS-DOS 6.22 heißt das Programm DRVSPACE, ohne daß sich Nennenswertes geändert hätte.

Hinweis

Dererlei Programme sind nun beileibe nicht so neu, wie Microsoft es in seiner Werbung anklingen läßt, doch ein Unterschied zu den anderen Programmen, die es auf dem Markt gibt (Stacker etc.), existiert schon: Bei den Fremdprodukten, die nicht integraler Bestandteil des Betriebssystems sind, müssen Sie zwei Sätze von Startdateien bereithalten: ein Satz auf dem normalen Startlaufwerk C: und einen Satz auf dem komprimierten Laufwerk. Das müssen Sie bei DBLSPACE/DRVSPACE nicht, dort befinden sich die CONFIG.SYS und AUTOEXEC.BAT ganz normal im Laufwerk C: im Hauptverzeichnis.

Keine Änderung der CONFIG.SYS nötig

Um es ganz deutlich zu sagen: Wenn Sie ein komprimiertes Laufwerk betreiben, müssen Sie keine Änderungen an den Konfigurationsdateien vornehmen, das Laden des dafür zuständigen Treibers DBLSPACE.BIN/DRVSPACE.BIN geschieht automatisch.

Verschieben des Treibers im Speicher

Doch etwas können Sie tun: Der Treiber DBLSPACE/DRVSPACE.SYS sorgt dafür, daß DBLSPACE.BIN/DRVSPACE.BIN im Konfliktfall in den oberen Bereich des konventionellen Speichers geladen wird und nicht in den untersten, denn manche Gerätetreiber verweigern den Dienst, wenn der Platz, den sie normalerweise einnehmen, besetzt ist. Wenn Sie dagegen mit

```
DEVICE=C:\DOS\DRVSPACE.SYS
```

den Zusatztreiber laden, wird der untere Speicherbereich wieder frei.

Seit MS-DOS 6.2 wird zudem ein Teil (ca. 10 KByte) standardmäßig in den HMA-Bereich verlagert (sofern verfügbar), was die Speicherauslastung des konventionellen Speichers nochmals verringert. Mit der neuen Option /NOHMA können Sie das unterbinden.

Wenn Sie ein übriges tun wollen, hängen Sie die Option /MOVE an:

```
DEVICE=C:\DOS\DRVSPACE.SYS /MOVE
```

Der Treiber DRVSPACE.BIN wird dann nicht in den konventionellen Speicher, sondern in den hohen Speicher (UMB) geladen (wenn dort noch ein ausreichend großer Block frei ist) und spart auf diese Weise konventionellen Speicher ein. Noch mehr Speicher sparen Sie, wenn Sie den Zusatztreiber selbst in den hohen Speicher laden:

```
DEVICEHIGH=C:\DOS\DRVSPACE.SYS /MOVE
```

CD-ROM, Sound & Co - Konfigurieren von Zusatzgeräten

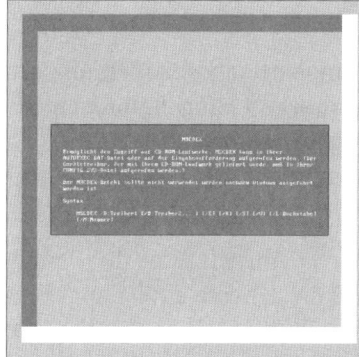

Eine der wichtigsten Aufgaben der CONFIG.SYS ist das Einbinden zusätzlicher Geräte in das System.

Wie bereits besprochen wurde, muß jedes Gerät, das kein eigenes BIOS besitzt, mit einem Gerätetreiber angedockt werden. Wenn Sie also ein CD-ROM-Laufwerk einbauen, wird dieses (noch) nicht vom BIOS des Rechners erkannt, sondern muß durch externe Treiber angemeldet werden - wenn Sie sich erinnern, werden die internen Geräte mit internen Gerätetreibern betrieben.

Zuwachs I - Das Einbinden eines CD-ROM-Laufwerks

Das Einbinden eines CD-ROM-Laufwerks geschieht in zwei Schritten: In der CONFIG.SYS wird ein Gerätetreiber geladen, der genau auf das Gerät abgestimmt ist und der daher vom Hersteller geliefert werden muß. Bei einem NEC-Laufwerk beispielsweise geschieht dies mit dem Treiber NEC_IDE. SYS:

```
DEVICEHIGH = C:\CDROM\NEC_IDE.SYS /D:NECCD0
```

Wenn Sie dagegen ein Mitsumi-Laufwerk an eine Soundkarte anschließen, die oftmals über eine Anschlußmöglichkeit für CD-ROM-Laufwerke verfügen, müssen Sie den mit der Soundkarte für diese Zwecke gelieferten Treiber einbinden:

```
DEVICE=C:\SB16\SBCD.SYS /D:MSCD001 /P:220
```

Welche zusätzlichen Angaben Sie machen müssen (beim Anschluß an die Soundkarte müssen Sie möglicherweise die I/O-Adresse - hier die Adresse 220h - angeben) oder machen können, entnehmen Sie bitte dem Handbuch des Gerätes, das Sie (wie immer) aufmerksam lesen sollten, wenn Sie ein neues Perepherie-Gerät konfigurieren.

Doch egal, was für spezielle Optionen Sie angeben, eine Angabe müssen Sie immer machen: Die ID-Nummer, unter der das Gerät im System bekannt sein soll.

Diese Nummer wird immer mit der Option /D: angegeben und besteht aus einem Namen und einer Nummer. So wird das NEC-Laufwerk unter dem Namen NECCD0 geführt, das Mitsumi-Laufwerk hört auf MSCD001.

Diese ID-Nummer ist insofern wichtig, als daß sie im zweiten Schritt benutzt wird, in dem Sie mit dem residenten DOS-Programm MSCDEX in der AUTOEXEC.BAT dafür sorgen, daß dieses Laufwerk mit allen DOS-Befehlen angesprochen werden kann, etwa das Aufrufen des Inhaltsverzeichnisses des Laufwerks mit DIR oder das Kopieren von Daten von der CD-ROM.

Der Befehl MSCDEX

Mit diesem residenten Programm wird also der Zugriff auf das Laufwerk für das Betriebssystem MS-DOS - und damit auch für Windows - geregelt. Natürlich können Sie das Programm auch am Prompt laden, doch über die AUTOEXEC.BAT ist es wie immer bequemer.

> **Nicht unter Windows aufrufen**
>
> Der MSCDEX-Befehl darf unter Windows nicht ausgeführt werden, da die Laufwerkzugriffe über MS-DOS-Routinen erfolgen.

Die Syntax lautet:

```
MSCDEX /D:Treiber1 [/D:Treiber2... ] [/E] [/K] [/S] [/V] [/L:Buchstabe]
[/M:Nummer]
```

Die Bedeutung der wichtigsten Parameter:

- */D:Treiber1 [/D:Treiber2...]* Dies ist die ID-Nummer des Gerätes, das in der CONFIG.SYS verwendet wurde. Der für den NEC-Treiber gültige Aufruf wäre also:

```
MSCDEX /D:NECCD0
```

- */E* Gibt an, daß der CD-ROM-Treiber den erweiterten Speicher verwenden darf, um Sektorenpuffer zu speichern.
- */S* Ermöglicht die Freigabe von CD-ROM-Gerätetreibern auf MS-NET- oder Windows-für-Workgroups-Server. Ohne diese Angabe wird das Laufwerk nur lokal ansprechbar sein.
- */L:Buchstabe* Gibt den Laufwerkbuchstaben an, der dem ersten CD-ROM-Laufwerk zugewiesen werden soll. Haben Sie mehrere Laufwerke, werden die nächsten zur Verfügung stehenden Buchstaben verwendet.
- */M:Nummer* Gibt die Anzahl der Sektorenpuffer an. Eine Vergrößerung der Puffer erbringt einen Geschwindigkeitszuwachs beim Zugriff, der jedoch nicht so hoch ist, wie mit SMARTDRV.

Der Treiber kann problemlos mit LH hochgeladen werden; die Ladegröße ist 27.952 Byte, der Aufruf wäre also:

```
LH /L:1,27952 C:\DOS\MSCDEX /D:NECCD0
```

Zuwachs II - Eine Soundkarte einbinden

Wenn Sie eine Soundkarte in einen freien Slot Ihres PCs gesteckt haben, so wird diese nicht so einfach einzubinden sein, wie ein CD-ROM-Laufwerk. Der Grund:

Wenn es sich nicht um eine sog. "selbstkonfigurierende Karte" handelt, eine Karte also, die sich die mögliche Anpassung an das vorhandene System selbst sucht, müssen Sie mindestens zwei Angaben machen:

- An welchem Interrupt-Kanal soll das Gerät betrieben werden, über welchen der 16 verfügbaren Kanäle sollen also die Hardware-Anfragen der Karte übermittelt werden?

- Welche I/O-Adresse im Speicher soll benutzt werden?

Bei vielen Karten reicht es aus, die vorgegebenen Standardeinstellungen (etwa IRQ 5 und Adresse 220h) zu benutzen. Doch was, wenn Sie etwa eine zweite parallele Schnittstelle betreiben und der IRQ 5 nicht mehr verfügbar ist?

Wir können auf dieses Thema hier nicht eingehen, doch unsere Ratschläge:

- Lesen Sie immer aufmerksam das Handbuch, bevor Sie Hardware-Bestandteile installieren.

- Die meisten Soundkarten werden mit einem Testprogramm geliefert (wie auch viele Netzwerkkarten), das Ihnen hilft, die richtige Einstellung zu finden.

- Und wenn es dennoch nicht geht, bleibt Ihnen nur, die einzelnen Möglichkeiten durchzuprobieren.

Hier eine Aufstellung der verfügbaren IRQ-Kanäle und ihrer Standardbenutzung:

Gebräuchliche Nutzung	IRQ	Ihre Konfiguration	Priorität
Timer Reset	0		0
Tastatur	1		1
EGA/Cascade2	2		2
2. serielle Schnittstelle	3		11
1. serielle Schnittstelle	4		12
2. parallele Schnittstelle	5		13
Disketten-Controller	6		14
1. parallele Schnittstelle	7		15
Uhr (RTC)	8		3
Durchgang für Cascade	9		4
unbelegt	10		5
unbelegt	11		6
unbelegt	12		7
Coprozessor	13		8
Festplatten-Controller	14		9
unbelegt	15		10

Als I/O-Adresse kommen folgende hexadezimale Adressen in Frage:

```
220h
240h
260h
280h
300h
330h
```

Hinweis

Zuerst Standard-Parameter probieren

Versuchen Sie immer erst eine Installation mit den Standardparametern, da diese meist auf praxiserprobte Werte gesetzt sind.

Doch die Angabe der IRQ-Kanäle und der I/O-Adresse ist nicht alles, was Ihnen bevorsteht: Natürlich verfügt die Soundkarte auch über einen Treiber, der sie beim System anmeldet.

Hierfür wird in der AUTOEXEC.BAT oder der CONFIG.SYS ein Treiber geladen, doch diese Einstellung müssen Sie zum Glück nicht machen, meist nimmt Ihnen eine Installationsroutine die Arbeit ab.

Die verbreitete Soundblaster-Karte verlangt gleich mehrere Angaben in der AUTO-EXEC.BAT. Zum einen werden zwei Umgebungsvariablen gesetzt, die auf das Verzeichnis weisen, in dem sich die Software der Karte befindet bzw. die die Werte hinterlegen, auf die Sie die Karte eingestellt haben.

```
SET SOUND=C:\SB16
SET BLASTER=A220 I2 D1 H6 P300 T6
```

Zum anderen wird ein Konfigurationsprogramm aufgerufen und ein residenter Treiber SB16SET geladen, der die Karte auf die Werte einstellt, die Sie gewählt haben.

```
C:\SB16\SBCONFIG.EXE /S
C:\SB16\SB16SET /M:220 /VOC:220 /CD:220 /MIDI:220 /LINE:220 /TREBLE:0
```

Erstellen Sie Ihre optimale CONFIG.SYS

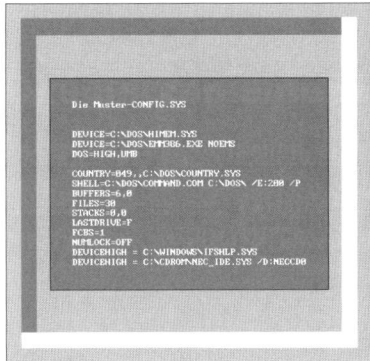

Eine optimale CONFIG.SYS kann es für alle Rechner nicht geben - und Ihren Rechner kennen wir nicht, insofern können wir das Versprechen der Überschrift nur bedingt einlösen, doch wir können Ihnen mit sehr vielen Hinweisen den Weg zu einer optimalen Konfiguration ebnen. Dabei muß man zwei Szenarien unterscheiden:

Nur DOS-Anwendungen oder nur Anwendungen unter Windows

Das erste Szenario ist, daß Sie ausschließlich unter DOS arbeiten und auch nicht vorhaben, das in nächster Zukunft zu ändern.

Oder Sie haben MS-DOS den Rücken gekehrt, wollen ein DOS-Programm nicht mehr auf Ihrem Rechner sehen und nur noch unter Windows arbeiten. Beide erfordern eine in den wichtigsten Bereichen geänderte CONFIG.SYS, wobei diese Änderungen später getrennt besprochen werden, hier zunächst Anleitungen für den Teil der CONFIG.SYS, der für beide Arbeitsumgebungen gleich ist.

Der "allgemeine Teil" der CONFIG.SYS

In der folgenden Beschreibung des allgemeinen Teils gehen wir bei allen Beispielen von einem Verzeichnis C:\DOS aus, in dem sich die Treiber und Programme befinden. Wenn Sie eine Festplatte betreiben, die eines speziellen Treibers bedarf, um überhaupt angesprochen zu werden, etwa eine RLL-Platte mit dem Treiber DMDRVR.BIN, so muß dieser Treiber vor allen anderen geladen werden, da die folgenden Treiber erst dann auf der nunmehr offenen Platte gesucht und gefunden werden können.

HIMEM.SYS früh einbinden

Die erste Zeile lautet ansonsten

```
DEVICE=C:\DOS\HIMEM.SYS
```

Den Treiber HIMEM.SYS für das Verwalten des Extended Memory sollten Sie möglichst früh in Ihre CONFIG.SYS einbinden, da er Voraussetzung für weitere Treiber ist. Wenn Sie etwa eine RAM-Disk im Extended Memory einrichten wollen, muß HIMEM.SYS vorher geladen werden.

Hinweis

Vor HIMEM.SYS einbinden

Andererseits verlangen bestimmte Treiber, etwa für eine SCSI-Festplatte, daß sie vor HIMEM.SYS geladen werden müssen. Die zwangsläufige Folge: Der Treiber kann nicht hochgeladen werden, sondern wird im konventionellen Speicher gehalten.

Betrieb ohne SETVER ausprobieren

```
DEVICE=C:\DOS\SETVER.EXE
```

Mit SETVER.EXE "gaukeln" Sie Anwenderprogrammen eine andere DOS-Version vor. Doch das Programm ist relativ groß, zu groß jedenfalls, um es "einfach so" zu laden. Wenn Sie ein normales Anwenderprogramm betreiben, ist die Gefahr einer Inkompatibilität relativ klein. Versuchen Sie daher, ohne SETVER.EXE auszukommen, und laden Sie es erst, wenn Sie wissen, daß ein Programm nicht mit Ihrer DOS-Version arbeiten kann.

Da diese Handhabung höchst zweifelhaft ist, sollten Sie auf SETVER verzichten, wenn es geht. Fragen Sie Ihren Fachhändler nach Updates der fraglichen Anwender-Software, die mit DOS 6.2/6.22 problemlos kooperiert. Im Normalfall benötigen Sie also diesen Treiber nicht mehr. Probieren Sie das aus, indem Sie die Zeile mit REM deaktivieren und starten Sie der Reihe nach Ihre DOS-Programme. Sollten alle problemlos laufen, verzichten Sie auf SETVER.

ANSI.SYS meist nicht nötig

```
DEVICE=C:\DOS\ANSI.SYS
```

Es sind nicht sehr viele Anwenderprogramme, die auf ANSI.SYS, den erweiterten Bildschirmtreiber, zugreifen. Wenn Sie nicht in Ihren Batch-Dateien mit ANSI-Sequenzen Farbe ins Spiel bringen wollen oder es nicht ausdrücklich im Handbuch eines Programms gefordert wird, können Sie ANSI.SYS weglassen und so Speicherplatz sparen.

Anzahl geöffneter Dateien mit FILES

```
FILES=20
```

Der Wert für die maximale Anzahl gleichzeitig geöffneter Dateien ist mit 20 im normalen Bereich, der bei 15 beginnt und bei 30 endet. Nur wenn Ihr Programm (eine Datenbank etwa) mehr erfordert, tragen Sie hier mehr ein.

BUFFERS ist zweite Wahl

```
BUFFERS=20,8
```

Die Anzahl der Dateipuffer sollte für einen Betrieb ohne SMARTDRV.EXE, also ohne einen eingerichteten Cachespeicher, bei 20 eingestellt werden, die Sekundärpuffer für weitere Verbesserungen des Zugriffs auf den Maximalwert von 8. Eine weitere Vergrößerung der Anzahl der Zwischenspeicher bringt meist neben einer Verringerung des verfügbaren Hauptspeichers keine Verbesserung des Zugriffs, sondern eine Verschlechterung. Wenn Sie einen Cache-Speicher verwenden, sollten Sie den Wert für BUFFERS möglicherweise noch weiter reduzieren, ein Wert von 3 oder 4 kann dann durchaus realisitisch sein.

Manche schlecht programmierte Anwendungen überprüfen nur die Anzahl BUFFERS und monieren eine zu niedrige Anzahl, ohne daß die Programme dies wirklich benötigen.

140

COUNTRY und COUNTRY.SYS arbeiten zusammen

```
COUNTRY=049,,C:\DOS\COUNTRY.SYS
```

Die Einstellung der länderspezifischen Gegebenheiten (Datums- und Zeitformat etwa) nehmen Sie mit COUNTRY und der Angabe der internationalen Telefonvorwahl des jeweiligen Landes vor. Dabei ist nach den beiden Kommata die Datei (mit Laufwerk- und Verzeichnisangabe!) zu nennen, in der diese Angaben gespeichert sind, im Normalfall also COUNTRY.SYS. Wenn Sie eine Zeichensatztabelle verwenden, ist die Nummer dieser Tabelle (in Deutschland 437 oder 850) zwischen den Kommata anzugeben.

Der Kommandoprozessor COMMAND.COM

```
SHELL=C:\COMMAND.COM  /C:\ /P /E:200
```

Der normale Kommandoprozessor wird beim Start im Hauptverzeichnis des Startlaufwerks gesucht und hat einen begrenzten Umgebungsspeicher von 256 Byte. Wenn Sie den Kommandoprozessor in einem anderen als dem Hauptverzeichnis aufbewahren oder mehr Umgebungsspeicher reservieren wollen, müssen Sie mit SHELL den Kommandoprozessor umkonfigurieren. Nach der Angabe des zu ladenden Prozessors folgt mit einem Schrägstrich der Suchpfad, mit jeweils einem weiteren Schrägstrich werden die beiden Optionen angehängt, wobei Sie nach /E: die Größe des Umgebungsspeichers in Byte anlegen. Hier sind 200, in Ausnahmefällen 512 oder 1.024 Byte genug. In dem Beispiel haben Sie den Kommandoprozessor im Hauptverzeichnis abgelegt; wenn er sich im Verzeichnis C:\DOS\ befindet, sieht die Pfadangabe so aus:

```
SHELL=C:\DOS\COMMAND.COM  /C:\DOS
```

Betriebssystem in HMA verschieben

Nun müssen Sie nur noch dafür Sorge tragen, daß das Betriebssystem in den Bereich der HMA direkt oberhalb von 1 MByte geladen wird:

```
DOS=HIGH
```

Dies ist nur auf einem Rechner mit einem Prozessor ab 80286 und einem Speicherausbau auf mehr als 1 MByte möglich.

141

Nutzen Sie den hohen Speicher (UMB)

Einer der unbestreitbaren Vorteile der DOS-Versionen seit 5.0 ist die Möglichkeit, Gerätetreiber und residente Programme in die Bereiche der UMBs zu laden, jenen freien Speicherblöcken im Adaptersegment, die mit dem Treiber EMM386.EXE erschlossen werden. Wenn Sie diesen hohen Speicher in der CONFIG.SYS nutzen wollen, muß die Zeile, in die Sie den Treiber EMM386.EXE einbinden, auf jeden Fall vor der ersten Zeile auftauchen, die einen Treiber in den hohen Speicher lädt. Über das Einbinden residenter Programme reden wir weiter unten, hier das Vorgehen, wenn Sie einen Gerätetreiber in den hohen Speicher, wie man diesen Bereich bei Microsoft auch nennt, laden wollen:

Anstelle des Befehls

```
DEVICE=Gerätetreiber
```

befehlen Sie in einer Zeile der CONFIG.SYS

```
DEVICEHIGH=Gerätetreiber
```

Um also den Treiber ANSI.SYS statt in den konventionellen Hauptspeicher in die UMBs zu laden, lautet der Befehl:

```
DEVICEHIGH=C:\DOS\ANSI.SYS
```

Wenn der zu ladende Gerätetreiber für den hohen Speicher zu groß sein sollte, also kein freier Block in dieser Größe gefunden wird, wird er automatisch in den konventionellen Speicher geladen. In den Beispielen gehen wir davon aus, daß Sie die Treiber in den hohen Speicher laden wollen. Sollten Sie den einen oder anderen nicht dorthin laden wollen oder können, ersetzen Sie den Befehl DEVICEHIGH durch den Befehl DEVICE.

Hinweis

Automatisch mit MEMMAKER

Beachten Sie bitte, daß die Treiber, bei denen das möglich ist, von MEMMAKER automatisch in den hohen Speicher geladen werden. Wenn Sie Spezialtreiber, etwa für Ihre Festplatte oder für einen Scanner, eine Maus oder ein CD-ROM-Laufwerk einbinden, sollten Sie von Fall zu Fall ausprobieren, ob diese Treiber einwandfrei arbeiten, wenn sie in den hohen Speicher geladen wurden.

Packed file corrupt - Was dann?

Einige Anwenderprogramme geben die Meldung

```
Packed file corrupt
```

aus, wenn das Programm oder Teile davon in die ersten 64 KByte Speicher des konventionellen Speichers geladen werden. Dieser Fehler tritt besonders dann auf, wenn Sie Gerätetreiber in den hohen Speicherbereich laden, so daß mehr als die ersten 64 KByte des konventionellen Speichers frei werden.

Falls MS-DOS diese Meldung anzeigt, verwenden Sie den Befehl

```
LOADFIX Programmname
```

um sicherzustellen, daß das Programm oberhalb der ersten 64 KByte des konventionellen Speichers geladen wird.

Die Optimierung für die DOS-Umgebung

In einer DOS-Umgebung sind ein paar Modifikationen möglich oder nötig, denen folgende Überlegungen zugrunde liegen: Wie teilen Sie als Anwender den Speicher oberhalb von 1 MByte am sinnvollsten auf?

• Wieviel Speicher möchten Sie für einen Cachespeicher mit SMARTDRV.EXE verwenden?

• Benötigen Sie Expanded Memory für Ihre Anwendungen und wieviel?

• Kann eine RAM-Disk für Overlay-Dateien oder temporäre Dateien einen Geschwindigkeitsvorteil erbringen?

Hier kann keine generelle Aussage getroffen werden, da die Anwenderprogramme und die Hardware-Voraussetzungen naturgemäß sehr unterschiedlich sind. Wir wollen trotzdem unterschiedliche Rechnerkonfigurationen einmal als Beispiel für die Art der Überlegung nehmen, die Sie in Ihrem speziellen Falle treffen sollten.

> **Hinweis**
>
> **Immer nur geringe Änderungen und dann MEMMAKER**
>
> Egal, welche Konfiguration Sie festlegen, sei es beim ersten Mal, sei es, wenn Sie Änderungen vornehmen: Nach einer Änderung der CONFIG.SYS und/oder AUTOEXEC.BAT sollten Sie immer MEMMAKER damit beauftragen, die Startdateien zu optimieren, wie es in dem Kapitel "Der komfortable Speichermanager MEMMAKER" beschrieben wurde. Wenn Sie Änderungen in der CONFIG.SYS vornehmen, sollten Sie nie zwei neue Treiber einbinden oder zwei Befehle ändern, da Sie sonst ein Startversagen nicht mehr eindeutig zuordnen können.

Eine Konfiguration für MS-DOS auf einem Rechner mit 2 MByte Gesamtspeicher

Hier ist der Speicher oberhalb 1 MByte unbedingt (zumindest zur Hälfte) als Cache-Speicher einzusetzen. Da dies durch die AUTOEXEC.BAT geschieht, kommen wir auf die entsprechende Einbindung zurück, wenn wir Ihnen Hinweise zu einer Optimierung der AUTOEXEC.BAT geben.

EMM386.EXE richtet Expanded Memory ein

Wenn Sie Anwendungen betreiben, die sehr speicherintensiv sind und die Expanded Memory unterstützen, sollten Sie mit dem Treiber EMM386.EXE den Expansionsspeicher, wie er auch genannt wird, einrichten. Vorher jedoch müssen Sie mit HIMEM.SYS das Extended Memory als XMS-Speicher einrichten:

```
DEVICE=C:\DOS\HIMEM.SYS
DEVICE=C:\DOS\EMM386.EXE RAM HIGHSCAN
```

Mit der Option RAM geben Sie an, daß Sie Expanded Memory und die UMB-Bereiche freigeben wollen, es sei denn, Sie hätten gegen letzteres mit gutem Grund etwas einzuwenden. Die Option HIGHSCAN befiehlt, den Bereich der UMBs auch an Adressen nach freiem Speicher zu durchsuchen, die normalerweise unberücksichtigt bleiben. Das kann durchaus zu zusätzlichem Speicher führen, kann jedoch auch erfolglos bleiben oder gar zu einem Systemabsturz führen. Sie sollten diese Option ausprobieren und ggf. weglassen.

> **Hinweis**
>
> **Selber bleiben sie unten**
>
> Beachten Sie, daß weder HIMEM.SYS noch EMM386.EXE in den hohen Speicher geladen werden dürfen, beide müssen in den konventionellen Hauptspeicher geladen werden!

Befehl DOS lagert Betriebssystem aus

Wenn Sie die Nutzung der UMBs erlaubt haben, können Sie den Befehl DOS ausweiten und das Auslagern des Betriebssystems auch in die UMB-Bereiche befehlen:

```
DOS=HIGH,UMB
```

Wollen Sie dagegen keine UMBs nutzen, lassen Sie die Option RAM weg, dann wird nur Expanded Memory bereitgestellt. Wenn Sie die Zeile wie beschrieben in Ihre CONFIG.SYS einbauen, wird der gesamte Erweiterungsspeicher als Expanded Memory eingerichtet, da keine Größe angegeben wurde.

Speicher für den Cache freilassen!

Wenn Sie jedoch durch die AUTOEXEC.BAT, die nach der CONFIG.SYS abgearbeitet wird, einen Cachespeicher einrichten wollen, müssen Sie den Speicherbereich im Erweiterungsspeicher für diesen Zweck freilassen. Geben Sie dafür als ersten Parameter die Größe des einzurichtenden Expanded Memory in KByte an:

```
DEVICE=C:\DOS\EMM386.EXE 512 RAM
```

Von den verbleibenden 1 MByte wird die Hälfte als Expanded Memory angelegt. Sie können den verbleibenden Rest für den Cachespeicher benutzen.

Eine Konfiguration für MS-DOS auf einem Rechner mit 4 MByte Gesamtspeicher

Expanded Memory von 1 MByte oft ausreichend

Hier ist die Überlegung ähnlich, nur daß ein Expanded Memory von mehr als 1 MByte in den wenigsten Fällen notwendig sein wird, es sei denn, Sie arbeiten mit speicherfressenden Anwendungen, was Sie häufig daran erkennen, daß während eines Dateizugriffs heftige Zugriffe auf die Festplatte erfolgen, um Auslagerungen vorzunehmen, oder wenn Sie die Meldung "Zu wenig Arbeitsspeicher" erhalten. In diesem Falle ist also das Expanded Memory auf 1 MByte zu begrenzen:

```
DEVICE=C:\DOS\EMM386.EXE 1024 RAM
```

Auch hier kann die Option HIGHSCAN u. U. noch ein wenig mehr freien Platz in den UMBs entdecken. Wenn Ihre Anwenderprogramme nicht oder nur bedingt Expanded Memory unterstützen, sollten Sie auf diesen Speicher verzichten oder nur einen kleinen Teil (512 KByte oder weniger) als EMS-Speicher einrichten, da dann SMARTDRV.EXE viel mehr für Sie tun kann. Lesen Sie weiter unten nach, wie diese Einrichtung ausgeführt wird.

Eine Konfiguration für MS-DOS auf einem Rechner mit 8 MByte Gesamtspeicher oder mehr

Einen Teil als RAM-Disk einrichten

Wenn Sie über sehr viel Speicher verfügen, sollten Sie anfangen, zusätzlich zum Cachespeicher und zum Expanded Memory eine RAM-Disk zu nutzen. Dies kann entweder geschehen, um ein Anwenderprogramm von dort aus zu betreiben und es dadurch in seinem Ablaufverhalten zu optimieren. Sie können jedoch auch nur Teile auslagern, etwa die Wörterbücher der Rechtschreibprüfung eines Textprogramms. Die Aufteilung des restlichen Speichers von 7 MByte könnte praxisgerecht etwa so aussehen:

- Der Cachespeicher wird mit 4 MByte ausreichend groß dimensioniert.
- Die RAM-Disk können Sie mit bis zu 2.560 KByte (entspricht 2,5 MByte) so groß einrichten, wie der Zweck, den Sie verfolgen, es erfordert.
- Das Expanded Memory schließlich sollten Sie mit 512 KByte so einrichten, daß es "für alle Fälle" da ist. Sollten Sie mehr benötigen, sollte zuerst die RAM-Disk und dann der Cachespeicher in der Größe reduziert werden.

Um eine RAM-Disk anzulegen, befehlen Sie in einer Zeile der CONFIG.SYS (die in jedem Falle nach HIMEM.SYS plaziert werden muß, da HIMEM.SYS den Erweiterungsspeicher erst freischaltet):

```
DEVICE=C:\DOS\RAMDRIVE.SYS Größe /E
```

Sie können auch noch die Anzahl der Dateien angeben, die maximal auf diesem Laufwerk Platz haben, doch das ist nur nötig, wenn Sie diese Anzahl begrenzen wollen oder den Standardwert von 64 Dateien für zu klein halten.

Option /E ist wichtig!

Wichtig ist, daß Sie die Option /E verwenden, denn nur dann wird die RAM-Disk im Extended Memory angelegt und nicht im konventionellen Hauptspeicher.

Beachten Sie, daß Sie in der AUTOEXEC.BAT die Befehle einbinden, die die gewünschte Nutzung dieser RAM-Disk einleiten, etwa das Kopieren der Wörterbücher, das Festlegen des Laufwerks für temporäre Dateien oder das Kopieren des Programms, das Sie von dort aus benutzen wollen. Achten Sie auch darauf, daß Sie evtl. das Laufwerk dem Suchpfad mit PATH hinzufügen müssen.

Die Optimierung für die Windows-Umgebung

Die Optimierung des Rechners für eine Windows-Umgebung gestaltet sich eigentlich - entgegen anderslautenden Äußerungen vieler Anwender - recht einfach, denn die Frage lautet eigentlich nur:

Optimales Zusammenspiel gesucht

Wieviel Speicher können Sie Windows wegnehmen und als Cache-Speicher einrichten, ohne daß Sie den Geschwindigkeitsvorteil, den Sie damit erreichen, durch einen langsameren Ablauf der Windows-Programme (nämlich wegen zu kleinen Speichers) wieder zunichte machen? Lassen Sie uns das an einem 4-MByte-Rechner verdeutlichen: Wenn Sie dort einen Cachespeicher der optimalen Größe (nämlich 2 MByte) einrichten, so werden Sie weder an diesem Cachespeicher noch an Windows sehr viel Freude haben, denn der viel zu kleine Speicher der restlichen 2 MByte zwingt Windows und seine Anwenderprogramme in die Knie.

Sie werden also den Cachespeicher auf 512 KByte reduzieren müssen, um Windows Speicher zu geben. Wir werden in diesem Kapitel nicht auf den Cachespeicher und seine optimale Einrichtung eingehen, da dies vorzugsweise durch die AUTO-EXEC.BAT durchgeführt wird - lesen Sie dazu in dem Kapitel "Erstellen Sie Ihre optimale AUTOEXEC.BAT" nach.

Windows simuliert EMS-Speicher

Wichtig für die Speicherverwaltung in einer Windows-Umgebung ist die Beachtung einer anderen Regel. Windows verwaltet den Speicher als Extended Memory nach den Regeln des XMS-Standards und stellt ihn den Windows-Anwendungen in der vom Anwender durch die Vorder- und Hintergrundpriorität zugewiesenen Aufteilung zur Verfügung.

16 MByte sind 11,5 MByte

Wenn Sie 16 MByte Speicher in Ihrem Rechner haben, bleiben Ihnen nach Abzug des Speichers für Betriebssystem und residente Programme sowie einige Windows-Hintergrundprogramme (wie etwa der Druckmanager) etwa 11,5 MByte frei für Ihre Anwenderprogramme.

PIF-Datei

Wenn ein DOS-Programm geladen wird, können Sie ihm in der betreffenden PIF-Datei einen Teil des von Windows als Extended Memory verwalteten Speichers abtreten, der von Windows als Expanded Memory nachgebildet wird.

Keinen EMS-Speicher vor dem Windows-Start einrichten

Um es vereinfacht zu sagen: Windows stellt dem DOS-Programm einen Teil seines Speichers als Expanded Memory zur Verfügung. Sie müssen also den EMS-Speicher nicht vorher mit dem Speichermanager EMM386.EXE einrichten. Mehr noch: Sie sollten auf keinen Fall vor dem Start von Windows für Ihre DOS-Programme EMS-Speicher einrichten, denn dieser Speicher steht Windows insgesamt nicht mehr zur Verfügung. Wenn Sie jedoch für Ihre DOS-Programme PIF-Dateien erstellen und dort die Einrichtung von EMS-Speicher befehlen, wird dieser Speicher von Windows emuliert und nach Beendigung der DOS-Anwendung wieder dem Gesamtspeicher zur Verfügung gestellt. Wir gehen weiter unten in diesem Kapitel auf die Erstellung einer solchen Datei ausführlich ein.

Die Grundkonfiguration

Für eine Windows-Umgebung sind neben den allgemeinen Einstellungen, die wir weiter oben besprochen haben, eigentlich nur drei Zeilen unentbehrlich:

```
DEVICE=C:\DOS\HIMEM.SYS
DEVICE=C:\DOS\EMM386.EXE NOEMS
DOS=HIGH,UMB
```

Zuerst sorgt der für Windows unentbehrliche Treiber HIMEM.SYS dafür, daß der Speicher Ihres Rechners oberhalb von 1 MByte nach allen Regeln der Kunst, nämlich den Regeln des XMS-Standards für Windows, aufbereitet wird. Der Treiber EMM386.EXE wird mit der Option NOEMS angewiesen, keinen EMS-Speicher einzurichten, sondern dies Windows zu überlassen. Schließlich wird das Betriebssystem in das HMA und in die UMBs ausgelagert, um dem speicherhungrigen Windows und seinen noch hungrigeren Anwendungsprogrammen möglichst auch noch das letzte Eckchen Speicher freizumachen.

Wenn Sie Windows installieren, kann es sein, daß Windows eine STACKS-Anweisung in die CONFIG.SYS einbindet. Diese können Sie mit REM vorübergehend deaktivieren (s. o.), um zu erproben, ob Ihr Rechner auch ohne diese Anweisung fehlerfrei läuft. Das gleiche gilt für eine FCBS-Anweisung, die von MEMMAKER hier und da eingefügt wird. Es sei an dieser Stelle ebenfalls noch einmal erwähnt, daß nach der Erstellung oder Änderung einer CONFIG.SYS in jedem Falle eine Optimierung durch MEMMAKER durchzuführen ist, es sei denn, Sie haben die CONFIG.SYS per Hand bereits so weit "auf Vordermann" gebracht, daß selbst MEMMAKER nichts mehr für Sie tun kann.

Das Erschließen weiterer freier Speicherbereiche

Wenn Sie alle Möglichkeiten ausschöpfen, die der Treiber EMM386 anbietet, können Sie einiges mehr an freiem Hauptspeicher für Ihre Anwendungen herausholen.

Ein Beispiel dafür: Wenn Sie mittels einer Speicheranalyse durch MEM oder MSD feststellen, daß MEMMAKER einen freien Speicherblock nicht gefunden hat, müssen Sie den Speichermanager zwingen, diesen Block ebenfalls für die Nutzung miteinzubeziehen.

> **Hinweis**
>
> **Bei Problemen**
>
> Beachten Sie, daß dieser Bereich nicht immer auch wirklich frei sein muß - es kann sein, daß sich dort ein Treiber befindet, der nur von DOS beim Start nicht erkannt wurde, etwa der Treiber für eine SCSI-Festplatte. Wenn dieser Bereich dann von EMM386 okkupiert wird, führt das nahezu unweigerlich dazu, daß der Treiber überschrieben wird. Unter Umständen hat das aber zur Folge, daß das Gerät, das durch diesen Treiber betrieben wird, nicht angesprochen werden kann. In einem solche Falle müssen Sie beim Start mit der Taste F8 einen selektiven Systemstart durchführen, um die Zeile mit dem EMM386-Treiber zu übergehen und die CONFIG.SYS entsprechend zu ändern.

So gehen Sie vor, um einen Bereich des Speichers der Verwaltung durch EMM386 zuzuweisen:

Angenommen, MSD habe Ihnen einen freien Block an der Adresse F600h gemeldet, der bis F7FFh reicht, so wird dieser Bereich mit dem Befehl

```
DEVICE=C:\DOS\EMM386.EXE I=F600-F7FF
```

eingegliedert und ist danach für das Auslagern von Treibern und Programmen benutzbar. Die Option I (entgegen der normalen Regel ohne Schrägstrich!) für *Include* bezieht also einen Bereich im Adaptersegment.

Der Bereich der Adressen E000h bis EFFFh ist reserviert, doch nur auf den Geräten der PS/2-Modelle von IBM befindet sich dort das BIOS. Diesen Bereich können Sie einmal probehalber einblenden. Natürlich ist es auch möglich, in einer Zeile gleich mehrere Bereiche ein- oder (s. u.) auszublenden:

```
DEVICE=C:\DOS\EMM386.EXE I=F600-F7FF I=E000-EFFF
```

Sie fügen also nach einer Leertaste einfach weitere Bereiche an. Falls Sie in dieser Zeile auch einen anderen Bereich ausblenden wollen, wie wir es im nächsten Absatz besprechen, so funktioniert das auf die gleiche Weise.

Bereiche im Speicher ausblenden

Kritisch kann es werden, wenn im Adaptersegment Ihres Rechners Bereiche von anderen Treibern genutzt werden, die von EMM386.EXE nicht erkannt werden, etwa Treiber-Software für bestimmte Festplatten (SCSI-Platten) oder für Netzwerkkarten, denn dann überschreiben sich Speicherbereiche gegenseitig, was oft zu einer Systemkollision führt.

In einem solchen Fall müssen Sie den fraglichen Speicherbereich ausblenden: Die Option X und die Angabe einer Adresse blendet den angegebenen Bereich ausdrücklich aus:

```
DEVICE=C:\WINDOWS\EMM386.EXE X=DC00-F000
```

Die Option X ist also gedacht, um Bereiche auszugrenzen, von denen Sie wissen, daß diese Bereiche nicht frei sind, und verhindern wollen, daß EMM386 sie für seine Zwecke benutzt.

Wagen Sie sich an derartige Experimente nur, wenn Sie diese Adresse entweder dem Handbuch der Hardware entnehmen können oder mit Analyse-Software ermittelt haben, etwa dem bei den Microsoft-Anwendungsprogrammen mitgelieferten MSD.EXE, das es erlaubt, die Adresse von Treibern im Adaptersegment und im Speicher genauer als mit MEM zu ermitteln. Wenn eine Konfiguration einmal einen Systemstillstand produzierte, sollten Sie mit F5 und F8 einen selektiven Start bzw. einen Start gänzlich ohne CONFIG.SYS und AUTOEXEC.BAT durchführen, wie wir es beschrieben haben.

150

Am besten ist es, wenn Sie eine funktionierende Zeile aus der CONFIG.SYS nicht löschen und durch eine neue ersetzen, sondern diese mit REM oder Semikolon nur ungültig machen; so können Sie sie einfach wiederherstellen, falls ein Experiment mißlingt.

Auch hier müssen wir auf die Dateien INFO.TXT und ANWINFO.TXT verweisen, in denen oft wichtige Informationen aus der Hotline von Microsoft zu lesen sind und die Ihnen möglicherweise sehr viele Telefoneinheiten zur Microsoft-Hotline (089/ 3176-1152) ersparen können.

Verstärktes Durchsuchen des Speichers

Seit der Version 6.0 ist die Option HIGHSCAN beim EMM386 hinzugekommen. Diese Option sollten Sie grundsätzlich ausprobieren (MEMMAKER schlägt diese Option, wie Sie sehen werden, auch immer vor), also

```
DEVICE=C:\DOS\EMM386.EXE HIGHSCAN
```

Die Benutzung dieser Option bewirkt, daß der Bereich zwischen F000h und F7FFh verstärkt nach freien Speicherblöcken durchsucht wird, da viele PCs gerade in diesem Bereich des ROM-BIOS Lücken aufweisen, die durch die Erschließung durch EMM386 dem UMB-Bereich zugeschlagen werden können.

Konflikte zwischen UMB-Nutzung und EMS-Speicher

Ein kleines Problem gibt es hier und da für Anwender, die sowohl EMS-Speicher als auch die Nutzung der UMB-Bereiche einrichten möchten:

Um kompatibel zu den Spezifikationen der alten LIM-Version 3.2 zu sein, versucht der Speichermanager, einen durchgehenden Seitenrahmen einzurichten.

Wenn jedoch der Seitenrahmen eingerichtet wurde, gibt es auf vielen Systemen nicht mehr genug freie Bereiche, die als UMB genutzt werden könnten.

Abhilfe können Sie u. U. schaffen, indem Sie den meist nicht genutzten Bereich E000h bis EFFFh als Seitenrahmen für das Expanded Memory einrichten.

Dafür müssen Sie lediglich den EMS-Manager EMM386.EXE ausdrücklich anweisen, diesen Bereich in seinen Verantwortungsbereich zu übernehmen, was der Treiber von sich aus nicht macht. Dafür befehlen Sie in der CONFIG.SYS

```
DEVICE=C:\DOS\EMM386.EXE E=E000-EFFF
```

Der beschriebene Bereich wird nun entweder für die Nutzung als UMB-Bereich oder als EMS-Seitenrahmen freigegeben.

Weitere Speicherlücken

Wenn Sie ohne Expanded Memory arbeiten wollen, können Sie den Bereich E000h bis EFFFh als UMB einrichten. Definieren Sie dafür mit

```
DEVICE=C:\DOS\EMM386.EXE  NOEMS  I=E000-EFFF
```

daß diese Bereiche als UMB nutzbar sind. Dadurch erhalten Sie volle 64 KByte mehr Speicher, den Sie für das Hochladen von Treibern und residenten Programmen nutzen können.

Hinweis

Speicherbereiche analysieren

Doch Vorsicht: Manche Treiber melden sich nicht regelgerecht beim Betriebssystem MS-DOS an, wenn sie in das Adaptersegment geladen werden. Dazu gehört etwa der Treiber für eine SCSI-Platte. Wenn der SCSI-Treiber in diesen Bereich geladen wurde, kommt es unweigerlich zum Absturz, da er dort überschrieben wird. Sie müssen also erst mit MSD analysieren, ob sich dort etwa ein Treiber versteckt hat. In einem solchen Fall werden Sie diesen Bereich mit der Option /X von der Nutzung als UMB ausschließen müssen.

Eine andere Lücke ist häufig der 32 KByte große Bereich von F000h bis F7FFh, der zwar offiziell zum BIOS gehört, doch von vielen Rechnern nach dem Start nicht mehr benötigt wird, da dort die Daten des Setups gespeichert sind. Dies gilt jedoch nur für neuere Rechner.

Ab etwa 1992 hat man begonnen, die Bereiche des Setups und der Systemroutinen zu trennen, so daß mit einem jüngeren Rechner einfach einmal experimentiert werden sollte.

Auch hier gilt: Sollte Ihr Rechner mit der neuen Konfiguration nicht starten, können Sie die CONFIG.SYS mit F8 zeilenweise abarbeiten und beim Treiber EMM386.EXE mit *Nein* antworten. Danach können Sie die fragliche Option aus der CONFIG.SYS herauslöschen.

Ein ebenfalls beliebter Winkel sind die Bereiche, die durch Verwendung einer speziellen Grafikkarte ungenutzt bleiben. So ist beispielsweise bei Verwendung einer VGA-Karte der Bereich von C800h bis CFFFh in aller Regel frei, doch das gilt zweifelsfrei nur, wenn keine anderen Steckkarten verwendet werden.

Analysieren Sie mit MSD oder einem anderen Programm den Speicher und stellen Sie fest, welche Angaben Ihnen diese Programme machen. Falls Sie über mehrere Programme zur Speicheranalyse verfügen, ist es um so besser.

Hier sehen Sie eine Aufstellung, welche Bereiche bei Benutzung welcher Grafikstandards meist frei sind:

Grafik	Bereich (hexadezimal)
VGA	B000 - B7FF
EGA	B800 - BFFF
Hercules, MDA	A000 - AFFF

Das Einrichten einer PIF-Datei

Eine PIF-Datei (program information file) ist eine Windows-Datei, die alle Anweisungen enthält, um ein DOS-Programm von Windows aus möglichst reibungslosen und unter optimalen Gegebenheiten zu starten.

PIF-Editor

Um eine solche Datei anzulegen, bedarf es des PIF-Editors, ein Programm, das Sie in der Programmgruppe *Hauptgruppe* finden. Öffnen Sie also die Hauptgruppe und starten den PIF-Editor.

Abb. 11:
Das Fenster zum Bearbeiten einer PIF-Datei

Bei vielen Programmen werden bei der Installation PIF-Dateien mitgeliefert. Auch Windows verfügt über einige vorgefertigte PIF-Dateien, die Sie dann im Windows-Verzeichnis vorfinden, wenn Sie das Programm über das Windows-Setup hinzugefügt haben. Um ein Programm für den Windows-Start einzurichten, tragen Sie in die Eingabefelder die entsprechenden Angaben ein:

Programmdateiname

Dort geben Sie den Namen der Datei und des Laufwerks, das Verzeichnis und die Erweiterung der Programmdatei an. Achten Sie darauf, daß der Name der PIF-Datei möglichst mit dem Namen der Anwendung identisch ist, also WORD.PIF für den Start von WORD.EXE. Wenn Sie eine Anwendung von einer Batch-Datei aus starten wollen, geben Sie den Namen der Batch-Datei ein. Wenn Sie einen Namen einer Variablen aus dem Umgebungsspeicher (s. o.) verwenden wollen, die Sie vorher (etwa durch die AUTOEXEC.BAT) zugewiesen haben, verwenden Sie hier den Namen der Variablen, den Sie in Prozentzeichen einschließen, etwa

```
%TEXT%
```

Dieser kleine Trick, der eine sehr variable Konstruktion des Starts - insbesondere mit einem Startmenü von MS-DOS (siehe Kapitel "Die Luxusausführung - Wunschkonfiguration per Startmenü") - erlaubt, funktioniert in allen Eingabefeldern des PIF-Editors.

Programmtitel

Hier geben Sie den Titel ein, der bei der Ausführung des Programms in der Titelleiste des Fensters angezeigt wird. Wenn Sie dieses Feld leer lassen, zeigt die Titelleiste den Namen der PIF-Datei ohne die Namenserweiterung PIF an. Sie können auch den Befehl *Eigenschaften* im Menü *Datei* des Programm-Managers verwenden, um einen Fenstertitel anzugeben oder zu ändern. Einstellungen im Programm-Manager haben Vorrang vor Einstellungen im PIF-Editor.

Programmparameter

Wenn Sie beim Start Ihrer Anwendung einen oder mehrere Programmparameter übergeben wollen, etwa /L bei MS-Word für das Laden des zuletzt bearbeiteten Textes, geben Sie diese(n) hier an. Sie können dieses Feld leer lassen, wenn für Ihre Anwendung keine Parameter erforderlich sind oder Sie keine Parameter verwenden wollen. Wenn Windows Sie beim Starten des Anwendungsprogramms zur Eingabe von Parametern auffordern soll, geben Sie ein Fragezeichen "?" ein.

154

Anfangsverzeichnis

Geben Sie das Laufwerk und das Verzeichnis ein, das Windows als Arbeitsverzeich-
nis für das Speichern Ihrer Datendateien (etwa die Texte aus Ihrer Textverarbeitung) verwenden soll. Wenn Windows das Anfangsverzeichnis selbst bestimmen soll,
lassen Sie das Textfeld leer. Sie können ein Anfangsverzeichnis auch im Menü *Datei*
des Programm-Managers festlegen, indem Sie den Befehl *Eigenschaften* wählen.
Einstellungen im Programm-Manager haben Vorrang gegenüber Einstellungen im
PIF-Editor.

Bildschirmspeicher

Mit dieser Option legen Sie den Bildschirmmodus fest, in dem die Anwendung gestartet werden soll. Dabei wird der Anwendung von Windows Systemspeicher zugewiesen, um die Anwendung entsprechend dem angegebenen Bildschirmmodus anzuzeigen:

Der Textmodus erfordert den geringsten Speicherplatz, der hochauflösende Grafik-
modus dagegen erfordert den höch-sten Speicherplatz. Wenn jedoch die Anwendung
über zu wenig Speicher verfügt, um den Bildschirminhalt zu sichern, können Sie sie
nicht starten. Windows zeigt eine Meldung an, daß für das Ausführen der Anwendung zu wenig Speicher zur Verfügung steht. Manche Anwendungen können in
mehreren Bildschirmmodi ausgeführt werden. Wenn Sie auf einen Modus umschalten, der weniger Speicherplatz erfordert, oder wenn Sie die Anwendung als Vollbild,
also nicht in einem Windows-Fenster, ausführen, gibt Windows den zusätzlichen
Speicherplatz wieder frei.

Speicherbedarf

Mit dieser Option weisen Sie der betreffenden Anwendung den konventionellen
Speicher (bis 640 KByte) zu.

KByte benötigt	Hier legen Sie den Speicher fest, der mindestens frei sein muß, um die Anwendung zu starten. Ist weniger konventioneller Speicher frei, wird die Anwendung nicht gestartet. Wenn Sie 0 eingeben, hat die Anwendung keinen minimalen Speicherbedarf, mit -1 legen Sie fest, daß der maximal mögliche Speicher zugewiesen wird. Wenn Sie den Speicherbedarf nicht kennen, lassen Sie die Stan-dardeinstellung unverändert.
KByte erwünscht	Legt die Größe des Speichers fest, den Ihre Anwendung maximal nutzen kann. Für einige Anwendungen (ausprobieren!) ist es bes-ser, wenn mehr als das absolut nötige Speicherminimum zugewie-sen wird. Die Höchstgrenze liegt bei 640 KByte. Mit -1 wird der Anwendung so viel Speicher wie möglich zugewiesen.

EMS-Speicher

Hier legen Sie fest, wieviel Expanded Memory für diese Anwendung emuliert werden soll.

KByte benötigt	Minimaler für die Ausführung Ihrer Anwendung benötigter EMS-Speicher in KByte. Wenn Sie den Speicherbedarf nicht kennen, lassen Sie die Einstellung unverändert. Wenn bereits andere Anwendungsprogramme ausgeführt werden und Windows die von Ihnen angegebene Speichergröße nicht zur Verfügung stellen kann, erhalten Sie eine entsprechende Meldung.
KByte maximal	Expanded Memory in KByte, der der Anwendung maximal zugewiesen wird. Mit dieser Einstellung verhindern Sie, daß eine Anwendung mehr Speicher als nötig beansprucht. Die Standardeinstellung ist 1.024. Mit Einstellung -1 weisen Sie einer Anwendung so viel EMS-Speicher zu, wie sie anfordert(bis zum maximal verfügbaren Systemspeicher). Die Einstellung 0 verhindert, daß Expanded Memory verwendet wird.

XMS-Speicher

Die Einstellung dieser Optionen für eine eventuelle Nutzung des Extended Memory nach den Regeln des XMS-Standards nehmen Sie exakt in der gleichen Weise vor, wie zuvor für den EMS-Speicher beschrieben. Doch da nur wenige Anwendungen vom Erweiterungsspeicher Gebrauch machen, brauchen Sie in der Regel die Standardeinstellungen nicht zu ändern.

Anzeige

Hier stellen Sie ein, wie Sie die Anwendung am Bildschirm sehen wollen: als Vollbild oder als Windows-Fenster. Wenn Sie die Anwendung als Vollbild starten, sparen Sie Speicherplatz und können dennoch zwischen der Vollbild-Anwendung und den anderen Anwendungen mit Alt+Tab hin- und herschalten. Das Ausführen einer Anwendung in einem Fenster erfordert wesentlich mehr Speicherplatz, bietet Ihnen jedoch Vorteile, z. B. das einfache Austauschen von Informationen zwischen Anwendungen, da dort die Zwischenablage wie gewohnt funktioniert. Doch leider laufen nicht alle Anwendungen mit einer befriedigenden Geschwindigkeit im Windows-Fenster.

Ausführung

Wenn Sie *Hintergrund* ankreuzen, wird sich diese Anwendung die Rechenzeit mit anderen Anwendungen teilen, dadurch jedoch werden andere Anwendungen, die Sie im Vordergrund bearbeiten, langsamer. Natürlich werden Sie Ihre DOS-Textverarbeitung nicht als Hintergrundanwendung einrichten, denn eine Textverarbeitung kann im Hintergrund nicht sehr viel für Sie tun. Eine Datenbank jedoch könnte dort

156

Daten suchen oder eine Datenbank indizieren. Wenn Sie dagegen auswählen, daß die Anwendung exklusiv laufen soll, wird sie angehalten, wenn Sie eine andere Anwendung in den Vordergrund holen.

Fenster schließen nach Beenden

Diese Option ist standardmäßig eingeschaltet. Sie befiehlt, daß das Fenster nach Beenden der Anwendung geschlossen werden soll. Wenn Sie dies nicht wünschen, das Fenster also geöffnet bleiben soll, deaktivieren Sie die Option.

Unter *Weitere Optionen* können Sie noch eine Reihe zusätzlicher Einstellungen vornehmen, zu denen Sie das Handbuch zu Rate ziehen oder zu jedem Eingabefeld bzw. jeder Option mit F1 die Hilfe konsultieren.

Die Muster-CONFIG.SYS

Natürlich kann es kein allgemeingültiges Muster geben, denn es ist ja gerade das Wesensmerkmal der Konfiguration durch CONFIG.SYS und AUTOEXEC.BAT, den Rechner an die Arbeitsumgebung des Anwenders anzupassen und die einzelnen Bestandteile zu einer friedlichen und konfliktfreien Zusammenarbeit zu bringen.

Eine CONFIG.SYS für alle Fälle

Wir haben dennoch eine CONFIG.SYS zusammengestellt, die auf sehr vielen Rechnern zum Einsatz kommen kann, da sie sehr allgemein gehalten ist. Eine nachträgliche Optimierung mit MEMMAKER ist wie immer notwendig.

```
DEVICE=C:\DOS\HIMEM.SYS

;Das Extended Memory sollte möglichst früh freigeschaltet werden.

DEVICE=C:\DOS\EMM386.EXE NOEMS

;Es wurde kein EMS-Speicher eingerichtet.

DOS=HIGH,UMB

;Das Betriebssystem wurde in den oberen Speicher (HMA) und den hohen
;Speicher (UMB) ausgelagert.

COUNTRY=049,,C:\DOS\COUNTRY.SYS
```

```
SHELL=C:\DOS\COMMAND.COM C:\DOS\ /E:200 /P

BUFFERS=6,0

;Es wird davon ausgegangen, daß ein Cache eingerichtet wird, daher
;so wenig Zwischenspeicher.

FILES=30

STACKS=0,0

;Wir versuchen es mal ohne Stapelspeicher, um Speicher zu sparen.

LASTDRIVE=F

FCBS=1

;Der Standardwert von 4 ist zu hoch und verschwendet unnötig Speicher.

NUMLOCK=OFF

;Die Taste NumLock soll nach dem Start deaktiviert sein

DEVICEHIGH = C:\WINDOWS\IFSHLP.SYS

;Der Treiber für die Nutzung der 32-Bit Module wird geladen

DEVICEHIGH = C:\CDROM\NEC_IDE.SYS /D:NECCD0

;Das CD-ROM-Laufwerk wird eingebunden
```

Diese CONFIG.SYS kann nahezu auf allen Rechnern zum Einsatz kommen, auf denen Windows benutzt wird und der mit einem Speicher von mindestens 4 MByte ausgestattet ist.

Die Spiele-Konfiguration

Wenn Sie dagegen Ihren Rechner für Computerspiele nutzen, so sollte die Konfiguration so aussehen:

```
DEVICE=C:\DOS\HIMEM.SYS
DEVICE=C:\DOS\EMM386.EXE 2560 RAM /a=0
DOS=HIGH,UMB
COUNTRY=049,,C:\DOS\COUNTRY.SYS
SHELL=C:\DOS\COMMAND.COM C:\DOS\ /E:200 /P
```

```
BUFFERS=3,0
FILES=30
STACKS=0,0
LASTDRIVE=F
FCBS=1
NUMLOCK=OFF
```

Diese Konfiguration mit viel EMS-Speicher und einem möglichst hohen Anteil an konventionellem Speicher ist für Spiele optimal.

Beachten Sie, daß wir mit der Option

```
/a=0
```

die Doppelregister für den Multitaskingbetrieb mit Windows auf 0 gesetzt haben, da jedes Doppelregister 200 Byte verbraucht und als Standardeinstellung 7 Register eingerichtet werden, die Sie für diese Konfiguration nicht brauchen.

Hinweis	**Spiele-Menü**
	Unter dem Kapitel "Die Luxusausführung - Wunschkonfiguration per Startmenü" haben wir ein Beispiel für Sie, wie Sie einen "Spiele-Rechner" über ein Konfiguratiosmenü einrichten!

Wenn Ihr Rechner über mehr als 4 MByte Speicher verfügen kann, so sind in der CONFIG.SYS eigentlich keine Angaben zu verändern, es sei denn, Sie arbeiten unter DOS und wollen mehr EMS-Speicher freimachen. In diesem Falle, können Sie den EMS-Speicher mit dem Treiber EMM386 heraufsetzen.

Die AUTOEXEC.BAT wird in einem solchen Fall jedoch anders aussehen, wie wir weiter unten beschreiben werden.

159

Erstellen Sie Ihre optimale AUTOEXEC.BAT

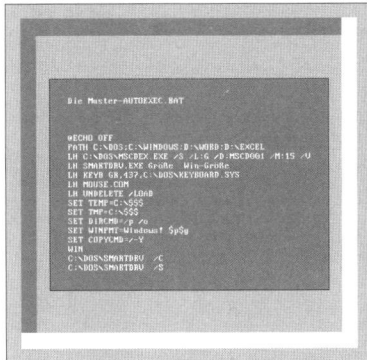

Die Aufgaben der AUTOEXEC.BAT wurden bereits umrissen:

- *Residente Programme*   Start residenter Betriebssystem-Module zur Konfiguration des Rechners und Ihrer Arbeitsumgebung sowie das Laden etwaiger externer Programme, wie der Bildschirmtreiber Ihrer Grafikkarte etc.

- *Umgebungs-Variable*   Festlegung der Umgebungs-Variablen des Betriebssystems sowie der Variablen, die von Anwenderprogrammen im Umgebungsspeicher gesucht werden.

- *Start von Anwenderprogrammen*   Start von Anwenderprogrammen wie Windows oder Ihrer Textverarbeitung, wobei natürlich die Umgebung dieser Anwendungsprogramme (Laufwerk, Verzeichnis etc.) vorher ebenfalls eingerichtet wird.

Waren die Eingaben in die CONFIG.SYS streng reglementiert und konnten nur durch einen Start bzw. Neustart des Systems wirksam werden, sind Sie in der Gestaltung der AUTOEXEC.BAT relativ frei und können diese meist auch später wieder ändern. Wenn etwa der durch die AUTOEXEC.BAT geladene Treiber KEYB.COM mit

```
KEYB GR,,C:\DOS\KEYBOARD.SYS
```

die deutsche Tastaturbelegung eingerichtet hat, können Sie zehn Minuten später durch

```
KEYB SP,,C:\DOS\KEYBOARD.SYS
```

die spanische Tastatur einstellen. Dafür müssen Sie nicht etwa die AUTOEXEC.BAT ändern, sondern können diesen Befehl wie jeden anderen DOS-Befehl (um nichts anderes handelt es sich!) eintippen und mit Enter starten. Ein anderes Beispiel: Haben Sie in der AUTOEXEC.BAT mit

```
SMARTDRV 2048 1024
```

einen Cachespeicher von 2 MByte (und 1 MByte unter Windows) festgelegt und festgestellt, daß es etwas mehr sein dürfte, tippen Sie

```
SMARTDRV 3072 1024
```

ein und haben sofort die neue Größe festgelegt.

Hartnäckig - Die residenten Programme

Die residenten Programme des Betriebssystems sind im wesentlichen (wenn man vom Maustreiber, der nicht mitgeliefert wird, einmal absieht):

- Einrichtung des Cachespeichers mit SMARTDRV.EXE sowie gleichzeitige Festlegung von dessen Größe.
- Laden des gewünschten (also meist deutschen) Tastaturtreibers KEYB.COM.
- Einrichten der Löschüberwachung mit UNDELETE.EXE.
- Das Starten von SHARE, wenn Sie unter Windows mehrere Instanzen eines Programms unabhängig voneinander betreiben wollen.

Weitere weniger wichtige Module beschreiben wir nicht ausführlicher:

- DOSKEY.COM, das Programm, das Ihnen am DOS-Prompt Ihre bisher eingetippten Befehle zur Wiederverwendung auflistet.
- FASTOPEN.EXE merkt sich die Fundorte auf Ihrer Platte, wenn Sie eine Datei angesprochen haben, und verwendet diese bei einem erneuten Aufruf wieder. Hat im Zeitalter des Cachespeichers wenig Bedeutung.
- Wenn Sie Ausdrucke eines grafischen Bildschirms, etwa mit einem eingescannten Foto, machen wollen, müssen Sic vorher GRAPHICS.COM laden.
- Wenn Sie eine serielle Verbindung zwischen zwei Rechnern herstellen wollen, muß auf dem passiven Gerät, das den Zugriff erlaubt (dem Server also), das Programm INTERSVR.EXE geladen sein.
- Verschiedene allgemeine Konfigurationen - etwa das Laden von Zeichensatztabellen oder das Umlenken der Schnittstellen - müssen mit MODE.COM in der AUTOEXEC.BAT oder als normaler Befehl durchgeführt werden.
- Wenn Sie ein CD-ROM-Laufwerk, dessen Treiber in der CONFIG.SYS geladen wurde, in das Laufwerksystem von DOS integrieren wollen, ist MSCDEX.EXE zuständig.

- Mit PRINT.EXE starten Sie den Drucker-Spooler, der Ihnen den Ausdruck im Hintergrund erlaubt. Leider ist er nicht oder nur sehr bedingt zur Zusammenarbeit mit den Anwenderprogrammen bereit.

- VSAFE.COM wacht resident im Hintergrund darüber, daß kein Virus sein verderbliches Tun auf Ihrem System betreiben kann. Er warnt Sie, wenn verdächtige Aktivitäten bemerkt werden.

Wir geben bei unseren Beispielen keinen Pfad zu dem betreffenden Programm an. Wenn Sie die Programme in der AUTOEXEC.BAT laden wollen, so müssen Sie entweder ganz zu Anfang die Pfadangabe mit PATH machen und dort das DOS-Verzeichnis mit aufnehmen, was bei der Installation von MS-DOS standardmäßig vorgenommen wird. Wenn Sie dies nicht möchten, müssen Sie die Verzeichnisse mit angeben, in denen Sie die Programme aufbewahren, also statt

```
UNDELETE 2048 1024
```

geben Sie das Verzeichnis an:

```
\DOS\UNDELETE 2048 1024
```

Tip

Pfad mit angeben

Die Angabe des Pfades sollten Sie sich in der AUTOEXEC.BAT unbedingt zur Gewohnheit machen, da der Aufruf eines Programms ohne Pfadangabe (also unter Benutzung des Suchpfades) dazu führt, daß der komplette Pfad mitgespeichert wird, was ein paar Byte mehr Speicher braucht.

Der Gebrauch des hohen Speichers (UMB)

Die bereits besprochenen freien Speicherblöcke im Adaptersegment zwischen 640 KByte und 1 MByte können auch benutzt werden, um neben den Gerätetreibern residente Programme dorthin zu laden und den Hauptspeicher auf diese Weise zu entlasten. Um ein residentes Programm in den hohen Speicher zu laden, benutzen Sie den Befehl

```
LOADHIGH
```

der auch mit

```
LH
```

abgekürzt werden darf. Wenn das zu ladende Programm zu groß sein sollte, also kein freier Block in dieser Größe gefunden wird, wird es automatisch in den konventionellen Speicher geladen.

Hinweis

Nicht jede Optimierung ist sinnvoll

Wenn Sie Ihre AUTOEXEC.BAT optimieren, werden Programme, die Sie nicht in der MEMMAKER.INF (s. o.) von einer Optimierung ausgeschlossen haben, für den hohen Speicher eingerichtet, was natürlich nicht immer Sinn macht.

Angebot zum Hochladen annehmen!

Wenn wir nun die Optimierung des Systems mittels bestimmter residenter Programme besprechen, gehen wir davon aus, daß die Treiber in den hohen Speicher geladen werden sollen. Wenn Sie sie in den konventionellen Speicher laden wollen oder müssen, lassen Sie einfach den Befehl LH weg.

Tip

INSTALLHIGH nutzen

Wenn Sie Programme bereits in der CONFIG.SYS hochladen wollen, benutzen Sie den undokumentierten Befehl INSTALLHIGH, also etwa

```
INSTALLHIGH C:\DOS\KEYB GR,,C:\DOS\KEYBOARD.SYS
```

Diese Konfiguration wird jedoch von MEMMAKER nicht optimiert.

Einrichtung und Anpassung des Cachespeichers

Zurück zu der Kernfrage: Wie teilen Sie den Speicher zwischen Windows und dem Cachespeicher auf? Hier kann es keine generelle Antwort geben, denn das hängt allein von der Größe des Speichers ab. Folgende Richtlinien können wir Ihnen geben:

Gesamtspeicher	Cachegröße unter Windows
<= 2 MByte	kein Cache
<= 4 MByte	256 - 512 KByte
<= 6 MByte	1 MByte
< 8 MByte	2 MByte
>= 8 MByte	3 - 4 MByte

Windows kann Größe reduzieren

Wenn Sie also über insgesamt 4 MByte Speicher verfügen, so sollten Sie mit

```
LH SMARTDRV 2048  512
```

einen Cache von 2 MByte unter DOS und 512 KByte unter Windows einrichten. Wenn Sie den Rechner starten, haben Sie zuerst 2 MByte Cache, um etwa ein DOS-Programm zu betreiben, nach dem Start von Windows wird dieser Cachespeicher auf 512 KByte reduziert. Das Laden in den hohen Speicher mit LH richtet übrigens nicht den Cache dort ein, sondern lädt nur das Programm SMARTDRV.EXE in den hohen Speicher. Der Cachespeicher selbst wird immer im Extended Memory eingerichtet.

Wenn Sie nur unter DOS arbeiten möchten und Expanded Memory mit EMM386.EXE einrichten, so sollten Sie den Platz für den Cachespeicher freilassen, indem Sie die Größe des Expanded Memory angeben.

Hinweis

Unter Windows 3.11 SMARTDRV nur für CD-ROM

Wenn Sie mit der Version 3.11 von Windows für Workgroups arbeiten, sollten Sie SMARTDRV nur benutzen, wenn Sie ein CD-ROM-Laufwerk "cachen" wollen. Als Cache sollten Sie das 32-Bit-Cachemodul VCache benutzen, das mit dem Treiber IFSHLP.SYS integriert wird.

Lesecache und Schreibcache

Doch es gibt noch ein wenig mehr zu beachten: SMARTDRV.EXE richtet ohne die Option /X wie beschrieben einen Lese- und Schreibcache ein. Die Schreibvorgänge, die die neuen Daten auf die Platte zurückübertragen, werden etwas verzögert in einem Moment durchgeführt, in dem das System nicht beschäftigt ist.

Gefahr des Datenverlustes

Das bringt zwar eine zusätzliche Steigerung der Zugriffsgeschwindigkeit, birgt jedoch auch eine Gefahr: Wenn das System ausfällt, bevor die Daten zurückgeschrieben wurden, befinden sich auf Ihrer Festplatte nicht die neuen, aktualisierten Daten, sondern noch die alten. Doch das passiert nicht nur, wenn der Rechner ausfällt, was ja heutzutage nicht mehr so häufig für Mißstimmung sorgt, es passiert auch, wenn Sie dem Rechner keine Chance geben, die Daten zu aktualisieren, etwa wenn Sie ihn selbst zu schnell ausschalten.

Um das zu verhindern, lassen Sie durch die AUTOEXEC.BAT eine Aktualisierung der Daten vor dem Ausschalten des Rechners durchführen: SMARTDRV.EXE verfügt über eine Option, die die Daten des Cache sofort auf die Platte schreibt. Mit

```
SMARTDRV /C
```

zwingen Sie den Cache dazu, die Daten auf die Platte zu schreiben. Ihre letzte Zeile der AUTOEXEC.BAT sollte also den Befehl SMARTDRV mit der Option /C enthalten, um nach dem Beenden des Anwenderprogrammes - etwa von Windows - die Daten vor dem Ausschalten auf den neuesten Stand zu bringen. Natürlich müssen Sie nicht so verfahren: Wenn Sie vor dem Ausschalten fünf Sekunden warten, bis SMARTDRV die Daten aktualisiert hat, können Sie diese Maßnahme unterlassen.

Mehr Sicherheit ab MS-DOS 6.2

Ab der MS-DOS-Version 6.2 werden die Daten vor dem Beenden eines Programms und Rückkehr zum Prompt auf der Festplatte aktualisiert. Das ist ein weiterer Zuwachs an Sicherheit, setzt jedoch voraus, daß Sie alle Programme (also auch Windows!) ordnungsgemäß beenden.

Das Ermitteln der optimalen Größe des Caches

Ob ein Cache die optimale Größe hat oder nicht, ist keinesfalls eine Sache, die Sie mit einem Achselzucken übergehen sollten, denn ein zu kleiner Cache ist nicht, wie man meinen könnte, weniger effizient. Er bremst das System sogar in der Regel ab, denn der Prozessor muß bei einem zu kleinen Cache zweimal suchen: einmal im Cachespeicher und danach auf der Platte, da im Cachespeicher nichts gefunden wurde.

SMARTMON nur für Windows-Anwender

Ob Ihr Cache eine optimale Größe hat, können Sie als Windows-Anwender feststellen, wenn Sie das Programm SMARTMON starten, den Monitor für das Cacheprogramm (siehe Abbildung 12).

Wenn die Trefferquote zwischen 60 % und 70 % liegt, ist der Wert befriedigend, Werte über 70 % sind gut, wenn Sie gar Werte zwischen 85 % und 95 % erreichen, haben Sie das Maximum erreicht.

Ab 50 % abwärts sollten Sie den Cachespeicher ein wenig größer machen, um zumindest auf eine Trefferquote von über 50 % zu kommen, damit Ihr System - wenn schon nicht verbessert - zumindest nicht abgebremst wird.

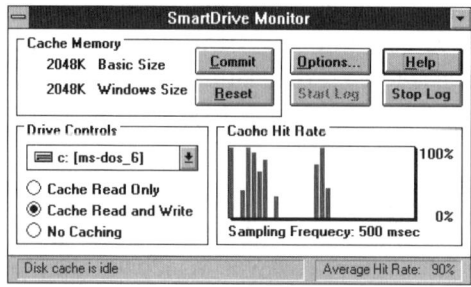

Abb. 12:
Der Monitor für die Überwachung
des Caches

Die optimale Cachegröße unter DOS ermitteln

Auch als Nicht-Windows-Anwender können Sie die Trefferquote des von Ihnen eingerichteten Cachespeichers überprüfen, denn das Programm SMARTDRV selbst ermittelt die Trefferquote und teilt sie Ihnen mit, wenn Sie beim Aufruf die Option /S
benutzen. Sie erhalten etwa folgende Meldung:

```
C:\> SMARTDRV /S

Microsoft SMARTDrive, Festplatten-Cacheprogramm, Version 5.0
Copyright 1991,1992,1993 Microsoft Corp.

Platz für 384 Elemente von je 8.192 Byte Größe.
25.431mal konnten die Daten dem Cache entnommen werden
1.313mal mußten die Daten vom Datenträger gelesen werden.

Größe des Caches: 3.145.728 Byte
Größe des Caches während der Ausführung von Windows: 3.145.728 Byte

            Festplatten-Cache-Status

Laufwerk   Lesecache   Schreibcache   Pufferung
-------------------------------------------------
   A:         ja          nein           nein
   B:         ja          nein           nein
   C:         ja          ja             nein
   D:         ja          ja             nein
```

Die obige Meldung verrät Ihnen, daß von 26.744 (25.431 + 1.313) Leseversuchen
25.431 im schnellen Cache erfolgreich waren, während nur 1.313mal auf die Festplatte zugegriffen werden mußte. Die Trefferquote beträgt also 95,1 %, ein hervorra-
gender Wert. Auch hier vergrößern Sie nach und nach den Cache und überprüfen

die Trefferquote, bis sie sich durch eine Vergrößerung nicht mehr nennenswert steigern läßt. Nun haben Sie alle Informationen, die Sie für die Größe des optimalen Cache brauchen.

Der Tastaturtreiber KEYB.COM

Wenn Sie mit einer deutschen Tastaturbelegung arbeiten wollen, ist es ratsam, diese gleich beim Systemstart durch die AUTOEXEC.BAT einzustellen. Verantwortlich dafür ist das residente Programm KEYB.COM zusammen mit den in KEYBOARD.SYS niedergelegten Informationen über die verschiedenen Tastaturen:

```
LH KEYB GR,,C:\DOS\KEYBOARD.SYS
```

Hinweis auf KEYBOARD.SYS

Neben dem Landescode GR für Germany geben Sie die gültige Datei an, die die Informationen enthält. Dabei müssen Sie Ihr Programmverzeichnis von DOS angeben, wenn sich diese Datei nicht im Hauptverzeichnis befindet. Zwischen den Kommata können Sie optional den gewünschten Zeichensatz eingeben, wenn eine Zeichensatztabelle geladen wurde, was jedoch in den meisten Fällen nicht nötig ist.

Eine Löschüberwachung einrichten

Das Löschen - oder schlimmer: das Überschreiben - von Dateien war seit jeher eine sehr ernste Angelegenheit, denn mit kaum einer anderen Tätigkeit können Sie in Sekunden Daten verlieren, für deren Erstellung Sie Monate gebraucht haben.

Löschen kann sicherer gemacht werden

Seit der Version 6.0 ist etwas automatisiert, was sich kluge Anwender vorher bereits so eingerichtet hatten: Dateien werden nicht mehr gelöscht, sondern in ein verstecktes Verzeichnis namens SENTRY verschoben und dort für eine festzulegende Zeit aufbewahrt, bevor sie endgültig gelöscht werden. Auf diese Weise zwischengelagerte Dateien lassen sich natürlich leicht wiederherstellen ohne jene Unwägbarkeiten, die beim Wiederherstellen gelöschter Dateien immer auftreten können. Das Wiederherstellen einer Datei (gleich, ob aus dem Löschverzeichnis oder eine von DOS gelöschte) geschieht mit dem Befehl UNDELETE. Dies ist ein einfacher Befehl, der keineswegs etwas in der AUTOEXEC.BAT zu suchen hat.

Löschüberwachung einrichten

Wenn Sie jedoch eine Löschüberwachung einrichten wollen, so ist das etwas anderes, denn dann muß ein residentes Programm im Speicher Ihre Löschvorgänge

überwachen und die Dateien, die Sie normal mit DEL löschen oder mit einem Kopiervorgang überschreiben, in jenes versteckte Verzeichnis verschieben. Dafür ist
auch UNDELETE zuständig, allerdings muß das Programm dann mit

```
LH UNDELETE /LOAD
```

gestartet werden. Ein Teil des Programms verbleibt resident im Speicher und überwacht Ihre Löschaktivitäten anhand einer Datei namens UNDELETE.INI, in der die
Art und Weise festgelegt ist, wie diese Löschüberwachung durchzuführen ist.

Die UNDELETE.INI

In dieser Datei werden vom Anwender die Informationen niedergelegt, die UNDE-
LETE für seine Arbeit braucht:

- Welche Dateien sollen durch die Löschüberwachung erfaßt bzw. nicht beachtet
  werden? Es macht z. B. keinen Sinn, temporäre Dateien, die gelöscht werden,
  noch im Papierkorb tagelang aufzubewahren.

- Sollen Dateien, die durch ein Backup gesichert sind, also kein gesetztes Archiv-
  Attribut haben, auch gespeichert werden?

- Wie lange sollen die Dateien aufbewahrt werden? Der Zeitraum sollte 7 - 10 Tagen betragen.

- Wieviel Platz des Datenträgers soll für die gelöschten Dateien reserviert werden?
  Wenn der Papierkorb "überläuft", werden die ältesten Dateien gelöscht.

- Welche Laufwerke sollen überwacht werden?

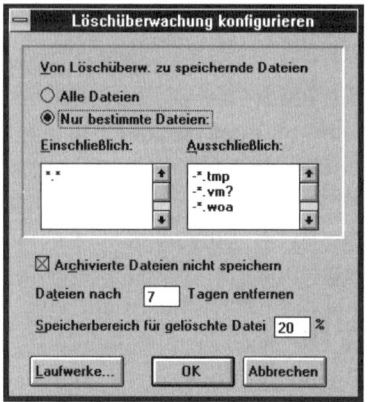

Abb. 13:
Die Dialogbox für das Konfigurieren
der Löschüberwachung

DOS-Version weniger komfortabel

Wenn Sie die Windows-Version von UNDELETE aufrufen und die Löschüberwachung einrichten, können Sie die Angaben in einer Dialogbox machen, und die notwendigen Eintragungen in die UNDELETE.INI werden automatisch vollzogen. Wenn Sie dagegen mit der DOS-Version arbeiten, müssen Sie die Einträge selbst vornehmen, daher hier eine kurze Aufstellung. Am besten laden Sie die Datei wie die CONFIG.SYS in den Editor, um Änderungen oder Ergänzungen vorzunehmen. In der Datei finden Sie verschiedene Sektionen vor, deren Namen in eckigen Klammern erscheinen:

[sentry.drives]	Angabe der Laufwerke für die Löschüberwachung. Die Laufwerke sind untereinander mit einem nachgestellten Gleichheitszeichen und ohne Doppelpunkt anzugeben. C= D=
[mirror.drives]	Wenn Sie die niedrigere Stufe der Sicherheit, die Löschverfolgung, einrichten möchten (s. u.), können Sie hier die Laufwerke in der oben beschriebenen Art und Weise angeben.
[sentry.files]	Hier geben Sie an, welche Dateien bei der Löschüberwachung zwischengespeichert werden sollen. Die Dateien bzw. Dateigruppen sind, durch Leerzeichen getrennt, aneinanderzuhängen. Die Dateien, die von der Überwachung ausgenommen werden sollen, sind mit einem Minuszeichen zu versehen: *.* -*.TMP -*.SWP -*.$$$ -*.BAK In dem Beispiel werden erst alle Dateien (*.*) eingeschlossen, um danach die mit Minuszeichen gekennzeichneten Dateigruppen auszuschließen.
[configuration] archive=	Angabe, ob auch Dateien mit gesetztem Archiv-Bit überwacht werden sollen. FALSE = Keine Überwachung (Standard) TRUE = Überwachung
days=	Anzahl der Tage, nach denen das Verzeichnis \SENTRY mit den gelöschten Dateien automatisch gelöscht werden soll. Vorgabewert ist 7 Tage.
percentage=	Angabe, wieviel Prozent des jeweiligen Datenträgers für die Löschüberwachung maximal verwendet werden dürfen. Wird dieser Wert erreicht, werden die ältesten Dateien gelöscht. Vorgabewert ist 20 %. Angabe ohne Prozentzeichen.
[defaults] d.sentry=	Wenn Sie die Löschüberwachung benutzen wollen, tragen Sie hier TRUE ein und bei der nächsten Option FALSE.

171

| d.tracker= | Die niedrigere Sicherheitsstufe, die Löschverfolgung, wird einge- schaltet, wenn diese Option auf TRUE und die vorige auf FALSE ge- setzt wird. |

SHARE einbinden

SHARE ist ein residentes Programm, das den Dateizugriff regelt. Es wurde einge- führt, als MS-DOS bedingt netzwerkfähig gemacht wurde, um zu verhindern, daß etwa zwei Anwender gleichzeitig auf ein und dieselbe Datei zugreifen und so die sog. Inkonsistenz der Daten eintritt. In diesem Fall ist es nicht mehr vorauszusehen, welche Version der Datei existiert, wenn beide Anwender ihre Arbeit an der Datei beendet haben, denn es liegt die zuletzt gespeicherte Version vor, welche die Se- kunden vorher abgespeicherte Version des anderen Anwenders überschrieben hat.

Die andere Aufgabe von SHARE ist es, den gleichzeitigen Betrieb zweier Instanzen eines Programms in einer Windows-Umgebung zu überwachen. Wenn Sie also ein Programm unter Windows gestartet haben und es ein zweites Mal starten wollen, muß SHARE geladen sein, sonst wird dieser zweite Start zurückgewiesen. So verwenden Sie SHARE:

```
LH SHARE  {/F:xxxx}  {/L:yy}
```

Die Bedeutung der Optionen:

| /F:xxxx | Definiert den Speicherplatz, der für den Befehl im Speicher bereit- gehalten werden soll, Standardwert: 2.048 Byte. |
| /L:yy | Ist die maximale Anzahl von Dateien, die zeitweilig vor dem Zugriff anderer Teilnehmer im Netz verschlossen (gelockt) werden sollen. Für jede "verriegelte" Datei wird 1 Byte benötigt. Standard: 20. Hier sollten Sie den Wert verwenden, den Sie auch bei FILES eingetra- gen haben. |

VSHARE von WfW statt SHARE

Anwender der Version 3.11 von Windows für Workgroups können das Modul VSHARE nutzen, das mit dem Treiber IFSHELP.SYS integriert wird. In diesem Falle müssen Sie SHARE nur einbinden, wenn Sie ein Programm unter DOS benutzen, das SHARE benötigt.

Die Umgebungsvariablen

Von den Standardvariablen im Umgebungsspeicher sind es nur drei, die Sie setzen müssen: Sie müssen den Suchpfad mit PATH definieren, müssen festlegen, wo die temporären Dateien abgelegt werden sollen und Ihren Wunsch-Prompt einstellen.

Der Suchpfad für Programmdateien

Jeder Befehl, den Sie eingeben, wird vom Kommandoprozessor COMMAND.COM in folgender Weise analysiert:

- Ist es ein interner Befehl? Dann ist er im Kommandoprozessor selbst enthalten und wird ausgeführt.
- Ist es ein externer Befehl? Dann wird nach einer Datei mit dem angegebenen Namen und der Erweiterung COM gesucht. Existiert diese nicht, wird eine EXE-Datei dieses Namens gesucht, danach eine BAT-Datei.
- Ist diese Datei im aktuellen Verzeichnis? Wenn ja, wird sie gestartet. Wenn nein, wird sie in jedem Verzeichnis gesucht, das mit PATH als Suchpfad definiert wurde.

Erst wenn sie im letzten Verzeichnis der Liste nicht gefunden wurde, wird gemeldet, daß es sich wohl um einen Irrtum handeln muß.

PATH weist auch den Weg zu Overlay-Dateien

Der Suchpfad mit PATH hat jedoch auch eine interne Bedeutung, die viele Anwender übersehen: Wenn ein Programm mit ausgelagerten Programmteilen, sog. Overlay-Dateien, arbeitet, ist es häufig so programmiert, daß es diese Overlay-Dateien im Suchpfad sucht, der mit PATH definiert wurde. Nehmen Sie ein solches Programm nicht in den Suchpfad auf, können Sie es meist nur in seinem Programmverzeichnis richtig betreiben, ein Aufruf aus einem anderen Verzeichnis heraus führt oft zu einer rätselhaften Fehlermeldung. Um einen Suchpfad zu definieren, hängen Sie einfach die gewünschten Verzeichnisse, jeweils durch Semikolons getrennt, aneinander:

```
PATH C:\DOS;C:\WORD;C:\DBASE
```

Achtung! - Nur 127 Zeichen

Dabei ist nicht vorgeschrieben, daß es diese Verzeichnisse geben muß, ein nicht mehr existierendes Verzeichnis muß also nicht aus der Liste herausgenommen werden. Doch da Sie für den Suchpfad nur Platz für 127 Zeichen haben, sollten Sie dies unbedingt tun.

173

Wenn Sie mehr als 127 Zeichen verwenden, erhalten Sie keine Fehlermeldung, sondern der Suchpfad wird an dieser Stelle einfach "abgeschnitten".

Wenn Sie einen längeren Suchpfad in der CONFIG.SYS festlegen wollen, binden Sie den Pfad mit

```
SET PATH=
```

und einer ansonsten gleichen Syntax in die CONFIG.SYS ein. Wenn Sie sich jedoch mit SET diesen Pfad ansehen, werden Sie festellen, daß er auch auf 127 Zeichen beschnitten wird. In der internen Benutzung allerdings ist alles in Ordnung. Mit dem Befehl

```
PATH
```

ohne weitere Angaben wird der eingestellte Suchpfad am Bildschirm angezeigt, mit

```
PATH;
```

wird er gelöscht.

Verzeichnis an den Pfad anhängen

Leider existiert kein Befehl, der einem existierenden Pfad ein Verzeichnis hinzufügt. Obwohl heutzutage die (oftmals) intelligenten Installationsroutinen der Anwenderprogramme den Suchpfad automatisch aktualisieren, wird der eine oder andere Anwender vielleicht für eine Batch-Datei namens XPATH.BAT dankbar sein, die ein Verzeichnis an einen bestehenden Suchpfad anhängt:

```
ECHO OFF
IF "%1"=="" GOTO HELP
PATH %PATH%;%1
ECHO Der neue Suchpfad lautet: %PATH%
GOTO ENDE
:HELP
ECHO Eingabe: XPATH VERZEICHNIS(SE)
:ENDE
```

In der zweiten Zeile wird überprüft, ob ein Verzeichnis eingegeben wurde, wenn nicht, wird zur Sprungmarke :HELP gesprungen und die Eingaberegel mitgeteilt. Wenn ja, wird mit %PATH% der bisherige Pfad aus dem Umgebungsspeicher geholt und das neue Verzeichnis nach dem Semikolon angehängt.

> **Programmstart per Batch**
>
> Ein weiterer Ausweg für die Zeichenbegrenzung ist der Programmstart mit kompletter Pfadangabe über spezielle Batch-Dateien, die in einem Verzeichnis (z. B. C:\BATCH) gesammelt werden. Der Suchpfad auf dieses Batch-Verzeichnis sollte ziemlich am Anfang der PATH-Anweisung stehen. Da aber auch kleine Dateien einen oder mehrere Cluster belegen, also wertvollen Speicher verbrauchen, ist zum Programmstart vielleicht eine große Batch-Datei mit Menüauswahl geeignet.

Unbrauchbar - Die temporären Dateien

Heutzutage legen sehr viele Programme temporäre Dateien an, die nach Beendigung des Programms wieder gelöscht werden (sollten), daher kommt dieser Umgebungsvariablen sehr viel Bedeutung zu, denn ohne die Definition dieser Variablen werden die temporären Dateien im Programmverzeichnis des Anwenderprogramms angelegt. Und da die Dateien eben nicht immer gelöscht werden, befindet sich nach einiger Zeit sehr viel Datenmüll auf der Platte, was erstens zu Unübersichtlichkeit führt und zweitens die Kapazität der Platte belastet.

Wenn Sie im Datei-Manager von Windows die Funktion *Datei Suchen* aufrufen, dort als zu suchende Datei

```
\*.TMP
```

angeben und bestimmen, daß auch alle Unterverzeichnisse durchsucht werden sollen, werden alle TMP-Dateien aller Verzeichnisse zusammengesucht. Wenn Sie diese nun alle markieren, können Sie sie mit *Datei Löschen* oder der Taste Entf löschen!

Eigenes "Müll"-Verzeichnis

Doch wesentlich besser ist es, die Dateien in einem eigens dafür angelegten Verzeichnis erstellen zu lassen, das beim Systemstart jedesmal automatisch geleert wird.

Amerikaner bevorzugen TMP

Die Variable TEMP wird von den meisten Programmen (etwa aus dem Hause Microsoft) gesucht, doch einige amerikanische Programme suchen auch nach der Variablen TMP, so daß Sie am besten zwei Variablen anlegen, die auf das eigens angelegte Verzeichnis namens $$$ zeigen:

175

```
SET TEMP=C:\$$$
SET TMP=C:\$$$
```

Nun müssen Sie in Ihrer AUTOEXEC.BAT nur noch die dort aufgefundenen Dateien löschen:

```
IF EXIST C:\$$$\*.*  DEL C:\$$$\*.TMP
```

Wenn in diesem Verzeichnis also irgendeine Datei aufgefunden wird, sollen die Dateien mit der Erweiterung *.TMP gelöscht werden - mit dieser Konstruktion verhindern Sie die (unelegante) Meldung, daß keine Datei gefunden wurde, wenn das Verzeichnis beim Systemstart leer sein sollte.

Hinweis

Keine temporären Dateien während des Betriebs löschen!

Versuchen Sie nicht, während des Betriebs eines Anwenderprogramms temporäre Dateien zu löschen, wenn Sie das Anwenderprogramm noch nicht beendet, sondern nur vorübergehend verlassen haben. Es kann nämlich durchaus sein, daß es sich um eine temporäre Datei handelt, die von eben dieser Anwendung benötigt wird, was mit ziemlicher Sicherheit zu Datenverlust führen wird. Wenn Sie im Windows-Datei-Manager temporäre Dateien löschen, achten Sie auf das Datum!

"Bin wieder bereit" - Der Prompt

Der Prompt ist das Bereitschaftszeichen des PCs und kann neben dieser Hauptaufgabe, nämlich das Ende der Bearbeitung eines Befehls anzuzeigen, auch noch andere Aufgaben übernehmen, etwa die Anzeige des aktuellen Verzeichnisses und Laufwerks, des aktuellen Pfades also, oder die Anzeige des Datums und der Uhrzeit.

Ohne eine Angabe Ihrerseits wird nur das aktuelle Laufwerk angezeigt, was natürlich zu wenig ist. Um den Prompt zu verändern, verwenden Sie die Syntax

```
PROMPT Zeichenkette
```

wobei gilt, daß alle Zeichen, die nicht mit einem Dollarzeichen eingeleitet werden, auch in dieser Weise im Prompt wiedergegeben werden. Die wichtigsten Zeichen und ihre Bedeutung:

Zeichen	Bedeutung
$D	zeigt das Systemdatum
$E	ESCAPE-Zeichen
$G	Zeichen >
$H	löscht das vorangegangene Zeichen
$L	Zeichen <
$N	aktuelles Laufwerk, Standardprompt mit $g zusammen
$P	aktuelles Verzeichnis
$T	Anzeige der Systemzeit

Hinweis

pg seit 6.2 automatisch

Standardmäßig wird ab DOS-Version 6.2 der Prompt mit

pg

eingerichtet.

Wenn Sie also den Prompt veranlassen wollen, Ihnen immer den aktuellen Pfad sowie das Datum und die Uhrzeit anzuzeigen, befehlen Sie

```
PROMPT Heute: $D $T  $P$G
```

Das $G am Ende schließt den Prompt mit der spitzen Klammer ab, damit er in sich geschlossen am Bildschirm erscheint.

```
Heute: 14.12.1993  12:34:45,78  C:\WORD>
```

würde der Prompt anzeigen, wenn Sie sich an besagtem Tage und der angegebenen Zeit im Verzeichnis C:\WORD befänden. Dabei ist augenfällig, daß Sie die trennenden Leertasten bei der Einrichtung des Prompts mit eingeben müssen.

Tip

Windows-Prompt für DOS-Box

Ein wichtiger Tip für Anwender, die öfter vorübergehend ein Programm durch den DOS-Ausgang verlassen, etwa aus Windows heraus: Wenn man längere Zeit am Prompt arbeiten möchte, passiert es oft, daß man vergißt, daß das andere Programm noch aktiv ist. Abhilfe schaffen Sie, wenn Sie entweder mit der Umgebungsvariablen WINPMT in der AUTOEXEC.BAT festlegen, wie der Prompt in der DOS-Box auszusehen hat, oder zumindest als ersten Schritt den Prompt so ändern, daß er Sie an die Tatsache erinnert, daß Windows noch im Hintergrund auf Ihre Rückkehr mit EXIT wartet:

```
PROMPT Wir sind in WINDOWS! $P$G
```

177

Wenn Sie diese Hinweise befolgen, kann es eigentlich nicht mehr passieren, daß Sie fleißig im Vordergrund am Prompt mit CHKDSK arbeiten und im Hintergrund langsam aber sicher Windows den Boden unter den Füßen wegziehen.

Wichtige Optimierungs-Hinweise

Das Optimieren der AUTOEXEC.BAT ist so einfach, wie das Tippen von acht Buchstaben: MEMMAKER.

MEMMAKER macht es schon

Dieser Gehilfe kann nahezu alle residenten Programme für das Laden in den hohen Speicher optimieren. Dennoch gibt es ein paar Dinge, die Sie selbst tun können:

1. Nach Größe sortieren

Ordnen Sie die residenten Treiber in der Reihenfolge der Größe, die MEMMAKER ermittelt hat und die Sie als

```
/L:Größe
```

ablesen. Dadurch werden die größten Programme zuerst geladen und kleinere Programme können dann die Lücken ausfüllen.

2. MEM prüft Speicher

Überprüfen Sie mit dem Befehl

```
MEM /C /PAGE
```

ob alle Treiber wirklich in den hohen Speicher geladen werden oder möglicherweise einer oder mehrere wegen ihrer Größe in den konventionellen Speicher geladen wurden. Versuchen Sie, auch diese durch eine Veränderung der Reihenfolge oder eine benutzerdefinierte Ausführung von MEMMAKER hochzuladen.

3. Reihenfolge des Suchpfades

Definieren Sie im Suchpfad mit PATH die Verzeichnisse, in denen der Kommandoprozessor nach ausführbaren Programmen suchen soll, immer in der Reihenfolge der Häufigkeit ihrer Benutzung, denn die Pfade werden in der Reihenfolge durchsucht, wie sie dort aufgeführt sind.

4. Nur wirklich benötigte Programmeladen

Laden Sie, um Speicher zu sparen, nur residente Programme, die Sie wirklich brauchen. Das gilt insbesondere für den Betrieb unter Windows. Wenn sich etwa Ihr System bei einem Check als "virenfrei" erwiesen hat, ist die Benutzung des residenten VSAFE eine unnötige Speicherver(sch)wendung.

Die Muster-AUTOEXEC.BAT

Diese AUTOEXEC.BAT kann Ihnen als Muster dienen, bevor Sie MEMMAKER eine Optimierung durchführen lassen. Dabei sind natürlich die Elemente Ihrer Arbeitsumgebung anzupassen, etwa der Suchpfad und die Größe des Cachespeichers.

```
@ECHO OFF
REM Der Echo-Befehl schaltet die Bildschirmanzeige für alle
    folgenden Befehle aus.
IF EXIST C:\$$$\*.* DEL C:\$$$\*.TMP
PATH C:\DOS;C:\WINDOWS;D:\WORD;D:\EXCEL
PROMPT $P $G
REM Die residenten Programme
LH C:\DOS\MSCDEX.EXE /S /L:G /D:MSCD001 /M:15 /V

LH SMARTDRV.EXE Größe  Win-Größe
LH KEYB GR,437,C:\DOS\KEYBOARD.SYS
LH MOUSE.COM
LH UNDELETE /LOAD
REM Die Umgebungsvariablen
SET TEMP=C:\$$$
SET TMP=C:\$$$
SET DIRCMD=/p /o
SET WINPMT=Windows! $p$g
SET COPYCMD=/-Y
REM Windows wird gestartet
WIN
REM Inhalt des Cachespeichers wird auf die Platte geschrieben
    und die Trefferquote des Caches angezeigt.
C:\DOS\SMARTDRV  /C
C:\DOS\SMARTDRV  /S
```

Auf einem Rechner mit 4 MByte, den Sie für normale Anwendungen (keine Spiele) nutzen wollen, sähe eine AUTOEXEC.BAT so aus:

```
@ECHO OFF
PATH C:\DOS;C:\WINDOWS;D:\WORD;D:\EXCEL
LH C:\DOS\MSCDEX.EXE /S /L:G /D:MSCD001 /M:15 /V

LH SMARTDRV.EXE Größe  Win-Größe
LH KEYB GR,437,C:\DOS\KEYBOARD.SYS
LH MOUSE.COM
LH UNDELETE /LOAD
SET TEMP=C:\$$$
SET TMP=C:\$$$
SET DIRCMD=/p /o
SET WINPMT=Windows! $p$g
SET COPYCMD=/-Y
WIN
C:\DOS\SMARTDRV  /C
C:\DOS\SMARTDRV  /S
```

Nach der Einstellung des Suchpfades werden also die notwendigen residenten Treiber geladen. Um Speicher zu sparen, werden die Umgebungsvariablen erst danach festgelegt.

• Beachten Sie, daß SMARTDRV nur geladen werden muß, wenn Sie nur mit MS-DOS oder mit Windows der Version 3.1 arbeiten oder ein CD-ROM-Laufwerk cachen wollen.

• Beachten Sie auch, daß der Maustreiber nur geladen werden muß, wenn Sie nicht unter Windows arbeiten oder aber von Windows aus DOS-Programme starten. Windows erkennt die Maus und lädt seinen eigenen Treiber.

• Auch der Tastaturtreiber KEYB muß in diesem Fall nicht geladen werden! Beachten Sie jedoch, daß in diesem Falle in einer DOS-Box die amerikanische Tastaturbelegung vorherrscht.

• Beachten Sie, daß MSCDEX vor SMARTDRV geladen werden muß, wenn Sie das CD-ROM-Laufwerk cachen wollen!

Die Luxusausführung - Wunschkonfiguration per Startmenü

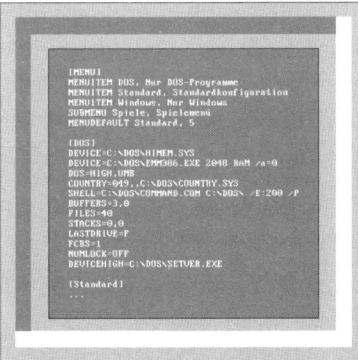

Eine sehr nützliche Neuerung seit der Version 6.0 ist die Möglichkeit, den Start des Rechners menügesteuert durchzuführen und so mit unterschiedlichen Konfigurationen arbeiten zu können.

So können Sie einrichten, daß Sie einmal mit Expanded Memory arbeiten, da Sie Ihr CAD-Programm starten, das nicht unter Windows läuft, ein anderes Mal starten Sie wieder ohne Expanded Memory, da Sie wieder in Ihrer Windows-Umgebung arbeiten wollen. Oder die Nutzung des Rechners in einer Firma: Der eine Mitarbeiter nutzt den Rechner im Netz, um die normalen Aufgaben zu erledigen, ein anderer Anwender möchte lediglich lokale Aufgaben erledigen. Für die Netzwerkeinbindung werden die Netzwerktreiber benötigt, die für den anderen Anwender außen vorbleiben können. Vor DOS 6.0 wurden für die entsprechende Konfiguration verschiedene Dateien angelegt, die jeweils in CONFIG.SYS und AUTOEXEC.BAT umbenannt wurden, mit anschließendem Neustart. Das war, wie Sie sich denken können, sehr aufwendig und sehr unkomfortabel. Dies können Sie seit der Version 6.0 wesentlich einfacher haben, denn nun ist es möglich, ein Bootmenü zu erstellen, das nach jedem Start erscheint und dem Anwender menügesteuert die Wahl läßt, mit welcher Konfiguration er starten möchte.

Beispiel:

Ein einfaches Beispiel:

```
[MENU]
MENUITEM=OHNE_EMS, Ohne EMS-Speicher
MENUITEM=MIT_EMS, Mit Expanded Memory
[OHNE_EMS]
REM Hier ist die CONFIG.SYS für den Start ohne Expanded
    Memory.
[MIT_EMS]
REM Hier sind die Befehle für den Start mit Expanded Memory.
```

Die Sache ist also denkbar einfach: Es werden mit dem Befehl MENUITEM in der Sektion [MENU] zwei Menüeinträge definiert, die später als eigene Sektion wieder auftauchen und die CONFIG.SYS-Befehle enthalten. Wenn der Rechner mit der CONFIG.SYS aus dem Beispiel startet, erscheint nach dem Start das Bootmenü:

```
Startmenü für MS-DOS 6.2
========================
    1. Ohne Expanded Memory
    2. Mit Expanded Memory
Wählen Sie die gewünschte Option: 1
```

In der Fußzeile werden Sie noch einmal daran erinnert, daß Sie den Start mit F5 und F8 selektiv durchführen können. Der erste Menüeintrag ist mit einem Balkencursor hinterlegt, den Sie mit den Cursortasten auf den gewünschten Eintrag bewegen. Mit Enter wird die jeweilige Konfiguration gestartet, auch das Eintippen der Nummer sowie Enter startet die CONFIG.SYS der jeweiligen Sektion.

Bis zu neun Menüeinträge

Es sind pro Menü bis zu neun Menüeinträge möglich, der jeweilige Menüeintrag wird definiert und muß später in der gleichen Weise in der CONFIG.SYS wiederholt werden. Wenn Sie ein Menü definieren, ist es vorgeschrieben, daß das Menü mit dem Befehl

```
[MENU]
```

eingeleitet wird, bevor Sie die einzelnen Menüpunkte definieren. Sie können jedoch noch weitere sehr interessante Gestaltungen Ihres Startmenüs vornehmen.

Automatischer Start - Einen Vorgabewert festlegen

Mit dem Befehl MENUDEFAULT legen Sie einen Vorgabewert fest, wenn es nicht der Menüpunkt 1 sein soll. Zusätzlich kann definiert werden, nach welcher Zeit des ratlosen Nichtstuns dieser automatisch gestartet werden soll. Die Handhabung dieses Befehls wird an diesem kleinen Beispiel schnell deutlich:

```
[MENU]
MENUITEM=OHNE_NETZ, Ohne Netzwerk
MENUITEM=MIT_NETZ, Start mit Netzwerk
MENUDEFAULT=MIT_NETZ,10
[OHNE_NETZ]
REM Hier werden die CONFIG.SYS-Befehle für den Start ohne Netzwerk aufgeführt.
[MIT_NETZ]
REM Die CONFIG.SYS-Befehle für den Start mit Netzwerk.
```

Die Vorgabe in diesem einfachen Startmenü ist der zweite Menüpunkt; nach zehn Sekunden ohne Eingabe startet der Rechner mit dieser Konfiguration.

Je bunter, desto schöner - Farbe ins Menü bringen

Mit dem Befehl MENUCOLOR können Sie Farben für Menütext und Hintergrund festlegen. Die Farben, die Sie einstellen können, entnehmen Sie bitte folgender Tabelle, wobei Sie die Farben mit einer Nummer auswählen. Die erste Nummer ist die Textfarbe, die mit einem Komma nachgestellte Zahl definiert die (optionale) Hintergrundfarbe.

Nr.	Farbe	Nr.	Farbe
0	schwarz	8	grau
1	blau	9	hellblau
2	grün	10	hellgrün
3	cyan	11	hellcyan
4	rot	12	hellrot
5	magenta	13	hellmagenta
6	braun	14	gelb
7	weiß	15	hellweiß

Um eine rote Schrift auf weißem Hintergrund zu erzeugen, lautet der Befehl also

```
MENUCOLOR 4,7
```

Bei mehr als neun Menüpunkten - Das Untermenü

Wenn Sie die Beschränkung auf neun Menüpunkte umgehen wollen oder aus einer Vorauswahl ein weiteres Menü benötigen, verwenden Sie den Befehl SUBMENU:

```
[MENU]
SUBMENU=OHNE_NETZ, Ohne Netzwerk
MENUITEM=MIT_NETZ, Start mit Netzwerk
[OHNE_NETZ]
MENUITEM=Peter
MENUITEM=Monika
[Peter]
REM Peter_s Konfiguration
```

184

```
[Monika]
REM Monika hat auch eine eigene.
[MIT_NETZ]
REM Hier erscheinen die CONFIG.SYS-Befehle für den Start mit Netzwerk.
```

Für Schreibfaule - Ganze Befehlsblöcke verwenden

Es kommt sehr häufig vor, daß Sie einen Block von Befehlen bereits definiert haben, den Sie ein paar Zeilen weiter wieder benötigen. Um das Rad nicht jedesmal neu erfinden zu müssen, können Sie diese Blöcke einfach mit ihren Namen einbinden:

```
[MENU]
MENUITEM=NORMAL, Normalkonfiguration
MENUITEM=EMS, Expanded Memory
[NORMAL]
DEVICE=C:\DOS\HIMEM.SYS
DOS=HIGH
[EMS]
INCLUDE=NORMAL
DEVICE=C:\DOS\EMM386.EXE
```

Es wird also der gesamte Inhalt des Blocks NORMAL mit dem Befehl INCLUDE eingefügt, ohne die Befehle wiederholen zu müssen.

Blöcke definieren, die allgemein gelten

Wenn Sie Befehlszeilen verwenden wollen, die für alle gelten, um danach in ein Menü zu verzweigen, verwenden Sie den Befehl COMMON:

```
[MENU]
MENUITEM=OHNE_EMS, Ohne EMS
MENUITEM=MIT_EMS, Mit EMS
[OHNE_EMS]
REM Hier ist die CONFIG.SYS für den Start ohne Expanded Memory.
[MIT_EMS]
REM Hier sind die Befehle für den Start mit Expanded Memory.
[COMMON]
REM Hier wird die CONFIG.SYS wieder für alle fortgesetzt:
NUMLOCK=OFF
FILES=30
```

Im folgenden sind die einzelnen Menü-Befehle nochmals tabellarisch aufgeführt:

[MENU]	Beginn einer Menüdefinition.
[MENUITEM]	Definition eines Menüpunktes.
[MENUDEFAULT]	Menüpunkt als Vorgabe festlegen.
[MENUCOLOR]	Menüfarben definieren.
[SUBMENU]	Untermenü aufrufen.
[COMMON}	Allgemeingültigen Block festlegen.
[INCLUDE]	Bereits definierten Block einfügen.

Ein Startmenü für verschiedenste Anlässe

Das folgende Menü richtet den Rechner auf die verschiedensten Situationen ein. Dabei haben wir bewußt auf die Nutzung der Option [COMMON] verzichtet, um die Behandlung der CONFIG.SYS mit MEMMAKER nicht unnötig zu komplizieren. Wir gehen in unserem Beispiel außerdem von einem Rechner mit 4 MByte Speicher aus:

```
[MENU]
MENUITEM DOS, Nur DOS-Programme
MENUITEM Standard, Standardkonfiguration
MENUITEM Windows, Nur Windows
SUBMENU Spiele, Spielemenü
MENUDEFAULT Standard, 5

[DOS]
DEVICE=C:\DOS\HIMEM.SYS
DEVICE=C:\DOS\EMM386.EXE 2048 RAM /a=0
;Mit mehr Speicher im Rechner Wert erhöhen!
;Sie können auch mit der Option I=a000-B7FF etwas mehr Speicher rauszuholen
DOS=HIGH,UMB
COUNTRY=049,,C:\DOS\COUNTRY.SYS
SHELL=C:\DOS\COMMAND.COM C:\DOS\ /E:200 /P
BUFFERS=3,0
FILES=40
STACKS=0,0
LASTDRIVE=F
FCBS=1
NUMLOCK=OFF

DEVICEHIGH=C:\DOS\SETVER.EXE
```

```
[Standard]
DEVICE=C:\DOS\HIMEM.SYS
DEVICE=C:\DOS\EMM386.EXE NOEMS
DOS=HIGH,UMB
COUNTRY=049,,C:\DOS\COUNTRY.SYS
SHELL=C:\DOS\COMMAND.COM C:\DOS\ /E:200 /P
BUFFERS=3,0
FILES=30
STACKS=0,0
LASTDRIVE=F
FCBS=1
NUMLOCK=OFF

C:\WINDOWS\IFSHLP.SYS

DEVICEHIGH = C:\CDROM\NEC_IDE.SYS /D:NECCD0

[Windows]
DEVICE=C:\DOS\HIMEM.SYS
DEVICE=C:\DOS\EMM386.EXE NOEMS Win=F000-F7FF
DOS=HIGH,UMB
COUNTRY=049,,C:\DOS\COUNTRY.SYS
SHELL=C:\DOS\COMMAND.COM C:\DOS\ /E:200 /P
BUFFERS=3,0
FILES=20
STACKS=0,0
LASTDRIVE=F
FCBS=1
NUMLOCK=OFF

DEVICEHIGH = C:\WINDOWS\IFSHLP.SYS

DEVICEHIGH = C:\CDROM\NEC_IDE.SYS /D:NECCD0

[Spiele]
MENUITEM OhneCD, Ohne CD-ROM
MENUITEM MitCD, Mit CD-ROM

[OhneCD]
DEVICE=C:\DOS\HIMEM.SYS
DEVICE=C:\DOS\EMM386.EXE 2048 RAM
DOS=HIGH,UMB
COUNTRY=049,,C:\DOS\COUNTRY.SYS
SHELL=C:\DOS\COMMAND.COM C:\DOS\ /E:200 /P
```

```
BUFFERS=3,0
FILES=40
STACKS=0,0
LASTDRIVE=F
FCBS=1
NUMLOCK=OFF

DEVICEHIGH=C:\DOS\SETVER.EXE

[MitCD]
DEVICE=C:\DOS\HIMEM.SYS
DEVICE=C:\DOS\EMM386.EXE 2048 RAM
DOS=HIGH,UMB
COUNTRY=049,,C:\DOS\COUNTRY.SYS
SHELL=C:\DOS\COMMAND.COM C:\DOS\ /E:200 /P
BUFFERS=3,0
FILES=30
STACKS=0,0
LASTDRIVE=F
FCBS=1
NUMLOCK=OFF

DEVICEHIGH = C:\CDROM\NEC_IDE.SYS /D:NECCD0

DEVICEHIGH=C:\DOS\SETVER.EXE
```

Die AUTOEXEC.BAT zu dieser CONFIG.SYS stellen wir Ihnen im nächsten Kapitel vor!

Gesteuerter Ablauf - Das Startmenü und die AUTOEXEC.BAT

Nun werden Sie natürlich auch in der AUTOEXEC.BAT entsprechende Einträge machen - vielleicht möchten Sie einmal nach dem Start Windows laden, ein anderes Mal möchten Sie gleich von DOS aus mit MS-Word arbeiten. Nichts einfacher als das. Definieren Sie alle Einstellungen, die für alle gleich sein sollen, also das Einbinden des Tastaturtreibers, SMARTDRV etc. Dann verzweigen Sie mit

```
GOTO %CONFIG%
```

an eine Sprungmarke, die exakt den Namen trägt wie der entsprechende Block in der CONFIG.SYS, also

```
:WORD
Start von Word
:WIN
Start von Windows
```

Umgebungsvariable CONFIG

Während des Starts wird eine Umgebungsvariable mit dem Namen CONFIG und dem Inhalt des Blocknamens angelegt, die mit dem Sprungbefehl GOTO benutzt wird.

Diese Variable wird nicht gelöscht, kann also auch für andere Zwecke weiterverwendet werden, etwa für Meldungen in einer Batch-Datei mit:

```
ECHO  Ich starte nun %CONFIG%
```

Sollten Sie keine unterschiedlichen Konfigurationen in der CONFIG.SYS, wohl aber in der AUTOEXEC.BAT benötigen, so richten Sie eine "blinde" Sektion am Ende der CONFIG.SYS ein:

```
[MENU]
MENUITEM=WIN, Start von Windows
MENUITEM=WORD, Start von MS-Word
[WIN]
[WORD]
```

Nun müssen Sie nur noch die Umgebungsvariable CONFIG auswerten, um nach dem Start bereits das richtige Programm am Bildschirm zu haben.

Ein ausführliches Beispiel für Ihre Praxis

Die AUTOEXEC.BAT zu dem oben vorgestellten Startmenü könnte folgendes Aussehen haben:

```
@ECHO OFF
GOTO %CONFIG%

:DOS
    REM Cache nicht für CD-ROM-Laufwerk
    LH C:\DOS\SMARTDRV.EXE 1024 0 /U
```

```
        LH C:\DOS\MOUSE.COM
        LH C:\DOS\DOSKEY
        LH C:\DOS\KEY GR,,C:\DOS\KEYBOARD.SYS
        GOTO ENDE

:STANDARD
        LH C:\DOS\SMARTDRV.EXE 1024 1024
        LH C:\DOS\MOUSE.COM
        LH C:\DOS\MSCDEX.EXE /D:NECCD0
        LH C:\DOS\KEY GR,,C:\DOS\KEYBOARD.SYS
        LH C:\DOS\DOSKEY
        LH C:\DOS\SHARE.EXE
        GOTO ENDE

:WINDOWS
        LH C:\DOS\MSCDEX.EXE /D:NECCD0
        REM Cache für CD-ROM-Laufwerk
        LH C:\DOS\SMARTDRV.EXE 0 512 C- D+
        REM Setzen der Umgebungsvariablen und Aufruf von Windows
        SET WINPMT=Windows! $p$g
        SET TEMP=C:\DOS\TEMP
        SET TMP=C:\DOS\TEMP
        SET DIRCMD=/p /o
        SET COPYCMD=/-Y
        WIN
        GOTO ENDE

:OhneCD
        REM Cache nicht für CD-ROM-Laufwerk
        LH C:\DOS\SMARTDRV.EXE 1024 0 /U
        LH C:\DOS\MOUSE.COM
        LH C:\DOS\KEY GR,,C:\DOS\KEYBOARD.SYS
        GOTO ENDE

:MitCD
        LH C:\DOS\MSCDEX.EXE /D:NECCD0
        REM Cache für CD-ROM-Laufwerk
        LH C:\DOS\SMARTDRV.EXE 1024 0
        LH C:\DOS\MOUSE.COM
        LH C:\DOS\KEY GR,,C:\DOS\KEYBOARD.SYS
        GOTO ENDE
```

```
:ENDE

    SET TEMP=C:\DOS\TEMP
    SET TMP=C:\DOS\TEMP
    SET DIRCMD=/p /o
    SET COPYCMD=/-Y
```

In den einzelnen Blöcken werden also die verschiedenen residenten Programme je nach Nutzungsabsicht geladen bzw. konfiguriert.

Start von Windows mit unterschiedlichen Konfigurationen

Auch das Starten von Windows können Sie über ein Startmenü sehr einfach steuern. Doch da die Konfiguration von Windows nicht durch die AUTOEXEC.BAT oder die CONFIG.SYS gesteuert wird, sondern durch die Dateien WIN.INI und SYSTEM.INI, müssen wir uns eines kleinen Tricks bedienen.

So gehen Sie vor:

1 Erstellen Sie ein Verzeichnis für die verschiedenen Konfigurationen, etwa C:\WINDOWS\CONFIG.

2 Konfigurieren Sie Windows wie gewohnt (Grafikauflösung etc.).

3 Kopieren Sie nach jeder Konfiguration die WIN.INI in das neue Verzeichnis und benennen sie dort um in WIN.001, WIN.002 sowie SYSTEM.001 und SYSTEM.002.

Nun erstellen Sie ein Startmenü in der CONFIG.SYS:

```
[MENU]
MENUITEM CONF1, Konfiguration mit 800 x 600 Pixeln
MENUITEM CONF2, Konfiguration mit 1024 x 768

[COMMON]
;Hier die normalen Einträge

[CONF1]
[CONF2]
```

Wichtig sind die beiden leeren Blöcke am Ende, denn man muß ja in der AUTO-EXEC.BAT die entsprechenden Vorgänge starten:

```
@ECHO OFF
REM Hier die normalen Einträge
GOTO %CONFIG%

:CONF1
COPY C:\WINDOWS\CONFIG\WIN.001 C:\WINDOWS\WIN.INI /Y
COPY C:\WINDOWS\CONFIG\SYSTEM.001 C:\WINDOWS\SYSTEM\SYSTEM.INI /Y
SET CONFWIN=WIN.001
SET CONFSYS=SYSTEM.001

:CONF2
COPY C:\WIN\CONFIG\WIN.002 C:\WINDOWS\WIN.INI /Y
COPY C:\WINDOWS\CONFIG\SYSTEM.002 C:\WINDOWS\SYSTEM\SYSTEM.INI /Y
SET CONFWIN=WIN.002
SET CONFSYS=SYSTEM.002

WIN

CHOICE /C:jn Sollen die Konfigurationen gespeichert werden? J für J, N für Nein.

IF ERRORLEVEL 2 GOTO ENDE

COPY C:\WINDOWS\WIN.INI C:\WINDOWS\CONFIG\%CONFWIN%

COPY C:\WINDOWS\SYSTEM\SYSTEM.INI C:\WINDOWS\CONFIG\%CONFSYS%
```

An der Sprungmarke der einzelnen Konfigurationen werden also die Dateien WIN. INI und SYSTEM.INI - je nach Ihrer Auswahl - in die betreffenden Verzeichnisse kopiert und dabei umbenannt; die Option /y sorgt dafür, daß keine Überschreibwarnung erfolgt.

Es darf jedoch in diesem Fall die Umgebungsvariable COPYCMD nicht gesetzt sein, gegebenenfalls setzen Sie sie im Batch zurück!

Nun wird Windows mit dieser Konfiguration gestartet.

Nachdem Sie Windows beendet haben, werden die Dateien auf Wunsch als neue Konfiguration zurückkopiert, wobei wir uns eines kleines Tricks bedienen: Es wird einfach der Name der Quelldatei als Umgebungsvariabe festgehalten und in der Pfadangabe benutzt.

Sichern Sie Ihre Konfigurationsdateien

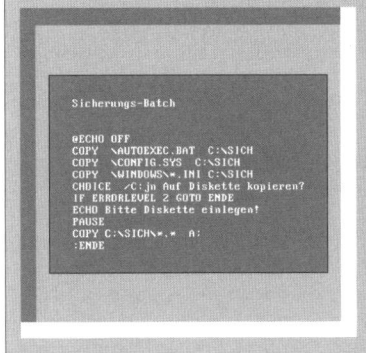

Das Erstellen von Sicherheitskopien Ihrer Konfigurationsdateien - und dazu zählen nicht nur die AUTOEXEC.BAT und CONFIG.SYS, sondern alle INI-Dateien aus dem Windows-Verzeichnis - gehört zu den Vorsichtsmaßnahmen, die Sie sich nicht schenken sollten.

Automatische Sicherung

Wenn Ihr System stabil läuft, hat das wahrscheinlich auch sehr viel damit zu tun, daß Sie sich sehr viel Mühe bei der Erstellung und Optimierung der Konfiguration gegeben haben. Und das sollten Sie sich auf jeden Fall erhalten, indem Sie in regelmäßigen Abständen oder nach einer Änderung die aktuelle Version der Dateien in ein spezielles Verzeichnis und/oder auf Diskette abspeichern. Die Dateien im Verzeichnis benötigen Sie, um schnell mal auf eine gespeicherte Version zurückgreifen zu können, die Diskette wird Ihnen dann gute Dienste leisten, wenn Ihr System einmal nicht mehr richtig starten will. Dafür schreiben Sie sich am besten einen einfachen Batch:

```
@ECHO OFF
COPY  \AUTOEXEC.BAT  C:\SICH
COPY  \CONFIG.SYS  C:\SICH
```

```
COPY  \WINDOWS\*.INI C:\SICH
CHOICE  /C:jn Auf Diskette kopieren?
IF ERRORLEVEL 2 GOTO ENDE
ECHO Bitte Diskette einlegen!
PAUSE
COPY C:\SICH\*.*  A:
:ENDE
```

Wenn es sein muß - Fehlersuche

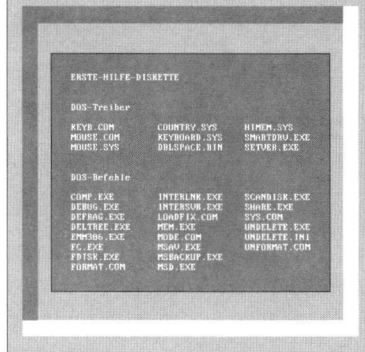

Konfigurationsfehler erkennen Sie in aller Regel recht schnell, insbesondere, wenn es sich um Fehler in der CONFIG.SYS handelt, denn wenn Sie einen Treiber verkehrt einbauen, läuft das betreffende Gerät, etwa die Maus, nicht oder nicht richtig. Oder das ganze Gerät, der PC, steigt aus und läßt sich nicht mehr starten.

Sie sollten daher grundsätzlich über eine startfähige Diskette verfügen, die Sie nicht ändern, wenn Sie CONFIG.SYS oder AUTOEXEC.BAT auf Ihrer Festplatte ändern, sondern erst, wenn sich die Konfiguration als stabil erwiesen hat. Es kann Ihnen dann nämlich passieren, daß der Start von Festplatte und Diskette aus demselben Grund mißlingt. Doch viele Konfigurationsfehler erkennen Sie erst nach gewisser Zeit, wenn bestimmte Programme sich anders als gewohnt verhalten, langsamer werden, sich nicht starten lassen etc. Diese Fehler sind oft auf eine veränderte Konfiguration zurückzuführen. Um derartige Fehler aufzuspüren, bedarf es ein wenig Glück, ein wenig Überlegung und viel Systematik:

- Was läuft nicht oder falsch?
- Äußert sich der Fehler immer in gleicher Weise?
- Unter welcher Bedingung(en) läuft es nicht?
- Zu welchem Zeitpunkt und unter welchen Bedingungen lief es noch?
- Was wurde seither getan (Änderungen der Konfiguration, Ändern von Datei- oder Verzeichnisnamen etc.)?
- Notieren Sie, was Sie wie veränderten und welche Ergebnisse es nach sich zog!

Programme und Treiber vertragen sich nicht

Ein Fehler tritt nicht mehr so häufig auf, wie noch vor ein paar Jahren, doch immer noch häufig genug: die Unverträglichkeit von speicherresidenten Programmen. Liest man die Handbücher aller Hersteller von TSR-Software, fällt auf, daß alle meinen, ihre Software sei sauber programmiert, daß sie allerdings mit anderer, schlecht und unsauber programmierter Software möglicherweise nicht zusammenläuft. Das könne nicht ausgeschlossen werden und sei kein Reklamationsgrund. Wenn Sie den Verdacht haben, daß sich residente Programme oder Gerätetreiber nicht vertragen, gehen Sie wie folgt vor:

1 Starten Sie Ihren Rechner mit einer Diskette, deren CONFIG.SYS bzw. AUTOEXEC.BAT keine residenten Programme und nur die nötigsten Treiber enthält.

2 Fügen Sie nacheinander ein TSR-Programm bzw. einen Gerätetreiber nach dem anderen hinzu, bis die Problematik erneut auftaucht.

3 Starten Sie erneut "sauber" und laden Sie nur die beiden letzten Programme. Bleibt die Unverträglichkeit? Wenn nein: Laden Sie die letzten drei und so weiter. Wenn ja: Laden Sie diese nach einem erneuten Start in umgekehrter Reihenfolge. Wenn eine Kombination auch in der Reihenfolge als stabil gelten kann, sollten Sie langsam nach und nach die anderen Zeilen der Datei hinzufügen und jeweils neu starten.

> **Hinweis**
>
> **Immer nur eine Änderung**
>
> Bei solchen "Trial and Error"-Methoden ist es außerordentlich wichtig, daß Sie jeweils immer nur einen Parameter verändern und die Reaktion überprüfen. Haben Sie mehr als einen Parameter geändert, können Sie eine Reaktion nicht mehr zweifelsfrei zuordnen. Überprüfen Sie auch, ob der jeweilige Treiber für das Laden in das UMB bzw. das residente Programm für das Laden mit LOADHIGH geeignet ist - bei den Treibern des Betriebssystems ist dies ausnahmslos der Fall, bei externen Treibern manchmal etwas problematisch.

Für den Ernstfall - Die "Erste-Hilfe-Diskette"

Der Normalfall wird sein, daß Sie Ihren Rechner anschalten und warten, bis das Betriebssystem von der Festplatte geladen worden ist.

Der Normalfall wird es auch sein, daß dieses tagaus, tagein in der gleichen Weise abläuft, ohne Probleme und ohne Fehler. Sie beginnen, sich an das reibungslose Funktionieren zu gewöhnen. Doch eines Tages ist es vorbei mit der Ruhe, der Start von der Festplatte mißlingt.

Starten von Diskette

Nun müssen Sie also versuchen, den Rechner von einer Diskette zu starten, die das Betriebssystem enthält, also "bootfähig" ist. Außerdem sollte diese Diskette alle Programme und externen DOS-Befehle enthalten, die Sie für eine Fehlersuche und eine Wiederherstellung der Funktionalität benötigen. Die erste Voraussetzung: Die Diskette muß startfähig sein. Dafür formatieren Sie sie mit

```
FORMAT A: /S
```

Die Option /S sorgt dafür, daß nach dem Formatieren das Betriebssystem ordnungsgemäß auf die Diskette übertragen wird. Wenn die Diskette bereits formatiert ist, reicht es, wenn Sie mit

```
SYS A:
```

oder

```
SYS B:
```

das Betriebssystem übertragen, ohne vorher zu formatieren.

Wichtige Treiber auf Diskette

Zweite Voraussetzung: Die Diskette muß alle wichtigen Treiber und Programme für den Systemstart enthalten, also

KEYB.COM	COUNTRY.SYS
HIMEM.SYS	MOUSE.COM
KEYBOARD.SYS	SMARTDRV.EXE
MOUSE.SYS	DBLSPACE.BIN/DRVSPACE.BIN
SETVER.EXE	

FDISK

Falls Sie nicht mit einem Spezialprogramm für die Festplatte arbeiten (Speedstor, Diskmanager etc.), gehört das Programm FDISK.COM ebenfalls auf diese Diskette, denn mit diesem Programm können Sie bei einem Festplattenfehler feststellen, ob etwa die Partitionierungsdaten verlorengegangen sind.

> **Hinweis**
>
> **Clean mit /MBR**
>
> Mit FDISK und der nicht dokumentierten Option /MBR können Sie einen möglicherweise defekten oder durch einen Virenangriff verseuchten Boot-Block wieder reparieren!

DEBUG

Ebenso kopieren Sie DEBUG.COM auf die Diskette, damit Sie eine möglicherweise nötige Low-Level-Formatierung starten können.

Für RLL-Festplatten benötigen Sie möglicherweise einen speziellen Treiber, um die Platte im System anzumelden, etwa den Treiber DMDRVR.BIN, der die RLL-Platten von Seagate betreibt.

Serielle Verbindung

Die Programme für das Kopieren von Daten zu anderen Rechnern, nämlich INTERLNK.EXE und INTERSVR.EXE, benötigen Sie dann, wenn Sie sich verlorene Daten von anderen Rechnern in der Umgebung holen wollen.

Datensicherungsprogramm

Auch das von Ihnen bevorzugte Programm für Datensicherung sollte auf dieser (oder einer weiteren) Diskette sein, da manche notwendigen Tätigkeiten der Fehlersuche oder -behebung nur mit einem vorherigen Backup Sinn machen.

Kopieren des Betriebssystems mit SYS

Natürlich gehört auch SYS.COM auf die "Erste-Hilfe-Diskette", denn ein Fehler im Bootsektor der Platte ist häufig mit einem Zurückübertragen des Betriebssystems bereits behoben.

```
SYS C:
```

kopiert das Betriebssystem auf die Festplatte und überschreibt möglicherweise zerstörte oder defekte Dateien. Für eine Fehlersuche gehört natürlich SCANDISK.EXE auf die Diskette. Sollte die Kapazität nicht ausreichen, verwenden Sie mehrere Disketten.

Datenrettung und Virenabwehr

Für das Wiederherstellen von Dateien, die verloren sind, gehört natürlich UNDELETE.EXE mit zu den Rettern, genauso wie MSAV.EXE, das Sie bei Verdacht auf einen Virenbefall besser von einer sauberen Diskette aus betreiben. Natürlich gehört auch UNFORMAT.COM auf diese Diskette, denn wie wollen Sie eine formatierte Festplatte wieder herstellen, wenn sich das Programm dafür auf eben dieser Festplatte befand?

Speicheranalyse und Konfiguration

Auch MEM.EXE für die Analyse des Speichers oder MODE.COM für das Konfigurieren von Schnittstellen etc. können im Ernstfall gute Dienste leisten.

Dies sind die Dateien des Betriebssystems, die Sie auf die Diskette kopieren sollten:

COMP.EXE	INTERLNK.EXE
SCANDISK.EXE	DEBUG.EXE
INTERSVR.EXE	SHARE.EXE
DEFRAG.EXE	LOADFIX.COM
SYS.COM	DELTREE.EXE
MEM.EXE	UNDELETE.EXE
EMM386.EXE	MODE.COM

199

UNDELETE.INI	FC.EXE
MSAV.EXE	UNFORMAT.COM
FDISK.EXE	MSBACKUP.EXE
FORMAT.COM	MSD.EXE

Startdateien und Windows-Konfiguration kopieren

Auf beide Disketten kopieren Sie nun die CONFIG.SYS und AUTOEXEC.BAT von Ihrer Festplatte sowie - wenn Sie unter Windows arbeiten - die jeweils aktuelle WIN.INI und SYSTEM.INI.

Diese Dateien sollten Sie nicht sofort nach jeder Änderung auf der Festplatte auf Ihrer Diskette aktualisieren, sondern erst dann, wenn eine dort vorgenommene Änderung zweifelsfrei keinen Fehler hat und Ihr Rechner stabil läuft. Diese Diskette sollten Sie nun unbedingt mit einem Schreibschutz versehen, damit ein Virus im System sich nicht sofort auch auf Ihre Startdiskette stürzen kann: Bei einer 3½-Zoll-Diskette öffnen Sie die Schreibschutzöffnung mit dem Schieber, bei einer 5¼-Zoll-Diskette verschließen Sie die Schreibschutzkerbe in der oberen rechten Ecke mit einem undurchsichtigen Streifen Papier.

Für Eilige - Referenz der wichtigsten Konfigurationsbefehle

Zum schnellen Nachschlagen finden Sie hier eine Kurzreferenz der wichtigsten Befehle samt Parameter, die für die Systemdateien CONFIG.SYS und AUTOEXEC.BAT Bedeutung haben. Die Referenz kann und will nicht vollständig sein, bietet Ihnen aber wichtige Hinweise, die Sie zum Optimieren der Systemdateien verwenden können.

BUFFERS
Festlegung der Anzahl der Zwischenspeicher für Daten
ab DOS 2.0

Syntax   **BUFFERS=[Anzahl],{Puffer}**

Anzahl Anzahl der Zwischenspeicher. Mögliche Anzahl 2 - 99. Standard ist 2 - 15, abhängig von der Größe des Hauptspeichers: Bei einem Speicher von mehr als 512 KByte werden 15 Puffer angelegt. Jeder Puffer benötigt 532 Byte im Speicher.

Puffer Ab 5.0: ist die Angabe, wie viele Sektoren gleichzeitig gelesen werden können. Standard ist 1, Maximum ist 8. Mit diesem Wert sollten Sie zum Zwecke einer Geschwindigkeitssteigerung ein wenig experimentieren. Jeder Puffer benötigt 512 Byte.

Wenn Ihr System eine Datei liest, werden die nächsten 511 Zeichen ebenfalls gelesen, da ein sequentieller Vorgang unterstellt wird. Die Daten werden also im schnellen Speicher vorübergehend bereitgehalten und können so einer Beschleunigung des Systems dienen.

Der Standard ist 2 bis 15, je nachdem, über wieviel Hauptspeicher Sie verfügen:

RAM	Buffer	Größe
bis 255 KByte	5	2672
bis 511 KByte	10	5328
über 512 KByte	15	7984

- Wenn Sie das Betriebssystem in die HMA (High Memory Area) geladen haben, werden die Buffer ebenfalls dort angelegt und entlasten so den konventionellen Speicher. Dies funktioniert jedoch nur, wenn Sie weniger als 48 Buffer befohlen haben.

- Werte von 15 - 30 sind für den täglichen Betrieb durchaus sinnvoll, jedoch: ab einer gewissen Größe verlangsamt sich das System wieder. Definieren Sie also nicht ohne Grund zu viele Puffer!

- Wenn Sie einen Cachespeicher - etwa den bei DOS mitgelieferten SMART-DRV.SYS - verwenden, können Sie die Anzahl der Puffer auf unter 10 reduzieren und sparen so Speicherplatz.

- Manche Anwendungen, insbesondere Datenbankprogramme, benötigen sehr viele Puffer. Lesen Sie unbedingt im Handbuch nach, was empfohlen wird!

- Ab einem gewissen Schwellwert (zwischen 45 und 48) werden bei hochgeladenem MS-DOS die BUFFERS nicht im oberen Speicher angelegt, sondern wieder im konventionellen Speicher. Finden Sie den Wert auf Ihrem Gerät durch ausprobieren heraus und verwenden einen Wert darunter.

COMMAND	
Laden einer Kopie/Ersetzen des aktuellen Kommandoprozessors	
ab DOS 1.0	Ab 6.2 erweitert; verwandte Befehle: EXIT, SHELL

Syntax **COMMAND {Pfad} {Gerät} {/P} {E:nnnn} {/Y {/C|K Befehl}} {/F} {/MSG} {Gerät}**

Pfad Ist die genaue Pfadangabe zur Datei COMMAND.COM.

Gerät Gerät für die Befehlsein- und -ausgabe. Lesen Sie hierzu unter CTTY nach.

/P Lädt den Kommandoprozessor permanent in den Speicher und überschreibt den alten. Diese Option darf nicht mit /C zusammen verwendet werden. Jeder zusätzliche Prozessor benötigt etwa 6 KByte Speicher und wird mit EXIT wieder verlassen. Danach wird wieder der vorige Prozessor mit seinen Einstellungen (Umgebungsvariable etc.) gültig. Wenn /P befohlen wurde, wird auch die AUTOEXEC.BAT ausgeführt.

203

/E:nnnn	Weist einen Wert für den Umgebungsspeicher zu. Wird hier nichts angegeben, werden 127 Byte für diesen Speicher reserviert. Der Wert *nnnn* kann einen Wert zwischen 160 und 32768 haben. Lesen Sie diesbezüglich auch die Informationen über SHELL.
/Y	Neu ab DOS 6.2: Arbeitet die nachfolgend angegebene Batch-Datei zeilenweise mit einer J/N-Abfrage ab, so daß Sie den Batch auf diese Weise überprüfen können. Die abzuarbeitende Datei wird mit der Option /C oder /K angefügt.
/C Befehl	Führt mit einer Kopie des Kommandoprozessors den mit Kommando bezeichneten Befehl aus und kehrt danach sofort zum permanenten Kommandoprozessor zurück. Diese Option immer als letzte eingeben!
/K Befehl	Führt den angegebenen DOS-Befehl aus und kehrt zum Prompt zurück. Ist anzuwenden, wenn Sie in der DOS-Box von Windows arbeiten, das betreffende Programm wird dann ähnlich wie die AUTOEXEC.BAT automatisch beim Start abgearbeitet. Diese Option sollte nicht mit dem SHELL-Befehl benutzt werden, sondern als Befehlszeile in einer PIF-Datei von Windows.
/F	Dieser undokumentierte Zusatz beantwortet die Fehlermeldung selbst, wenn auf ein Diskettenlaufwerk zugegriffen werden soll, das keine Disketten enthält.
/MSG	Ab 4.0: Es werden die Systemmeldungen in den Speicher gelesen, so daß sie ständig verfügbar sind, falls Sie Ihren Rechner von Diskette starten. Diese Option kann nur mit /P zusammen verwendet werden.
Gerät	Ab 5.0: Gerät, das anstelle von CON Gerät für Standardeingabe und Standardausgabe sein soll. Lesen Sie dazu die Informationen zu CTTY.

Der Kommandoprozessor COMMAND.COM ist eine der drei Dateien, die im wesentlichen das Betriebssystem ausmachen. Nach dem Starten wird der Kommandoprozessor COMMAND. COM automatisch in den Hauptspeicher geladen und verbleibt dort. Er enthält alle internen Befehle, die somit dem Anwender immer und überall zur Verfügung stehen. Der Kommandoprozessor nimmt die Befehle des Anwenders von der Tastatur entgegen, analysiert sie und veranlaßt ihre Ausführung. Er führt den Dialog mit dem Anwender, d. h., er gibt Fehler- und Vollzugsmeldungen aus.

Welche Datei als Kommandoprozessor geladen wurde, wird im Umgebungsspeicher als Variable COMSPEC mit kompletter Pfadangabe abgelegt. Wenn der Kommandoprozessor nachgeladen werden muß, wird die Pfadangabe in dieser Variablen für den Ladevorgang verwendet.

Beispiel:

```
COMSPEC=C:\DOS\COMMAND.COM
```

Da COMMAND.COM aus einem residenten Teil (im Arbeitsspeicher) und einem externen Teil (ausgelagert auf die Festplatte) besteht, ist diese Variable sehr wichtig, um den externen Teil bei Bedarf (etwa beim Anzeigen einer Fehlermeldung) nachladen zu können.

• Wenn Sie mit dem Befehl COMMAND ohne die Option /P eine Kopie des Kommandoprozessors geladen haben und in dessen Umgebungsspeicher Ände-

204

rungen vornehmen, etwa die Änderung des Suchpfades mit PATH, so sind diese Änderungen nur gültig, solange Sie mit der Kopie arbeiten. Wenn Sie diese Kopie mit EXIT wieder verlassen, sind die Einstellungen des ab dann gültigen Prozessors wirksam.

- Aus einer Kopie des Kommandoprozessors heraus sollten Sie auf keinen Fall ein sogenanntes speicherresidentes Programm laden, etwa den Tastaturtreiber KEYB.COM oder Utilities wie SIDEKICK o. ä. Diese Programme installieren sich hinter der Kopie des Kommandoprozessors. Wenn Sie diesen nun wieder verlassen, wird der dazwischenliegende Speicherbereich nicht wieder freigegeben, im schlimmsten Fall stürzt das System ab.

- Gleiches gilt übrigens für den Betriebssystemausgang von Anwendungsprogrammen, die prinzipiell nichts anderes sind als eine Kopie des Kommandoprozessors, aufgerufen allerdings durch das Programm. Das Beenden dieser Kopien geschieht ebenso mit EXIT wie das Verlassen einer Kopie des COMMAND.COM.

- Lesen Sie auch die Informationen zum Befehl SHELL.

COUNTRY	
Konfiguration länderspezifischer Angaben	
ab DOS 3.0	Verwandte Befehle: CHCP, KEYB, NLSFUNC

Syntax   **COUNTRY=[Kennung]{,Zeichensatz}{,Dateiname}**

Kennung	Ist die Zahl für die Landeskennung, sie entspricht den internationalen Telefonvorwahlnummern. Deutschland: 049.
Zeichensatz	Ab 3.3: Es kann ein länderspezifischer Zeichensatz geladen werden, Standard ist der IBM-Standard-
(Codeseite)	Zeichensatz mit der Nummer 437, der nahezu alle landesspezifischen Sonderzeichen enthält.
Dateiname	Ab 3.3: Die Datei, in der die länderspezifischen Angaben enthalten sind, also i. d. R. die Datei COUNTRY.SYS. Wenn diese Datei nicht im Hauptverzeichnis ist, muß eine komplette Pfadangabe gemacht werden.

Die Eigenarten der Schreibweise bestimmter Dinge (Datum, Uhrzeit oder Währung) sowie bestimmte landesspezifische Sonderzeichen werden durch diesen Befehl eingerichtet. Wenn dieser Befehl nicht in die CONFIG.SYS eingebunden wird, gilt die amerikanische Schreibweise für Datum und Uhrzeit.

Beispiel:

Die deutschen Einstellungen von Datums- und Uhrzeitformat stellen Sie durch diese Zeile in der CONFIG.SYS ein:

```
COUNTRY=049,,C:\DOS\COUNTRY.SYS
```

Die zwei Kommata definieren eine fehlende Angabe und damit den Standard-Zeichensatz 437 - Sie könnten die Zeile also auch mit gleicher Wirkung so ausführen:

```
COUNTRY=049,437,C:\DOS\COUNTRY.SYS
```

Die Pfadangabe zu COUNTRY.SYS ist nur erforderlich, wenn die Datei sich nicht im Hauptverzeichnis befindet!

Die folgende Tabelle gibt die Kennungen der einzelnen Länder sowie die dafür wählbaren Codeseiten an. In den Spalten daneben ist angegeben, wie die Uhrzeit 16 Uhr 45 und das Datum 15.9.1992 geschrieben werden. Dieses Datumsformat und das Format für die Uhrzeit sind für die Eingabe von Uhrzeit und/oder Datum bei den Befehlen MSBACKUP, RESTORE, DATE und TIME bindend.

Land	Kennung	Codeseiten	Uhrzeit	Datum
USA	001	437, 850	4:45p	09-15-1992
Kanada	002	863, 850	16:45	1992-15-09
Lateinamerika	003	850, 437	4:45p	15-09-1992
Niederlande	031	850, 437	16:45	15-09-1992
Belgien	032	850, 437	16:45	15/09/1992
Frankreich	033	850, 437	16:45	15.09.1992
Spanien	034	850, 437	16:45	15/09/1992
Ungarn	036	852, 850	16:45	1992-09-15
Jugoslawien	038	852, 850	16:45	1992-09-15
Italien	039	850, 437	16.45	15/09/1992
Schweiz	041	850, 437	16,45	15.09.1992
Tschechoslowakei	042	852, 850	16:45	1992-09-15
Großbritannien	044	437, 850	16:45	15/09/92
Dänemark	045	850, 865	16.45	15-09-1992
Schweden	046	850, 437	16:45	1992-09-15
Norwegen	047	850, 865	16:45	15.09.1992
Polen	048	852, 850	16:45	1992-09-15
Deutschland	049	850, 437	16:45	15.09.1992
Brasilien	055	850, 437	16:45	15/09/1992
International	061	437, 850	4:45p	15-09-1992
Portugal	351	850, 860	16:45	15/09/1992
Finnland	358	850, 437	16.45	15.09.1992

DRVSPACE	
Laufwerkkomprimierung	
ab DOS 6.22	Ersetzt das Programm DBLSPACE

Syntax   **DRVSPACE /Schalter**

DRVSPACE wird normalerweise menügesteuert bedient, doch wenn Sie die gewünschten Ausführungsbestimmungen bereits in der Befehlszeile eingeben möchten, so verwenden Sie entsprechende Schalter.

Die von den jeweiligen Optionen und Parametern aufgerufenen Funktionen entsprechen in ihrer Wirkungsweise exakt denen, die durch die menügesteuerte Bedienung ausgelöst werden.

/COMPRESS	Komprimieren eines Datenträgers.
/CREATE	Ein zusätzliches komprimiertes Laufwerk anlegen.
/DEFRAGMENT	Reorganisieren eines komprimierten Laufwerks.
/DELETE	Löschen eines komprimierten Laufwerks.
/FORMAT	Formatieren eines komprimierten Laufwerks.
/INFO	Informationen über komprimierte und unkomprimierte Laufwerke.
/LIST	Liste aller Laufwerke.
/MOUNT	Laden einer CVF als komprimiertes Laufwerk.
/UNMOUNT	Trennen einer CVF vom logischen Laufwerk.
/RATIO	Komprimierungsgrad für die Kapazitätsschätzung verändern.
/SIZE	Größe eines komprimierten Laufwerks verändern.
/UNCOMPRESS	Neu ab DOS 6.2: Dekomprimiert einen mit DRVSPACE komprimierten Datenträger.

Die Schalter werden sowohl bei DRVSPACE als auch bei dem Vorgänger DBL-SPACE verwendet. Wenn Sie sich also entschließen, mit DBLSPACE weiterzuarbeiten statt die komprimierten Laufwerke umzuwandeln, verwenden Sie statt des Befehls DRVSPACE den Befehl DBLSPACE.

207

DRVSPACE.SYS	
Positioniert den Treiber DRVSPACE.BIN im Speicher	
ab DOS 6.22	Ersetzt das Programm DBLSPACE.SYS

Syntax **DEVICE=[DRVSPACE.SYS /MOVE] [/NOHMA]**

Syntax **DEVICEHIGH=[DRVSPACE.SYS /MOVE] [/NOHMA]**

Der Treiber DRVSPACE.BIN gehört mit zum Betriebssystemkern, er steuert den Zugriff auf ein mit DRVSPACE komprimiertes Laufwerk.

Wenn dieser Treiber geladen wird, geschieht dies standardmäßig an das obere Ende des konventionellen Hauptspeichers.

Wenn andere Programme diesen Bereich jedoch ebenfalls nutzen wollen, sind die Konflikte vorprogrammiert. Um dies zu vermeiden, wird in der CONFIG.SYS bei der Installation von DRVSPACE u. U. ein Treiber namens DRVSPACE.SYS installiert, der DRVSPACE.BIN nach dem Laden an das obere Ende des Speichers wieder an das untere Ende des Hauptspeichers bewegt.

Wenn MS-DOS in den HMA-Bereich geladen wird, wird auch ein Teil von DRV-SPACE.BIN dorthin geladen. Soll das verhindert werden, geben Sie den Parameter /NOHMA an.

Hinweis

Der Treiber DRVSPACE.SYS steuert also nicht den Zugriff auf das komprimierte Laufwerk, das wird nach wie vor durch DRVSPACE.BIN durchgeführt.

Tip

Speicher sparen

Wenn Sie DRVSPACE.SYS mit DEVICEHIGH laden, wird der Treiber DRVSPACE.BIN in die Upper Memory Blocks geladen. Das spart im konventionellen Speicher 43 KByte. Sollte dort kein Block frei sein, der groß genug ist, wird der Treiber an das untere Ende des normalen Hauptspeichers geladen.

DEVICE	
Laden eines Gerätetreibers durch die CONFIG.SYS	
ab DOS 2.0	Verwandte Befehle: DEVICEHIGH

Syntax   **DEVICE=[Gerätetreiber] {Parameter}...{Parameter}**

Gerätetreiber   Ist der Name des einzubindenden Gerätetreibers. Befindet sich die Datei nicht im Hauptverzeichnis des Startlaufwerks, ist eine komplette Pfadangabe nötig.

Parameter   Parameter, mit denen der Gerätetreiber gestartet werden soll.

Mit dem Befehl DEVICE wird in der CONFIG.SYS ein Software-Gerätetreiber eingebunden, der beim Starten des Systems installiert wird. Der Treiber wird resident in den Hauptspeicher geladen, der belegte Platz steht anderen Anwendungen nicht mehr zur Verfügung.

ANSI.SYS	Gerätetreiber für Bildschirmausgaben
DBLSAPCE.SYS/	
DRVSPACE.SYS	Steuert die Speicheranordnung von DBLSPACE.BIN/DRVSPACE.BIN
DISPLAY.SYS	Bildschirmtreiber für Zeichensatztabellen
DRIVER.SYS	Zusätzlicher, erweiterter Laufwerktreiber
EGA.SYS	Bildschirmspeicher für EGA-Karten für die Verwendung des Task-Umschalters der DOS-Shell
EMM386.EXE	Verwaltung des erweiterten Speichers
HIMEM.SYS	Treiber zur Einrichtung des Extended Memory
INTERLNK.EXE	Steuert die serielle Verbindung zwischen Rechnern
POWER.EXE	Überwacht den Stromverbrauch auf Laptops
RAMDRIVE.SYS	Treiber für eine RAM-DISK
SETVER.EXE	Emulation einer bestimmten Versionsnummer
SMARTDRV.EXE	Treiber richtet Cachespeicher für Festplattenzugriffe ein

Beispiel:

Sie möchten den ANSI-Treiber mit der CONFIG.SYS laden. Die Datei ANSI.SYS befindet sich im Hauptverzeichnis des Laufwerks von dem gestartet wurde:

```
DEVICE=ANSI.SYS
```

• Wenn sich der Treiber nicht im Hauptverzeichnis des Laufwerks befindet, von dem gestartet wurde, müssen Sie eine komplette Pfadangabe machen.

- Die beiden Dateien COUNTRY.SYS und KEYBOARD.SYS sind keine Gerätetreiber und werden daher nicht mit DEVICE eingebunden. In diesen Dateien sind die landesspezifischen Informationen für das Datums- und Zeitformat sowie das Tastaturlayout enthalten.

- Wenn zu dem Gerätetreiber zusätzliche Parameter anzugeben sind, so gelten dafür die Regeln, die beim jeweiligen Treiber nachzulesen sind.

- Änderungen in der CONFIG.SYS werden erst durch den Neustart des Systems wirksam.

- Treiber mit der Erweiterung .EXE haben sowohl eine Funktion als Gerätetreiber als auch eine Funktion für das nachträgliche Verändern bestimmter Werte. Um diese letzte Funktion nutzen zu können, muß immer zuerst das Laden durch die CONFIG.SYS erfolgt sein.

DEVICEHIGH	
Laden eines Gerätetreibers in den hohen Speicherbereich	
ab DOS 5.0	Verwandte Befehle: DEVICE, MEMMAKER

Syntax **DEVICEHIGH=[Gerätetreiber] {Parameter}...{Parameter}**

Syntax **DEVICEHIGH {L:Ber1{,Größe}}{;Ber2{,Größe}} {/S} = [Gerätetreiber] {Parameter}**

Gerätetreiber	Ist der Name des einzubindenden Gerätetreibers. Befindet sich die Datei nicht im Hauptverzeichnis des Startlaufwerks, ist eine komplette Pfadangabe nötig.
Parameter	Parameter, mit denen der Gerätetreiber gestartet werden soll.
L:Ber1;Größe	Ein oder mehrere Speicherbereiche, in denen der danach anzugebende Gerätetreiber geladen werden soll. Wenn Sie zusätzlich die Größe angeben, wird der Treiber nur in den angegebenen Bereich geladen, wenn dieser einen UMB enthält, der größer als die Größe des Treibers im Moment des Ladens (Ladegröße) ist. Es können mehrere Bereiche angegeben werden, die Bereiche sind dann voneinander mit Semikolon zu trennen.
/S	Die Option sorgt dafür, daß der Treiber beim Laden in den Speicher auf seine absolute Mindestgröße verkleinert wird und so in das gerade noch passende Speicherloch schlüpfen kann. Diese Option wird normalerweise nur von MEMMAKER verwendet und das sollte auch so bleiben, da Sie kaum eine Chance haben, diese Größe zu ermitteln. Die Option darf nur verwendet werden, wenn auch /L verwendet wurde. Der Befehl DEVICEHIGH lädt wie DEVICE einen Software-Gerätetreiber in der CONFIG.SYS, nur daß der jeweilige Treiber nicht in den konventionellen Speicher geladen wird, sondern in den Bereich der Upper Memory Blocks (UMB).

Oberhalb des konventionellen, von DOS nutzbaren Speichers von 640 KByte befindet sich ein Speicherbereich, der für Videospeicher etc. verwendet wird, der jedoch von internen Anwendungen nicht ganz ausgenutzt wird: Diese Upper Memory Blocks (UMB) können für das Hochladen von Treibern genutzt werden und so den konventionellen Speicher entlasten. Voraussetzung dafür ist allerdings, daß Sie einen Rechner mit einem Prozessor 80386 und höher mit mehr als 1 MByte Speicher betreiben sowie die Gerätetreiber HIMEM.SYS und EMM386.EXE *vorher* geladen wurden, und daß - ebenfalls vorher - in der CONFIG.SYS durch die Zeile

```
DOS=UMB
```

die Nutzung der UMBs freigegeben wurde. Ohne diese Zeile werden die Treiber trotz des Befehls DEVICEHIGH in den konventionellen Speicher geladen, was Sie mit MEM /C ohne weiteres feststellen können.

Beispiel 1:

Nachdem mit HIMEM.SYS die Verwaltung des Extended Memory eingerichtet wurde und der EMS-Manager EMM386.EXE ebenfalls installiert wurde (und damit die Nutzung der UMBs möglich wird), wird das Betriebssystem in den hohen Speicher (HMA) geladen sowie die Verwaltung der UMBs durch MS-DOS definiert. Danach (und erst dann) dürfen Treiber dorthin geladen werden.

```
DEVICE=C:\DOS\HIMEM.SYS
DEVICE=C:\DOS\EMM386.SYS
DOS=HIGH,UMB
DEVICEHIGH=C:\DOS\SETVER.EXE
```

Beispiel 2:

Wenn Sie die Position des Gerätetreibers bestimmen wollen, müssen Sie mindestens den Bereich angeben. Zusätzlich können Sie noch die Ladegröße bestimmen:

```
DEVICEHIGH  /L:1,10000 = C:\DOS\ANSI.SYS
```

Tip

Zuerst die Großen, dann die Kleinen

Wenn Sie die Konfiguration nicht durch MEMMAKER, sondern "per Hand" durchführen wollen, laden Sie zuerst die Gerätetreiber mit hohem Speicherbedarf, damit diese zuerst die größeren Speicherblöcke belegen. Wenn ein kleinerer Treiber einen großen Block belegt, müssen Sie den größeren dann u. U. in den konventionellen Speicher laden.

Folgende mit MS-DOS ausgelieferten Standardtreiber lassen sich im UMB installieren:

ANSI.SYS	Gerätetreiber für Bildschirmausgaben.
DISPLAY.SYS	Bildschirmtreiber für Zeichensatztabellen.
DRIVER.SYS	Zusätzlicher, erweiterter Laufwerktreiber.
EGA.SYS	Ermöglicht das Task-Switching der DOSSHELL auf Geräten mit EGA-Karte.
INTERLNK.EXE	Treiber für die serielle Verbindung - dieser Treiber wird, so vorhanden, automatisch im hohen Speicher installiert.
MOUSE.SYS	Treiber für die Maus (wird nicht bei MS-DOS mitgeliefert).
POWER.EXE	Überwachung des Stromverbrauchs des Systems (für Laptops). Dieser Treiber installiert sich selbständig im UMB.
RAMDRIVE.SYS	Treiber für eine RAM-DISK.
SETVER.EXE	Ab 5.0: Emulation von Versionsnummern.

- Wenn sich der Treiber nicht im Hauptverzeichnis des Laufwerks befindet, von dem gestartet wurde, müssen Sie wie immer eine komplette Pfadangabe machen.

- Wenn zu dem Gerätetreiber zusätzliche Parameter anzugeben sind, so gelten dafür die Regeln, die beim jeweiligen Treiber nachzulesen sind.

- Änderungen in der CONFIG.SYS werden erst durch den Neustart des Systems wirksam.

DOS	
Laden des Betriebssystems in den oberen Speicher (HMA) und Aktivierung von UMBsHMA	
ab 5.0	

Syntax   **DOS = [{HIGH|LOW}] {,UMB|NOUMB}**

HIGH	Wenn das System über einen als HMA nutzbaren Speicherbereich von 64 KByte verfügt, werden Teile des Betriebssystemkerns in diesen Bereich ausgelagert, um den konventionellen Hauptspeicher zu entlasten.
LOW	Bereich des HMA soll nicht genutzt werden, selbst wenn dieser verfügbar sein sollte. Dies sollten Sie befehlen, wenn Sie den Verdacht von Inkompatibilitäten haben. Dies ist die Standardeinstellung, wenn Sie diese Zeile ganz weglassen.
UMB	Ein vorhandener Bereich von Upper-Memory-Blocks oberhalb von 640 KByte darf für die Auslagerung von MS-DOS und Gerätetreibern verwendet werden.
NOUMB	Ein vorhandener UMB-Speicherbereich wird ausdrücklich für das Auslagern nicht verwendet. Dies ist die Standardeinstellung.

Oberhalb des konventionellen, von DOS nutzbaren Speichers von 640 KByte befindet sich ein Speicherbereich, das sogenannte Adaptersegment, das für Videospeicher und andere Hardware-nahe Aufgaben verwendet wird, doch das in der Regel nur zum Teil benutzt wird. Diese - keineswegs zusammenhängenden - Bereiche nennt man "Upper Memory Blocks" (UMB).

Der Bereich des "High Memory" oder die "High Memory Area", ein Speicherbereich direkt oberhalb des 1 MByte großen Hauptspeichers, ist durch eine Eigenart der Adressierung direkt über die sogenannte A20-Leitung ansprech- und nutzbar. Diese Speicherbereiche stehen zur Verfügung, wenn sie durch die Gerätetreiber HIMEM. SYS (High-Memory) und EMM386.EXE (Upper-Memory) dafür vorbereitet wurden. Haben Sie mit HIMEM.SYS etwa den HMA-Speicher eingerichtet, genügt die Zeile

    DOS=HIGH

Wenn Sie nach HIMEM.SYS auch den Treiber EMM386.EXE eingebunden haben, wird mit der Zeile

    DOS=HIGH,UMB

die Anweisung gegeben, daß ab nun Gerätetreiber und speicherresidente Programme in den Bereich des "Upper Memory Block" geladen werden können. Mit LOADHIGH können Sie ab nun residente Programme dort ablegen, mit DEVICE-HIGH schaffen Sie die Möglichkeit, Gerätetreiber über die CONFIG.SYS in die Upper Memory Blocks zu laden. Wenn Sie verhindern wollen, daß der (durch EMM386. EXE eingerichtete) Bereich der UMBs benutzt wird:

    DOS=NOUMB

Nun kann zwar das durch EMM386.EXE ebenfalls eingerichtete Expanded Memory genutzt werden, nicht jedoch der Bereich des Upper Memory.

EMM386.EXE	
Gerätetreiber für die Emulation von Expanded Memory und Ansteuerung der UMB	
ab DOS 5.0	Ab 6.2 neue Versionsnummer; verwandte Befehle: HIMEM.SYS

Syntax **DEVICE=EMM386.EXE {Größe} {MIN=Größe} {W= ON | OFF} {M=n} {X:mm-nn} {FRAME=nnnn} {/P Adresse} {Pn=Adresse} {H=nnn} {L=nnn} {I=mmmm:nnnn} {X=mmmm:nnnn} {A=nnn} {D=nnn} {RAM{=mmmm-nnnn}} {/ROM=mmmm:nnnn} {NOEMS} {NOVCPI} {HIGHSCAN} {VERBOSE} {WIN=mmmm-nnnn} {NOHI} {NOMOVEXBDA} {ALTBOOT}**

Syntax **EMM386 [ON|OFF|AUTO] {W=ON|OFF}**

Die Verwendung der Parameter dieses Gerätetreibers teilt sich auf in jene, die über die CONFIG.SYS beim Installieren des Treibers angegeben werden können, sowie die Parameter, die für die normale Anwendung des Befehls EMM386 verwendet werden.

Die Parameter beim Laden durch die CONFIG.SYS:

Größe	Ist die Größe für das Expanded Memory zu verwendenden Speichers. Standard ist 256 KByte, Werte zwischen 16 und 32.786 KByte (jeweils in Schritten zu 16 KByte) sind möglich.
MIN=Größe	Der Wert, den Sie hier in KByte angeben, wird immer für EMS-Speicher eingerichtet. Andere Programme werden daran gehindert, diesen Speicher zu verwenden. Standard ist 256 KByte.
W=	Schaltet generell die Unterstützung des Weitek Coprozessors an oder ab. Wenn Sie diesen Coprozessor nutzen wollen, muß High Memory (HMA) zur Verfügung stehen.
M=n	Normalerweise legt der Treiber automatisch den 64-KByte-Bereich fest, der als Fenster benutzt wird. Wenn Sie einen Konflikt feststellen (Systemabsturz etc.), können Sie versuchen, durch Erzwingen einer bestimmten Adresse diesen Konflikt zu umgehen:

n	Adresse	n	Adresse	n	Adresse
1	C000	6	D400	11	8400
2	C400	7	D800	12	8800
3	C800	8	DC00	13	8C00
4	CC00	9	E000	14	9000
5	D000	10	8000		

	Beachten Sie, daß die Werte 10 bis 14 nur für PC mit 512 KByte oder weniger Speicher gelten.
FRAME=	Definiert eine Startadresse für den EMS-Seitenrahmen in hexadezimaler Form, gültige Werte sind 8000_{hex} bis 9000_{hex} und $C000_{hex}$ bis $E000_{hex}$. Wenn Sie NONE als Wert angeben, wird versucht, EMS ohne den Seitenrahmen zur Verfügung zu stellen, was jedoch u. U. zu Fehlverhalten der Programme führt.
/P Adresse	wie **FRAME=nnnn**
X=	Der EMS-Treiber benutzt die Speicheradressen $A000_{hex}$ bis $E000_{hex}$. Wenn er in diesem Speicherbereich einen mindestens 64 KByte großen zusammenhängenden Bereich findet, wird der Treiber geladen. Doch es könnte (in wenigen Ausnahmefällen!) zu Konflikten mit anderen Karten kommen, die zwischen diesen Adressen installiert sind. Um dies zu umgehen, können Sie mit dieser Option festlegen, daß ein bestimmter Bereich ausgeblendet wird, der nicht benutzt werden darf. Wenn sich die bei der Option I definierten Bereiche mit denen von X überschneiden, hat X den Vorrang.
Pn=Adresse	Definiert eine Startadresse einer beliebigen Speicherseite à 16 KByte. Die Angabe von *n* ist die Speicherseite P0 bis P3. Falls Sie die Startadresse durch eine der Optionen /M, FRAME oder /P definiert haben, können Sie diese Option nicht verwenden.

214

H=	Legt die Anzahl der Zugriffsnummern (Handles) fest, die EMM386 benutzen darf. Möglich sind 2 bis 255, Standard ist 64.
L=	Legt fest, wieviel Extended Memory nach der Installation von EMM386 noch verfügbar sein muß - es wird so viel Expanded Memory eingerichtet, daß die in KByte anzugebende Größe erweiterter Speicher übrigbleibt.
I=mmmm:nnnn	Legt ausdrücklich den Adreßraum fest, der für die Speicherseiten benutzt werden kann; der normal benutzte Bereich A000$_{hex}$ bis FFFF$_{hex}$ kann so eingegrenzt werden. Wenn sich die mit X gesperrten Adressen mit denen hier definierten überschneiden, hat X den Vorrang.
A=nnn	Definition der Anzahl der Wechselregistersätze, die zur Verfügung gestellt werden sollen. Sie werden für Multitasking verwendet. Standardwert ist 7, möglich sind 0 bis 254. Jeder Satz benötigt 200 Byte des Speichers.
D=nnn	Größe des DMA-Puffers (DMA=Direct Memory Access) in KByte. Mögliche Werte sind 16 - bis 256 KByte. Standard ist 16.
RAM=	Es wird neben dem Expanded Memory auch UMB nutzbar gemacht. Wenn Sie keine Angabe über den Bereich machen, den der Treiber für die UMBs verwenden darf, wird der gesamte verfügbare Speicher verwendet.
NOEMS	Mit dieser Option befehlen Sie, daß EMM386 Ihnen lediglich Upper Memory zur Verfügung stellt, der Zugriff auf Expanded Memory wird nicht ermöglicht.
NOVCPI	Deaktiviert die Unterstützung für VCPI-Anwendungen, Anwendungen also, die den virtuellen Modus des 80386-Prozessors nutzen können. Diese Option verringert das zugewiesene Extended Memory. Ist nicht wirksam, wenn nicht auch NOEMS angegeben wird, die Option MIN wird ignoriert.
HIGHSCAN	Weist den Treiber an, im Upper Memory intensiv nach weiteren freien Speicherplätzen zu suchen. Diese Optionen können nicht auf allen Rechnern zum Erfolg führen, auch ein Systemabsturz ist nicht auszuschließen. MEMMAKER überprüft die Möglichkeit des Einsatzes.
VERBOSE	Wenn Sie während des Ladens des Treibers Statusmeldungen sehen möchten, müssen Sie diese Option befehlen. Normalerweise sehen Sie nur Fehlermeldungen.
WIN=	Reserviert den angegebenen Segmentadressenbereich für Windows. Gültige Werte für "mmmm" und "nnnn" liegen im Bereich A000 bis FFFF. Sie werden auf die nächstkleinere 4-KByte-Grenze gerundet. Wenn sich die zwei Bereiche überlappen, hat die Option X Vorrang vor der Option WIN. Wenn sich die Bereiche der Optionen RAM, ROM oder I überlappen, hat die Option WIN Vorrang vor diesen Optionen.
NOHI	Verhindert, daß EMM386.EXE in den hohen Speicherbereich geladen wird. Normalerweise wird ein Teil von EMM386.EXE in den hohen Speicherbereich geladen. Diese Option verkleinert den freien konventionellen Speicher, während der für UMBs verfügbare hohe Speicherbereich vergrößert wird.
ROM=	Bezeichnet einen Adreßbereich, den EMM386.EXE für Shadow-RAM-Speicher mit Zugriff für ROM-Routinen verwendet. Gültige Werte für "mmmm" und "nnnn": A000 bis FFFF. Sie werden auf die nächstkleinere 4 KByte- Grenze gerundet. Wenn Sie diese Option angeben, kann Ihr System eventuell schneller arbeiten, falls es nicht bereits über Shadow RAM verfügt. Auf vielen Rechnern kann dies im SETUP eingerichtet werden.
NOMOVEXBDA	Dieser Parameter verhindert das Verschieben des erweiterten BIOS-Datenbereichs aus dem konventionellen in den hohen Speicher.
ALTBOOT	Die Verarbeitung der Tastenkombination für den Warmstart wird eingerichtet. Erforderlich dann, wenn diese Tastenkombination nicht zum problemlosen Warmstart führt.

215

Die Verwendung der Parameter für den normalen Gebrauch:

ON   Aktiviert den bereits durch die CONFIG.SYS geladenen Treiber.

OFF   Deaktiviert den geladenen Treiber. Das ist jedoch nur möglich, wenn sich zu dem Zeitpunkt kein Expanded Memory oder UMB in Gebrauch befindet.

AUTO   Expanded Memory wird nur unterstützt, wenn ein Programm es anfordert.

W=ON|OFF Schaltet generell die Unterstützung des Weitek Coprozessors an oder ab. Wenn Sie diesen Coprozessor nutzen wollen, muß High Memory (HMA) zur Verfügung stehen.

Der Treiber EMM386.EXE hat zweierlei Aufgaben: Zum einen emuliert (= bildet nach) er auf vorhandenem *Extended Memory* das nach dem LIM-Standard definierte Expanded Memory, wandelt also die eine Speicherart in die andere um.

Zum anderen wird durch diesen Treiber die Nutzung der Upper Memory Blocks (UMB) freigegeben, den freien Speicherblöcken im Adaptersegment, die für die Auslagerung von Teilen des Betriebssystems und residenten Programmen genutzt werden können.

*   Die Parameter, die für die CONFIG.SYS möglich sind, greifen tief in die Speicherverwaltung ein und sollten daher nur mit dem nötigen Sachverstand angewandt werden. Anderenfalls kommt es unweigerlich zu Systemabstürzen.

*   Sie sollten ohne tiefgreifende Kenntnisse über die Speicherverwaltung nicht wahllos Parameter verwenden, sondern ggf. die Konfiguration durch MEMMA-KER durchführen lassen.

*   Der Treiber EMM386.EXE greift auf eingerichtetes Extended Memory zu. Das bedeutet, daß der Treiber

*   HIMEM.SYS *vor* diesem Treiber in der CONFIG.SYS aufgerufen werden muß.

*   Wenn Sie EMM386 in Verbindung mit Windows 3.1 verwenden, haben die Parameter, die Sie angeben, Vorrang vor denen in der SYSTEM.INI von Windows.

*   Es macht wenig Sinn, Expanded Memory einzurichten, wenn kein Programm betrieben wird, das diese Speicherart nutzen kann. Wenn Sie nur die UMBs nutzen wollen, verwenden Sie die Option NOEMS.

*   Der Treiber darf nur auf Rechnern mit dem Prozessor 80386 oder höher verwendet werden.

FILES
Definition der Anzahl der gleichzeitig geöffneten Dateien
ab DOS 2.0

Syntax   **FILES=[Anzahl]**

Anzahl Anzahl der gleichzeitig im Hauptspeicher möglichen geöffneten Dateien. Möglich
sind Angaben zwischen 8 und 255. Standard ist 8.

Während der Arbeit von MS-DOS ist es möglich und nötig, eine Anzahl von Dateien
gleichzeitig im Speicher geöffnet bereitzuhalten. Die meisten Anwendungen, insbesondere jedoch Datenbankprogramme, benötigen wesentlich mehr als die standardmäßig acht gleichzeitig geöffneten Dateien, zumal MS-DOS selbst fünf davon benötigt:

0	StdIn	Standardeingabe
1	StdOut	Standardausgabe
2	StdErr	Fehlerausgabe
3	StdAux	Ausgabe auf der seriellen Schnittstelle
4	StdPrn	Ausgabe auf parallelem Drucker

Ein Wert, der in der Praxis ausreichend sein dürfte, ist 20, doch im Zweifel ist die
Anzahl maßgebend, die im Handbuch verlangt wird. Einen Performancegewinn erreichen Sie durch eine zu hohe Anzahl auf keinen Fall!

HIMEM.SYS
XMS-Gerätetreiber für Unterstützung des erw. Speichers u. Nutzung der High-Memory Area (HMA)
ab DOS 4.0	Ab 6.2 erweitert

Syntax   **DEVICE=HIMEM.SYS {/HMAMIN=n} {/NUMHANDLES=n} {/INT15=nnnn}
{/MACHINE:nn} {/A20CONTROL:ON|OFF} {EISA} {/SHADOWRAM:ON|OFF}
{/TESTMEM=ON|OFF} {/CPUCLOCK:ON|OFF} {{V}ERBOSE}**

/HMAMIN=n Hiermit wird der minimale Speicherplatz festgelegt, den ein speicherresidentes
Anwendungsprogramm im sogenanntem "High-Memory-Bereich" direkt oberhalb
der 1-MByte-Grenze (HMA) benutzen darf. Kleinere Programme werden nicht
geladen. Der Mindestwert, der eingegeben werden darf, ist 0 (dieser Wert ist

217

auch Standard), der Maximalwert ist 63. Da dieser Speicher nur von einem Programm genutzt werden kann, ist dieser Schalter ohne Wirkung, wenn DOS=HIGH befohlen wird.

/NUMHANDLES=n	Diese Option legt die maximale Anzahl der Routinen fest, die verwendet werden können.
/INT15=n	Einige ältere Programme verwenden ein System der Speicherzuweisung, das Konflikte hervorrufen kann. In einem solchen Fall sind mindestens 64 KByte zu reservieren.
/MACHINE:nn	Ist die Angabe eines Computertyps, die allerdings nicht vorgenommen werden muß, da HIMEM. SYS im Normalfall den Typ des Computers bei seiner Installation erkennt. Nur bei sichtbaren Inkompatibilitäten oder zu erwartenden Konflikten geben Sie die Nummer oder den Code des Typs aus der Liste am Ende dieses Beitrags an.
/A20CONTROL:	Ist die ausdrückliche Anweisung an den Gerätetreiber, die Kontrolle über den High-Memory-Bereich auch dann zu übernehmen, wenn diese Aufgabe vorher ein anderer Treiber übernommen hatte. Standard ist ON.
/EISA	Weist den Treiber an, das gesamte Extended Memory zu benutzen. Dies kann nur auf Maschinen mit dem EISA-Bus befohlen werden, da nur dort mehr als 16 MByte unterstützt werden.
/SHADOWRAM:	Bestimmt, daß das sogenannte Shadow RAM ausgeschaltet werden soll und der freiwerdende Speicher dem UMB hinzugefügt werden soll. Standard ist OFF.
/TESTMEM:	Neu ab DOS 6.2: Normalerweise testet HIMEM.SYS beim Laden das gesamte Extended Memory auf Fehler der RAM-Chips. Wenn Sie diesen Test nicht wünschen, um den Start zu beschleunigen, geben Sie als Parameter OFF an.
/CPUCLOCK:	Gibt an, ob HIMEM.SYS die Taktrate des Rechners beeinflussen darf. Falls sich die Taktrate während des Ladens von HIMEM.SYS ändert, kann durch ON dieses Problem gelöst werden. HIMEM.SYS wird durch Einschalten dieser Option etwas abgebremst.
/VERBOSE	Während der Phase des Ladens wird eine Statusmeldung angezeigt. Wenn Sie während des Ladens von HIMEM.SYS die Taste Alt gedrückt halten, erhalten Sie ebenfalls diese Meldung.

Auf einem Rechner mit mindestens dem Prozessor 80286 und einem Speicherausbau über die magische Grenze von 1 MByte hinaus muß die Nutzung dieses Bereichs des Extended Memory geregelt werden. Diese Aufgabe übernimmt HIMEM. SYS, das den Speicherbereich des Erweiterungsspeichers, wie er auch genannt wird, nach den dafür zuständigen Regeln des XMS-Standards zuweist.

HIMEM.SYS steuert ebenfalls die Nutzung der High Memory Area, einem 64 KByte großen Speicherbereich direkt oberhalb der Grenze von 1 MByte, der aufgrund einer Besonderheit der Adresse fast wie normaler Speicher benutzt werden kann. HIMEM.SYS erlaubt, daß sich z. B. das Betriebssystem selbst dorthin auslagert und so den wertvollen konventionellen Speicher entlastet.

- Der Treiber HIMEM.SYS sollte möglichst früh in der CONFIG.SYS eingebunden werden. Auf jeden Fall allerdings muß er *vor* EMM386.EXE erscheinen, da für das Einrichten des Expanded Memory und der Nutzung der Bereiche des UMB durch EMM386.EXE die Nutzung des Extended Memory eingerichtet werden muß.

- Wenn Sie in der CONFIG.SYS die Zeile "DOS=HIGH" einbinden, um MS-DOS in den HMA-Bereich zu laden, muß HIMEM.SYS vorher geladen worden sein!

- Sie sollten die Speicherkonfiguration im Zweifel immer von MEMMAKER durchführen lassen.

- Wenn Sie Treiber in der CONFIG.SYS verwenden, die auf das Extended Memory zugreifen, sollten Sie diese nach HIMEM.SYS aufrufen, da es sonst zu Speicherkonflikten kommen kann!

- Verwenden Sie auf jeden Fall den Treiber mit dem neuesten Dateidatum.

Liste der Gerätenummern für die Option /MACHINE:

Nummer	Code	Gerät
1	at	IBM-AT oder 100 % kompatibel
2	ps2	IBM PS/2
3	ptlcascade	Phoenix Cascade Bios
4	hpvectra	HP Vectra (A & A+)
5	att6300plus	AT & T 6300 Plus
6	acer 1100	Acer 1100
7	toshiba	Toshiba 1600 + 1200XE
8	wyse	Wyse 12,5 MHz 286
9	tulip	Tulip SX
10	zenith	Zenith ZBIOS
11	at1	IBM PC/AT
12	csscss	CSS Labs
13	philips	Philips
14	fasthp	HP Vectra
15	ibm7552	IBM 7552
16	bullmicral	Bull Micral
17	dell	DELL XBIOS

INCLUDE	
Fügt einen Block eines Startmenüs ein	
ab DOS 6.0	Verwandte Befehle: MENUITEM, MENUDEFAULT, MENUCOLOR, SUBMENU

Syntax   **INCLUDE=Blockname**

Blockname   Angabe des Menüblocks, der an dieser Stelle eingefügt werden soll. Sie können bereits definierte Blocks in jeden anderen Block mit dem Befehl INCLUDE einfügen. Die Handhabung wird an diesem Beispiel sehr schnell klar:

```
[MENU]

MENUITEM=Standard,Start mit Standard-Konfiguration
MENUITEM=Erweitert,Start mit erweiterter Konfiguration

[Standard]
DEVICE=C:\DOS\HIMEM.SYS
DOS=HIGH

[Erweitert]
INCLUDE=Standard
DEVICE=C:\DOS\EMM386.EXE
```

Der gesamte Block [Standard] wird also in die erweiterte Konfiguration eingebunden. Der Vorteil liegt in der geringeren Tipparbeit und in einer erhöhten Übersichtlichkeit.

INSTALL
Starten eines residenten Programms durch die CONFIG.SYS
ab DOS 4.0

Syntax   **INSTALL=Programm**

Programm   Name und genaue Pfadangabe des zu ladenden Programms.

Wenn Sie speicherresidente Programme mit INSTALL laden, anstatt Sie von der AUTOEXEC.BAT aus aufzurufen, wird für diese Programme kein Umgebungsspeicher eingerichtet, es wird also (etwas) weniger Platz für das Programm benötigt.

Sie dürfen (laut Dokumentation) jedoch nur folgende Programme so starten:

```
FASTOPEN
KEYB
NLSFUNC
SHARE
```

* Für jeden der Befehle müssen Sie eine eigene Zeile einbinden.

220

- Es muß eine komplette Pfadangabe gemacht werden, da das Laden mit INSTALL über die CONFIG.SYS geschieht und zu diesem Zeitpunkt noch kein Suchpfad mit PATH existieren kann.

- Es reicht nicht, wie gewohnt nur den Namen des Programms, etwa KEYB anzugeben, sondern es muß der komplette Name, also KEYB.COM, angegeben werden.

- Falls Sie auf einem Rechner mit einem Prozessor 80386 oder höher UMB-Speicherbereiche eingerichtet haben, ist das Laden mit LOADHIGH in der AUTOEXEC.BAT jedoch in jedem Fall vorzuziehen.

- Sie können jedoch auch andere Programme mit INSTALL laden, Sie müssen dann jedoch die Fehlermeldung ignorieren!

Beispiel:

Um den Tastaturtreiber KEYB.COM durch INSTALL zu laden, binden Sie diese Zeile in die CONFIG.SYS ein:

```
INSTALL=C:\DOS\KEYB.COM GR,437,C:\DOS\KEYBOARD.SYS
```

INSTALLHIGH	
Nicht dokumentierter Befehl für das Hochladen von residenten Programmen	
ab DOS 6.0	Verwandte Befehle: INSTALL

Syntax   **INSTALLHIGH=Programm**

Der Nachteil von INSTALL ist, daß die residenten Programme zwar durch die CONFIG.SYS geladen werden, doch sie werden in den konventionellen Speicher geladen, eine Möglichkeit, sie hochzuladen und so konventionellen Speicher zu sparen, gibt es nicht. Der undokumentierte Befehl INSTALLHIGH schafft da Abhilfe: Wenn Sie den Tastaturtreiber KEYB.COM bereits in der CONFIG.SYS laden wollen, so können Sie ihn mit INSTALLHIGH in die UMBs laden.

```
INSTALLHIGH  C:\DOS\KEYB GR,,C:\DOS\KEYBOARD.SYS
```

- Es muß eine komplette Pfadangabe gemacht werden, da das Laden mit INSTALL über die CONFIG.SYS geschieht und zu diesem Zeitpunkt noch kein Suchpfad mit PATH existieren kann.

- Eine Optimierung durch MEMMAKER findet nicht statt.

LOADFIX
Laden einer Anwendung

ab DOS 5.0	Verwandte Befehle: LOADHIGH, MEMMAKER

Syntax   **LOADFIX {Pfad}[Programm]**

Wenn Sie bei eingerichtetem Upper Memory (UMB) mit LOADHIGH ein Programm in diesen Speicherbereich laden wollen, kann es passieren, daß einige wenige Programme sich mit der Meldung

```
Packed file corrupt
```

dagegen zur Wehr setzen. Der Befehl LOADFIX schafft Abhilfe: Es wird dennoch versucht, das Programm in diesen Speicherbereich zu laden. Gelingt auch das nicht, wird es in den konventionellen Speicher geladen.

LOADHIGH LH
Laden eines residenten Programms in den Bereich des hohen Speichers (Upper Memory Block)

ab DOS 5.0	

Syntax   **LOADHIGH {L:Ber1{,Größe}}{;Ber2{,Größe}} {/S} [Programm] {Parameter}**

Syntax   **LH {L:Ber1{,Größe}}{;Ber2{,Größe}} {/S} [Programm] {Parameter}**

Programm	Ist das Programm, das durch LOADHIGH in den hohen Speicherbereich geladen werden soll. Eine Pfadangabe ist möglich.
L:Ber1;Größe	Ein oder mehrere Speicherbereiche, in den der (die) danach anzugebende Gerätetreiber geladen werden soll. Wenn Sie zusätzlich die Größe angeben, wird der Treiber nur in den angegebenen Bereich geladen, wenn dieser einen UMB enthält, der größer als die Größe des Treibers im Moment des Ladens (Ladegröße) ist. Es können mehrere Bereiche angegeben werden, die Bereiche sind dann voneinander mit Semikolon zu trennen.
/S	Die Option sorgt dafür, daß der Treiber beim Laden in den Speicher auf seine absolute Mindestgröße verkleinert wird und so in das gerade noch passende Speicherloch schlüpfen kann. Diese Option wird normalerweise nur von MEMMAKER verwendet und das sollte auch so bleiben, da Sie kaum eine Chance haben, diese Größe zu ermitteln. Die Option darf nur verwendet werden, wenn auch /L verwendet wurde.

222

Oberhalb des konventionellen, von DOS nutzbaren, Speichers von 640 KByte befindet sich ein Speicherbereich, das Adaptersegment, in den sich normalerweise die Gerätetreiber von Steckkarten einnisten, die Sie verwenden, etwa die Videokarte oder ein Festplatten-Controller. Dieser Bereich wird jedoch meistens nie ganz ausgenutzt, es entstehen in diesem Upper Memory freie Speicherbereiche, die man Upper Memory Blocks (UMB) nennt. Das Upper Memory wird durch den Treiber EMM386.EXE eingerichtet, der Befehl

```
DOS=UMB
```

in der CONFIG.SYS befiehlt, daß residente Programme dort abgelegt werden können, um den konventionellen Speicher zu entlasten. LOADHIGH oder LH sorgt dafür, daß ein Programm, sofern es dort noch Platz hat, in eines dieser UMBs geladen wird. Jedes Programm, das in das Upper Memory geladen werden soll, muß einzeln aufgerufen werden. Falls das Laden eines Programms in diesen Speicherbereich nicht gelingt, etwa weil das zu ladende Programm größer ist als der größte freie Speicherblock, wird es in den konventionellen Speicher geladen.

> **Tip**
>
> ### Optimale Konfiguration durch MEMMAKER
>
> Warum lassen Sie sich nicht diese Arbeit von MEMMAKER abnehmen? Dieses Programm kann nach unserer Erfahrung auf nahezu allen Rechnern eine optimale Konfiguration einstellen.

Beispiel:

Sie möchten den Tastaturtreiber KEYB.COM in ein UMB laden:

```
LOADHIGH  C:\DOS\KEYB GR,,C:\DOS\KEYBOARD.SYS
```

Die Syntax des Befehls ist also bis auf den Zusatz von LOADHIGH unverändert.

> **Hinweis**
>
> Die Speicherbereiche im UMB sind alles andere als zusammenhängend. Wenn Sie ein Programm laden, wird es in den ersten Speicherblock geladen, der groß genug ist. Das aber kann durchaus sehr unökonomisch sein, denn dieser Speicherblock ist damit für andere Programme gesperrt. Wenn aber das geladene Programm in einen anderen Block gerade hineingepaßt hätte, würde nicht der Speicherrest des Blocks verschenkt. Sie sollten mit der Reihenfolge des Ladens etwas experimentieren und mit dem Befehl MEM /C die optimale Reihenfolge ermitteln.

Es kann auch durchaus durch die sehr komplizierte Speicherstruktur zu Konflikten kommen, die ebenfalls durch eine andere Reihenfolge gelöst werden können. Wenn Sie die Option /L: verwenden, können Sie die genaue Position und die maximale Ladegröße bestimmen, was Sie jedoch nur versuchen sollten, wenn Sie den Verdacht haben, es besser zu können als MEMMAKER, der diese Parameter und die optimale Reihenfolge sehr präzise ermittelt und einstellt. Falls Sie die Meldung "Packed file corrupt!" erhalten, so haben Sie versucht, eine spezielle Art von Programm im oberen Speicher abzulegen, die dafür nicht geeignet ist. Verwenden Sie in einem solchen Falle anstelle von

```
LOADHIGH
```

den Befehl

```
LOADFIX
```

mit gleicher Syntax.

MEM
Anzeige des freien und des belegten Hauptspeichers sowie Anzeige der Programme im Speicher
ab DOS 4.0

Syntax   **MEM {/D{EBUG} } | /C{LASSIFY}} | {F{REE}} | {MODULE Programm} {/PAGE}**

Die Bedeutung der Optionen, von denen immer nur eine verwendet werden darf (und für deren Verwendung die Angabe ihres Anfangsbuchstabens ausreicht):

/PAGE	Diese Option kann (ausnahmsweise) mit allen anderen Optionen zusammen eingesetzt werden - sie verhindert das Durchlaufen des Bildes, wenn die Anzeige zu lang ist.
/DEBUG	Anzeige der zur Laufzeit im Hauptspeicher befindlichen residenten Programme und Gerätetreiber. Es werden Adresse und Größe (in hexadezimaler Form) sowie Name und Art des Programms bzw. des Gerätetreibers angezeigt.
/CLASSIFY	Anzeige der Art und Ladeort (konventioneller oder hoher Speicher) der derzeit im Speicher befindlichen Programme. Anzeige der Programmgröße auch in dezimaler Form.
/FREE	Listet die freien Bereiche im konventionellen und hohen Speicher auf.
/MODULE	Anzeige, wie ein Programm derzeit im Speicher gespeichert wird. Der Name des Programms ist ohne Erweiterung anzuhängen.

Die Optionen dürfen nicht zusammen verwendet werden. Ab 5.0 ist es möglich, nur die Anfangsbuchstaben der jeweiligen Option anzugeben, also /C anstelle von /CLASSIFY etc.

> **Hinweis**
>
> Neben MEM kann das Analyseprogramm MSD sehr genaue Einblicke in den Speicher ermöglichen.

Es ist möglich, auch die Lage der sogenannten speicherresidenten Programme zu lokalisieren. Ebenso wird die Größe evtl. vorhandener Expanded bzw. Extended Memory angezeigt und der freie Platz in diesen Speicherbereichen. Die Anzeigen sind - wenn auch sehr kompakt - zum Aufspüren der erforderlichen Parameter für die optimale Speicherverwaltung sehr nützlich.

Beispiel:

Sie möchten einen groben Überblick über die derzeitige Speicheraufteilung mit der Normalausgabe von MEM: Die "Normalausgabe" von MEM zeigt einen Statusbericht über die Speicherbelegung und die Aufteilung auf die verschiedenen Speicherarten:

```
Speichertyp              Insgesamt = Verwendet +     Frei
----------------         ----------   ---------    ---------

Konventioneller             640K         24K         616K
Hoher                       155K         63K          91K
Adapter RAM/ROM             229K        229K           0K
Erweiterung (XMS)         3.072K      3.068K           4K
Expansion (EMS)              0K          0K           0K
----------------         ----------   ---------    ---------

Insg. Speicher            4.096K      3.384K         712K

Insg. unter 1 MB            795K         87K         708K

Maximale Größe für ausführbares Programm    616K  (631.088 Byte)
Größter freier Block im oberen Speicherblock 91K  (93.216 Byte)
MS-DOS ist resident im oberen Speicherbereich (High Memory Area).
```

MEMMAKER	
Automatische Konfiguration und Optimierung der Speichernutzung	
ab DOS 6.0	

Syntax   **MEMMAKER {/BATCH} {/SWAP:Lw} {/UNDO} {/W:Gr1,Gr2} {/T} {/B} {/SESSION}**

Ohne Angabe einer Option wird MEMMAKER im dialoggesteuerten Modus gestartet.

/Batch	Start des Programms in einem automatischen Modus. Im Falle eines Fehlers wird automatisch die Funktion /UNDO (s. u.) ausgeführt, die alle Änderungen rückgängig macht. Die Meldungen während des Ablaufs werden in einer Datei namens MEMMAKER.INF protokolliert, die im Verzeichnis angelegt wird, in der sich das Programm befindet.
/SWAP:Lw	Wenn das Startlaufwerk vertauscht wird, etwa durch ein Programm zur Festplattenkomprimierung, so müssen Sie das Laufwerk, auf dem sich Ihre Startdateien CONFIG.SYS und AUTOEXEC. BAT befinden, hier angeben. Wenn Sie das DOS-Programm DRVSPACE verwenden, ist dies nicht erforderlich.
/UNDO	Stellt nach einer Optimierung der Konfiguration in der CONFIG.SYS und AUTOEXEC.BAT sowie die Windows-Konfiguration in der SYSTEM.INI den ursprünglichen Zustand wieder her.
/W:Gr1,Gr2	Windows benötigt im Bereich der UMBs zwei Speicherbereiche für eigene Zwecke. Diese werden von MEMMAKER standardmäßig mit je 12 KByte eingerichtet. Wenn Sie diesen Wert verändern oder ganz auf Null setzen wollen, müssen Sie die gewünschten Werte hier angeben.
/T	Falls es in Token-Ring-Laufwerken zu Problemen kommt, kann diese Option u. U. Abhilfe schaffen.
/B	Stellt den Monochrom-Modus ein.
/SESSION	Wird von MEMMAKER während des Optimierungsvorgangs genutzt.

MEMMAKER kann auf Rechnern mit einem Prozessor ab 80386 die Konfiguration des Hauptspeichers automatisch vornehmen. Wenn Sie MEMMAKER aufrufen, ohne Angaben zu machen, läuft der gesamte Vorgang interaktiv ab.

Wenn Sie nach einer Konfiguration durch MEMMAKER Ihre alte Konfiguration wiederherstellen wollen, rufen Sie MEMMAKER mit der Option UNDO auf.

Hinweis	MEMMAKER legt die alten Konfigurationsdateien im Programmverzeichnis von DOS an, die dort mit der Erweiterung UMB abgelegt werden. Löschen Sie diese Dateien also erst (wenn überhaupt), wenn Sie mit der Konfiguration zufrieden sind.

MENUCOLOR	
Definiert die Farben für ein Startmenü in der CONFIG.SYS	
ab DOS 6.0	Verwandte Befehle: MENUITEM, MENUDEFAULT, SUBMENU, INCLUDE

Syntax   **MENUCOLOR=Textfarbe{,Hintergrund}**

Textfarbe   Ist die Nummer einer der unten aufgeführten Farben, die für die Farbe des Textes des Menüs verwendet werden soll.

Hintergrund   Die Farbe des Hintergrundes wird durch die Angabe der Farbnummer nach einem Komma eingestellt. Ohne Angabe: Hintergrund schwarz.

Wenn Sie Ihr Menü farblich hervorheben möchten, werden Sie diesen Befehl verwenden. Die Farben, die Sie einstellen können, entnehmen Sie bitte dieser Tabelle:

0	Schwarz	8	Grau
1	Blau	9	Hellblau
2	Grün	10	Hellgrün
3	Cyan	11	Hellcyan
4	Rot	12	Hellrot
5	Magenta	13	Hellmagenta
6	Braun	14	Gelb
7	Weiß	15	Hellweiß

Beispiel:

Sie möchten für Ihr Startmenü eine schwarze Schrift auf rotem Hintergrund einstellen:

```
MENUCOLOR=0,4
```

Hinweis

Achten Sie darauf, daß Sie unterschiedliche Farben nehmen. Auch sehr dunkle Schriften auf dunklem Untergrund sind je nach Lichtverhältnissen schlecht lesbar.

Wenn in einer der Blöcke der Treiber ANSI.SYS geladen wird, werden die Farben zurückgesetzt (Fehler!). Daher sollten Sie, wenn überhaupt nötig, ANSI.SYS so spät wie möglich laden, damit die Menüfarben erhalten bleiben.

MENUDEFAULT	
Definiert die Standardvorgabe in einem Startmenü der CONFIG.SYS	
ab DOS 6.0	Verwandte Befehle: MENUITEM, MENUCOLOR, SUBMENU, INCLUDE

Syntax   **MENUDEFAULT=Blockname{,Zeit}**

227

Blockname	Ist der Name des Blocks innerhalb des mit MENUITEM definierten Menüs, der beim Start als Vorgabe gelten soll. Der Name ist im Menü hell hinterlegt und die Nummer des Menüpunkts erscheint bei der Eingabeaufforderung.
Zeit	Zeit in Sekunden, nach der bei fehlender Eingabe diese Vorgabe automatisch ausgewählt werden soll. Mögliche Werte: 0 bis 90 Sekunden. Ein Wert von 0 übergeht das Startmenü und startet mit den Vorgabewerten. Ohne Zeitangabe wird das Menü nur mit Enter gestartet.

Die Handhabung dieses Befehls wird an diesem kleinen Beispiel schnell deutlich:

```
[MENU]

MENUITEM=Ohne_Netz, Start ohne Netzwerk
MENUITEM=Mit_Netz, Start mit Netzwerk

MENUDEFAULT=Mit_Netz,20

[Ohne_Netz]
REM Hier erscheinen die CONFIG.SYS-Befehle für den Start ohne Netzwerk.

[Mit_Netz]
REM Hier erscheinen die CONFIG.SYS-Befehle für den Start mit Netzwerk.
```

Die Vorgabe in diesem einfachen Startmenü ist der zweite Menüpunkt. Nach 20 Sekunden ohne eine Eingabe startet der Rechner mit dieser Konfiguration.

MENUITEM	
Definiert ein Startmenü in der CONFIG.SYS	
ab DOS 6.0	Verwandte Befehle: MENUDEFAULT, MENUCOLOR, SUBMENU, INCLUDE

Syntax   **MENUITEM=Blockname{,Text}**

Blockname	Name des Blocks von Anweisungen, zu dem nach Auswahl dieses Menüpunkts verzweigt werden soll. Dieser Blockname wird in der AUTOEXEC.BAT als Sprungmarke verwendet. Wird in der CONFIG.SYS kein Block mit diesem Namen gefunden, wird der Menüpunkt nicht im Startmenü angezeigt. Es sind Namen mit bis zu 70 Zeichen erlaubt, nicht erlaubt im Namen des Blocks sind die Zeichen Leertaste \ / , ; = [ ] Es sind bis zu neun Menüpunkte erlaubt.
Text	Zusätzlicher Text, der im Menü anstelle des Blocknamens erscheinen soll. Ohne Text wird der Blockname angezeigt.

228

Sie können ab DOS 6.0 erstmals ein Menü erstellen, das bei jedem Start die Abarbeitung unterschiedlicher CONFIG.SYS-Blöcke ermöglicht.

Das Menü wird am Anfang der CONFIG.SYS mit MENUITEM in der Sektion [MENU] definiert:

```
[MENU]

MENUITEM=Ohne_Netz, Start ohne Netzwerk
MENUITEM=Mit_Netz, Start mit Netzwerk

[Ohne_Netz]
REM Hier erscheinen die CONFIG.SYS-Befehle für den Start ohne Netzwerk.

[Mit_Netz]
REM Hier erscheinen die CONFIG.SYS-Befehle für den Start mit Netzwerk.
```

Die jeweiligen Texte für das Menü wurden mit Kommata dem Blocknamen angehängt.

MSCDEX	
Einbindung eines CD-ROM-Laufwerks	
ab DOS 6.0	

Syntax   **MSCDEX [/D:Lw1] {/D:Lw2} {/E} {/K} {/S} {/V} {/L:LwName} {/M:Puffer}**

/D:Lw1	Laufwerkkennung, die mit der Kennung übereinstimmen muß, die beim Laden des Gerätetreibers des Laufwerks in der CONFIG.SYS verwendet wurde. Weitere Laufwerke sind mit anderen Kennungen durch Leertaste hinzuzufügen.
/E	Wenn der Treiber Expanded Memory zum Zwischenspeichern benutzen soll, ist diese Option zu verwenden.
/K	MS-DOS erkennt standardmäßig keine CD-ROMs, die nach dem Kanji-Prinzip codiert sind. Wenn Sie dies erzwingen wollen, benutzen die Sie diesen Schalter.
/S	Stellt die Nutzung des CD-ROM-Laufwerks in Netzwerken wie MS-Net oder Windows für Workgroups bereit.
/V	Beim Start von MSCDEX wird eine Speicher-Statistik angezeigt.
/L:LwName	Legt den verwendeten Laufwerkbuchstaben fest. Wenn mehr als ein Laufwerk verwendet wird, werden die jeweils nächsten freien Laufwerkbuchstaben im Alphabet automatisch vergeben.
/M:Puffer	Die Anzahl der Speicherpuffer im Hauptspeicher.

Der Befehl MSCDEX bindet (am sinnvollsten in der AUTOEXEC.BAT) ein CD-ROM-Laufwerk in das Laufwerksystem ein, das vorher mit seinem Gerätetreiber in der CONFIG.SYS angemeldet worden sein muß. Die Laufwerkkennung, die bei der gleichlautenden Option /D: in der Befehlszeile in der CONFIG.SYS vergeben wurde, ist zur eindeutigen Identifizierung hier auch zu verwenden. Wenn mehrere CD-ROM-Laufwerke verwendet werden sollen, sind unterschiedliche Kennungen zu verwenden.

Beispiel:

In der CONFIG.SYS haben Sie mit der Zeile

```
DEVICE=C:\DOS\DRVR\ASPICD.SYS /D:MSCD000
```

einen mitgelieferten Gerätetreiber Ihres CD-ROM-Laufwerks integriert. Der entsprechende MSCDEX-Befehl lautet:

```
MSCDEX /D:MSCD000
```

Wenn Sie kein Laufwerk mit der Option /L: vergeben, wird der nächste freie Laufwerkbuchstabe vergeben.

> **Hinweis**
> Wenn Sie mehr als ein Laufwerk verwenden, beachten Sie, daß Sie möglicherweise mit dem Befehl LASTDRIVE in der CONFIG.SYS mehr als die standardmäßig erlaubten fünf Laufwerke anmelden müssen.
>
> Wenn Sie möchten, daß Zugriffe auf ein CD-ROM-Laufwerk durch SMARTDRV.EXE optimiert werden, muß MSCDEX vor SMARTDRV.EXE geladen werden.

MSD	
Hardware-Analyse	
ab DOS 6.0	Verwandte Befehle: MEM

Syntax **MSD {/I} {/B} {/FDatei} {PDatei} {/SDatei}**

/I   Wenn MSD nicht korrekt startet oder nicht einwandfrei läuft, verwenden Sie diese Option. Die Hardware wird dann nicht beim Start untersucht, sondern erst, wenn Sie eine Analyse aus dem Programm heraus aufrufen.

/B	Startet MSD im Schwarzweiß-Modus.
/FDatei	Erstellt ein umfangreiches Protokoll der Hardware und der Systemumgebung, nachdem Sie Name, Firma, Adresse etc. angegeben haben. Nach dem Befehl können Sie (ohne Leertaste) den Pfad für die Erstellung der Datei angeben.
/PDatei	Erstellt ein umfangreiches Protokoll, ohne die persönlichen Angaben zu erfragen.
/SDatei	Es wird ein kurzgefaßtes Protokoll erstellt.

MSD ist ein Programm, das in der Lage ist, Ihnen Aufschluß über sehr wichtige Systemparameter zu geben. Doch nicht nur für Sie ist dieses Programm möglicherweise wichtig, auch der Service für Ihr System ist wesentlich einfacher durchzuführen, wenn der Kundendienst anhand der Informationen im Protokoll, das MSD erstellt, bereits Maßnahmen im Vorfeld durchführen kann. Das Programm ist kein Programm für eine Fehlersuche an der Hardware, wie oft angenommen wird. Lediglich kleinere Konfigurationsfehler (etwa der Verweis einer Umgebungsvariablen auf ein nicht existierendes Verzeichnis) werden gemeldet.

PATH	
Legt einen Suchpfad für Programmdateien	
ab DOS 2.0	Verwandte Befehle: APPEND, SET

Syntax   **PATH {Pfad} {;Pfad} {;Pfad} {;...} {;Pfad} {;}**

Pfad	Ist der einzustellende Suchpfad. Es können beliebig viele Suchpfade, jeweils durch ein Semikolon (und ohne Leertaste!) getrennt, hinterlegt werden. Ohne Angabe eines Suchpfades wird der aktuell verwendete Suchpfad angezeigt.
PATH ;	Löscht einen eingestellten Suchpfad.

Wenn Sie einen Befehl eingeben, sucht der Kommandoprozessor zuerst im eventuell angegebenen oder im aktuellen Verzeichnis nach der Programmdatei, die diesen Befehl beinhaltet. Es wird in der Reihenfolge

```
.COM
.EXE
.BAT
```

gesucht. Wird die Datei gefunden, wird der Befehl ausgeführt, wird sie jedoch dort nicht gefunden, meldet COMMAND.COM

```
Befehl oder Dateiname nicht gefunden!
```

und bricht ab.

Mit PATH kann eine Liste von Verzeichnissen im Umgebungsspeicher des Kommandoprozessors hinterlegt werden, in denen zusätzlich gesucht werden soll, wenn die Datei im aktuellen Verzeichnis nicht gefunden wird.

Beispiel:

Wenn Sie also den Befehl

```
PATH C:\DOS;C:\WORD;C:\LOTUS
```

eingeben, erweitert er die Suche auf die drei Verzeichnisse.

Erst wenn die Datei dort ebenfalls nicht gefunden wird, erscheint die genannte Meldung.

- Jede neue Definition eines Suchpfades überschreibt den vorigen.

- Fehler in der Pfadangabe wie Syntaxfehler oder nicht existierende Verzeichnisse werden bei der Pfaddefinition *nicht* erkannt, sondern erst, wenn der Suchpfad abgesucht wird.

- Im Umgebungsspeicher ist standardmäßig nur für 127 Zeichen Platz - falls Sie einen zu langen Suchpfad definieren, wird der überhängende Rest kommentarlos abgeschnitten. Wenn Sie einen längeren Suchpfad benötigen, müssen Sie entweder kürzere Verzeichnisnamen vergeben (Umbenennen mit MOVE) oder den Pfad in der CONFIG.SYS statt in der AUTOEXEC.BAT definieren. Binden Sie dafür die Zeile

```
SET PATH=Ihr Suchpfad
```

Mit diesem Batch können Sie sich das Editieren eines Suchpfades erleichtern:

```
ECHO OFF
IF %1\==\ GOTO SYNTAX
PATH %PATH%;%1
PATH >>C:\AUTOEXEC.BAT
REM Diese Änderung der AUTOEXEC.BAT ist nicht unbedingt nötig! Der
REM Suchpfad wird dadurch automatisch in die AUTOEXEC.BAT eingebunden!
GOTO ENDE
:SYNTAX
ECHO Eingabe: %0 VERZEICHNIS;VERZEICHNIS
:ENDE
```

> **Tip**
>
> ## Plazieren der Pfadangabe ist wichtig
>
> Plazieren Sie die Verzeichnisse, die öfter nachgefragt werden, an den Anfang der Pfadangabe. Da in der Reihenfolge der Pfadangabe gesucht wird, ergibt sich ein - wenn auch kleiner - Geschwindigkeitsvorteil beim Aufruf.
>
> In der AUTOEXEC.BAT sollten Sie residente Programme nicht *nach* der Einbindung des Suchpfades ohne Pfadangabe aufrufen, sondern *vorher* mit voller Pfadangabe. Wenn diese Programme nach PATH ohne Pfadangabe gestartet werden, wird der gesamte Suchpfad zu dieser Datei mit im Speicher abgelegt - und das kostet Speicherplatz.

PROMPT	
Einstellen des Systemprompts	
ab DOS 2.0	Lesen Sie ggf. auch die Informationen zu ANSI.SYS

Syntax   **PROMPT {Zeichenkette}**

Zeichenkette   Zeichenkette, die als Prompt erscheinen soll. Ohne diese Angabe: Zurücksetzen auf Standardprompt ng.

Der PROMPT ist das Bereitschaftszeichen des Betriebssystems. Er erscheint nach dem erfolgreichen Starten des Systems sowie nach der Ausführung eines Befehls. Wenn Sie nichts anderes befehlen, sehen Sie den PROMPT also mit der Anzeige des aktuellen Laufwerks und dem Zeichen >. Sie können den PROMPT jedoch in seinem Aussehen verändern. Dafür geben Sie den Befehl PROMPT ein und fügen bestimmte Zeichen an, die das Aussehen des Bereitschaftszeichens beeinflussen:

$B	Pipesymbol, erlaubt die Verwendung von SORT, MORE
$D	zeigt das durch DATE eingestellte Systemdatum
$E	ESCAPE-Zeichen
$G	>
$H	löscht das vorangegangene Zeichen (1 mal $h pro Zeichen!)
$L	<
$N	aktuelles Laufwerk, Standardprompt mit $g zusammen
$P	aktuelles Verzeichnis
$Q	=
$T	Anzeige der Systemzeit
$V	Version von DOS
$_	neue Zeile
$$	Dollarzeichen

233

Neben diesen Zeichen können Sie mit $e alle ESCAPE-Sequenzen verwenden. Damit können Sie die Bildschirmdarstellung (Farben, inverse Darstellung etc.) und die Tastenbelegung steuern. Sie können dann auf alle Farben und andere Bildschirmattribute zugreifen, die durch ANSI.SYS unterstützt werden - beachten Sie jedoch, daß dafür der Gerätetreiber ANSI.SYS in der CONFIG.SYS eingebunden sein muß.

Beispiel 1:

```
PROMPT $D $N$P$G
```

$D erzeugt im Prompt das Systemdatum, danach wird das aktuelle Laufwerk und das aktuelle Verzeichnis angezeigt.

Beispiel 2:

So verwenden Sie ESCAPE-Sequenzen:

```
PROMPT $E[30;41m $p »» $e[0m
```

Die ANSI-Escape-Sequenz $E[30;41m definiert eine schwarze Schrift auf rotem Grund, es folgt die Pfadangabe mit aktuellem Verzeichnis. Die Escape-Sequenz $E0m schaltet (wichtig!) die Bildschirmattribute wieder auf "normal". Würden Sie das vergessen, wäre ab diesem Zeitpunkt die Bildschirmanzeige schwarz auf rot.

Tip

Laufendes Programm im PROMPT anzeigen

Es hat fatale Folgen, wenn Sie aus dem Betriebssystemausgang heraus ein residentes Programm laden: Die Speicherarchitektur bricht zusammen, und Ihr System hängt sich auf. Um Ihnen jedoch immer vor Augen zu halten, daß Sie ein Programm - etwa MS-WORD - nicht beendet, sondern nur vorübergehend verlassen haben, sollten Sie aus dem Programm heraus als erstes einen Batch starten, der Ihren alten PROMPT hinterlegt sowie Ihnen im PROMPT mitteilt, daß Sie eigentlich noch in WORD sind:

```
@ECHO OFF
ECHO PROMPT %PROMPT% >C:\ALTPRMPT.BAT
PROMPT $e[7m WORD $p »» $e[0m
ECHO Wir laden eine Kopie von COMMAND.COM.
    Mit EXIT zurück zu WORD.
COMMAND
C:\ALTPRMPT
```

RAMDRIVE.SYS
Einrichten einer RAM-Disk
ab DOS 1.0

Syntax   **DEVICE=RAMDRIVE.SYS {Größe} {Sektor} {Anzahl} {/E} {/A}**

Größe   Kapazität in KByte, ohne Angabe: 64 KByte. Kleinster möglicher Wert ist 4 KByte, größter möglicher Wert ist 31.744 MByte.

Sektor   Definiert die Größe der simulierten Sektoren. Standard: 128. Wenn dieser Wert geändert wird, muß auch die Laufwerkgröße definiert werden.

Anzahl   Definiert, wie viele Dateien auf der RAM-Disk angelegt werden dürfen. Sie können Werte zwischen 2 und 512 eingeben. Standard: 64.

/E   Wenn Sie über Extended Memory verfügen, können Sie mit dieser Option jenseits der 1-MByte-Grenze eine RAM-Disk einrichten.

/A   Anlegen der RAM-Disk im Expanded Memory.

Der Gerätetreiber RAMDRIVE.SYS installiert im Hauptspeicher ein zusätzliches virtuelles (=logisches) Laufwerk, RAM-Disk genannt. Diese ist wesentlich schneller als ein mechanisches Laufwerk.

- Beachten Sie, daß der Inhalt einer RAM-Disk mit dem Ausschalten des Computers gelöscht wird!

- Eine RAM-Disk muß und darf nicht formatiert werden. Sie ist nach dem Einrichten sofort verwendbar.

- Es werden nur die Zahlen gelesen, die Bezeichnungen müssen Sie nicht eingeben, es ist jedoch erlaubt. Entscheidend ist die richtige Reihenfolge der Parameter.

Beispiel:

Sie wollen eine RAM-Disk einrichten von der Größe 125 KByte, auf der max. 20 Einträge gemacht werden können:

```
DEVICE=C:\DOS\SYS\RAMDRIVE.SYS  125  512  20
```

Hinweis	Beachten Sie bitte, daß es nicht viel Sinn macht, erst Expanded Memory zu emulieren, um in diesem Speicher dann eine RAM-Disk zu betreiben. Sinnvoller ist es, diese direkt im Extended Memory anzulegen.

> **Tip**
>
> ## Temporäres Verzeichnis auf der RAM-Disk
>
> Wenn Sie über sehr viel erweiterten Hauptspeicher verfügen, sollten Sie auf der RAM-Disk ein Verzeichnis \TEMP anlegen und mit
>
> ```
> SET TEMP=E:\TEMP
> SET TMP=E:\TEMP
> ```
>
> eine entsprechende Umgebungsvariable einrichten. Alle Programme, die mit temporären Dateien arbeiten - und das sind nicht wenige - werden diese nun auf der schnellen RAM-Disk ablegen. Der Verarbeitungsgeschwindigkeit der Programme tut das sehr gut! Außerdem müssen Sie nie wieder TMP-Dateien löschen, da diese mit dem Ausschalten des Rechners automatisch gelöscht werden.

SET	
Anzeigen oder Ändern des Umgebungsspeichers des Kommandoprozessors	
ab DOS 2.0	

Syntax   **SET {{Variable}={Wert}}**

Variable   Name einer Variablen, die im Umgebungsspeicher abgelegt werden soll. Der Name wird im Umgebungsspeicher in Großbuchstaben hinterlegt, auch wenn er anders eingegeben wurde. Ohne Parameter wird der Inhalt des Umgebungsspeichers angezeigt.

Wert   Wert dieser Variablen.

Variable=   Nennung der Variablen mit Gleichheitszeichen, jedoch ohne Wert, löscht den Inhalt dieser Variablen.

Der Kommandoprozessor COMMAND.COM legt in seiner unmittelbaren Nähe im Speicher einen Bereich an, der ausschließlich für die Zwecke des Kommandoprozessors reserviert ist.

Folgende Werte werden dort für COMMAND.COM abgelegt:

- Der Prompt, wenn es nicht der Standardprompt NG ist.
- Der Suchpfad, der mit PATH definiert wurde.
- Ein Suchpfad mit APPEND, wenn die Option /E verwendet wurde.
- Die Variable COMSPEC, deren Inhalt der Pfad zum aktuell verwendeten Kommandoprozessor ist.

- Die Variable MSDOSDATA, die einen Pfad zu einem Verzeichnis legt, in dem die INI-Dateien der DOS-Programme sowie die SETUP-Dateien der Backup-Programme abgelegt werden.

- Sie können mit der Variablen WINPMT einen Prompt definieren, der nur in der DOS-Box von Windows erscheinen soll, um Sie zu erinnern, daß Windows im Hintergrund auf Ihre Rückkehr wartet.

- Die Variable WINDIR wird von Windows beim Start angelegt und verweist auf das Windows-Verzeichnis. Außerdem verhindert das Vorhandensein dieser Variablen die Ausführung von Programmen wie DEFRAG und SCANDISK, da diese Programme nicht unter Windows laufen dürfen.

> **Tip**
>
> ### Ausführung von **SCANDISK** verhindern
> Wenn Sie mit dieser Variablen und einem beliebigen Wert simulieren, daß Windows aktiv sei, werden diese Programme nicht ausgeführt.

Im *Environment*, wie der Umgebungsspeicher auch genannt wird, kann der Anwender auch eigene Variablen hinterlegen, die von Anwendungsprogrammen ausgewertet werden.

Die von DOS genutzte Variablen sind

    TEMP
    DIRCMD
    Neu ab DOS 6.2: COPYCMD

Mit dem Befehl

```
SET TEMP=PFAD
```

legen Sie fest, wo das Betriebssystem sogenannte temporäre Dateien ablegen soll, die etwa beim Benutzen der Filterbefehle SORT und MORE entstehen. Ohne diese Angabe werden diese Dateien im Hauptverzeichnis abgelegt.

Mit der Variablen DIRCMD können Sie die Sortierkriterien für die Ausgabe des Inhaltsverzeichnisses festlegen.

Die Variable COPYCMD legt ab 6.2 fest, wie die Überschreibwarnung der Befehle COPY, XCOPY und MOVE zu handhaben ist.

> **Hinweis**
>
> Sie haben im Umgebungsspeicher nur Platz für 159 Byte (=Zeichen), wenn das - etwa für einen längeren Suchpfad - zuwenig sein sollte, binden Sie mit SHELL eine Kopie des Kommandoprozessors ein, die Sie mit mehr Umgebungsspeicher ausstatten.

SHARE
Sperren von Dateien im Betrieb mit mehreren Benutzern
ab DOS 3.0

Syntax   **SHARE {/F:nnnn} {/L:mm}**

/F:nnnn   Definiert den Speicherplatz, der für SHARE zur Verfügung gestellt werden soll. Standard: 2048 Bytes.

/L:mm   Ist die maximale Anzahl von Dateien, die zeitweilig vor dem Zugriff anderer Teilnehmer im Netz gesperrt (gelockt) werden sollen. Für jede gesperrte Datei wird 1 Byte benötigt. Standard: 20 Dateien.

SHARE regelt in Netzwerken den Dateizugriff. Wird eine Datei durch einen Teilnehmer im Netz aufgerufen, wird diese Datei für den Zugriff anderer Teilnehmer gesperrt. Auch der Gebrauch einer Datei durch mehrere Nutzer im Netz (File Sharing) wird durch SHARE ermöglicht.

SHARE kann problemlos mit LOADHIGH in den hohen Speicher geladen werden, wenn dieser vorbereitet wurde. Ebenso ist ein Laden mit INSTALL oder INSTALL-HIGH möglich.

> **Hinweis**
>
> Ab DOS 4.0 werden größere Festplattenpartitionen als 32 MByte unterstützt. Dafür muß SHARE geladen werden - ab 5.0 ist dies nicht mehr nötig.
>
> Wenn Sie unter Windows verschiedene Instanzen ein und desselben Programms starten wollen, ist dies nur möglich, wenn SHARE geladen ist.

238

SHELL	
Angabe, welcher Kommandoprozessor verwendet werden soll	
ab DOS 3.0	Verwandte Befehle: COMMAND

Syntax   **SHELL=[Prozessor] {Parameter}**

Prozessor   Name des zu ladenden Kommandoprozessors. Wenn dieser Kommandoprozessor sich nicht im Hauptverzeichnis befindet, muß der Pfad angegeben werden.

Parameter   Übergabe von Parametern an den zu ladenden Kommandoprozessor.

Wenn Sie den Rechner starten, wird neben den drei versteckten Systemdateien auch der Kommandoprozessor COMMAND.COM in den Hauptspeicher geladen, der sich dafür im Hauptverzeichnis des Startdatenträgers befinden muß. Mit SHELL weisen Sie den Weg zu einem anderen Verzeichnis oder binden einen völlig anderen Kommandoprozessor ein, der natürlich zu COMMAND.COM kompatibel sein muß, wie etwa 4COM und andere.

Beispiel:

Wenn sich COMMAND.COM im Verzeichnis \DOS befindet, sähe die Zeile so aus:

```
SHELL C:\DOS\COMMAND.COM C:\DOS
```

Den SHELL-Befehl können Sie sich auch zunutze machen, um mehr Umgebungsspeicher für COMMAND.COM zu reservieren:

```
SHELL C:\DOS\COMMAND.COM C:\DOS /E:512 /P
```

lädt den gleichen Prozessor wie im vorigen Befehl, nur wird permanent ein Umgebungsspeicher von 512 Byte (statt 159) für die Belange des Kommandoprozessors freigehalten. Die Optionen werden von SHELL also nicht definiert, sondern an COMMAND.COM übergeben, der diese Optionen dann auswertet.

SMARTDRV.EXE	
Cachespeicher zum Beschleunigen von Festplattenzugriffen	
ab DOS 6.2	

239

Syntax	SMARTDRV {/X} {Größe} {WinGröße} {Lw{+l-}} {/E:Element} {/B:Puffer} {/C l /R} {/L} {/U} {/F l /N} {/V l /Q l /S}
/X	Neu ab DOS 6.2: Deaktiviert den Schreibcache für alle Laufwerke. Wird bei der Installation so voreingestellt, sofern noch kein Eintrag vorhanden ist. Mit der Angabe des Laufwerks sowie dem Pluszeichen kann dies für die betreffenden Laufwerke aktiviert werden.
Größe	Größe des Cachespeichers nach dem Start für den Betrieb ohne Windows. Die Größe ist entscheidend für die Effektivität des Cachespeichers. Die Standardgröße hängt vom Erweiterungsspeicher ab, über den Ihr System verfügt.
WinGröße	Größe, auf die Windows den Cache verkleinern darf, um den Speicher selbst zu nutzen. Nach dem Beenden von Windows wird die normale Größe wiederhergestellt. Die Standardgröße hängt vom Erweiterungsspeicher ab, über den Ihr System verfügt.
Lw+	Aktiviert für das Laufwerk einen Schreib- und Lesecache.
Lw-	Deaktiviert den Cache für das betreffende Laufwerk.
/E:Element	Angabe, wie viele Byte des Caches bei einem Vorgang verschoben werden. Zulässige Werte: 1.024, 2.048, 4.096 und 8.192 Byte, letzteres ist Voreinstellung.
/B:Puffer	Angabe in Byte, wieviel Puffer für die nächsten Informationen einer gerade eingelesenen Datei bereitgestellt werden sollen. Standard ist 16 KByte. Je größer dieser Wert, desto effektiver ist der Cache, doch gerade dieser Wert belastet den konventionellen Arbeitsspeicher. Angabe hat in Byte zu erfolgen.
/C	Schreibt den Inhalt des Caches auf das gepufferte Laufwerk, die Daten werden also aktualisiert.
/R	Löscht den Inhalt des Caches und startet SMARTDRV neu.
/N	Neu ab DOS 6.2: Schreibt zurück, wenn das System keine Aktivitäten ausführt. Diese Option ist nicht so sicher wie /F.
/F	Neu ab DOS 6.2: Nach jedem Beenden eines Programms werden die Daten zurückgeschrieben. Dies ist die Voreinstellung.
/L	Verhindert das Laden von SMARTDRV in die UMBs, das normalerweise automatisch geschieht. Wenn Sie die Doppelpufferung einsetzen und das Gefühl haben, daß SMARTDRV nicht schnell genug ist, könnte dieser Schalter Abhilfe schaffen.
/U	Neu ab DOS 6.2: Die standardmäßige Unterstützung von CD-ROM-Laufwerken wird deaktiviert. Aktiviert wird sie durch Angabe des CD-ROM-Laufwerkbuchstabens mit vorangehenden Pluszeichen.
/Q	Es werden keine Status- oder Fehlermeldungen angezeigt.
/S	Zeigt Informationen über die Trefferquote des Caches sowie die gepufferten Laufwerke.
/V	Es werden beim Start Status etc. angezeigt, was normalerweise nicht der Fall ist.

Ein Cachespeicher wie SMARTDRV speichert Dateien in Bereichen mit schnellem Zugriff, um Medien mit langsamerem Zugriff Leseoperationen zu ersparen. SMART-DRV.EXE optimiert damit die Geschwindigkeit von Festplattenzugriffen, aber auch den Zugriff auf andere Medien. Bei bestimmten Programmen, etwa Datenbanken, ist der Geschwindigkeitsvorteil erheblich! SMARTDRV arbeitet dabei standardmäßig, als Lesecache, d. h., das Schreiben wird nicht verzögert ausgeführt.

Wenn Sie die Option /X aus der Befehlszeile herauslöschen, wird auch das Schreiben verzögert durchgeführt, was einerseits zu einer weiteren Verbesserung der Performance führt, was jedoch auch zu Problemen führen kann, da die Daten auf der Platte bei einem Ausschalten des Rechners u. U. noch nicht aktualisiert sind. Standardmäßig (ohne Angaben) wird folgende Cachegröße eingerichtet:

Erweiterungsspeicher	Größe	Win-Größe
< 1 MByte	alles	Null
< 2 MByte	1 MByte	256 KByte
< 4 MByte	1 MByte	512 KByte
< 6 MByte	2 MByte	1 MByte
> 6 MByte	2 MByte	2 MByte

Diese Größen sind vernünftig, doch die optimale Größe müssen Sie experimentell ermitteln. Wenn Sie Laufwerke, die standardmäßig nicht gepuffert werden, ebenfalls der Zwischenspeicherung unterziehen wollen, geben Sie dies an:

```
SMARTDRV 2048 1024 F+
```

richtet einen Cache von 2 MByte Größe und einer 1 MByte Windows-Größe ein und bezieht das Laufwerk F: in den Schreib- und Lesecache mit ein.

Beachten Sie folgende Hinweise:

Hinweis

Durch die Verzögerung des Schreibcache sind die Daten auf dem Laufwerk erst fünf Sekunden nach dem Beginn einer Ruhephase des Systems aktualisiert. Wenn Sie also Ihren Rechner ausschalten, sollten Sie entweder etwa fünf Sekunden auf das Aufleuchten der Leuchtdiode an der Festplatte warten oder mit dem Befehl

```
SMARTDRV /C
```

den Inhalt des Caches auf die Laufwerke schreiben und erst danach abschalten. Am besten bauen Sie diesen Befehl am Ende Ihrer AUTOEXEC.BAT ein. In der Standardausführung wird vor der Rückkehr zum Prompt der Cacheinhalt zurückgeschrieben, also reicht es aus, jedes Programm ordentlich zu beenden.

Wenn Sie den Rechner mit Strg+Alt+Entf neu starten, werden die Daten vorher zurückgeschrieben, nicht aber, wenn Sie auf den Reset-Knopf drücken oder den Aus-Schalter betätigen.

Wenn Sie eine SCSI-Platte oder ein anderes SCSI-Laufwerk, eine ESDI-Platte oder ein Gerät mit Mikrokanal-Bus betreiben, kann es notwendig sein, die Doppelpufferung von SMARTDRV zu installieren.

Dafür muß in der CONFIG.SYS (im Gegensatz zum normalen Aufruf!) die Zeile

```
DEVICE=C:\DOS\SMARTDRV.EXE   /DOUBLE_BUFFER
```

eingegeben werden. Lesen Sie ggf. dazu die Dateien ANWINFO.TXT und INFO.TXT durch.

Hinweis Wenn Sie Windows installieren, wird SMARTDRV mit installiert. Die Installationsroutine von Windows erkennt in vielen Fällen die Hardware, für die die Doppelpufferung verwendet werden muß, und richtet die Konfiguration entsprechend ein.

SUBMENU	
Definiert ein Untermenü in der CONFIG.SYS	
ab DOS 6.0	Verwandte Befehle: MENUITEM, MENUDEFAULT, MENUCOLOR, INCLUDE

Syntax **SUBMENU=Blockname{,Text}**

Blockname Name eines Untermenüs, zu dem nach Auswahl dieses Menüpunkts verzweigt werden soll. Dieser Blockname wird in der AUTOEXEC.BAT als Sprungmarke verwendet. Wird in der CONFIG.SYS kein Block mit diesem Namen gefunden, wird der Menüpunkt nicht im Startmenü angezeigt. Es sind Namen mit bis zu 70 Zeichen erlaubt, nicht erlaubt im Namen des Blocks sind die Zeichen
Leertaste \ / , ; = [ ]
Es sind bis zu neun Menüpunkte erlaubt.

Text Zusätzlicher Text, der im Menü anstelle des Blocknamens erscheinen soll. Ohne Text wird der Blockname angezeigt.

In einem Hauptmenü für den Start des Rechners sind lediglich bis zu neun Menüpunkte erlaubt. Das mag einer der Gründe sein, warum Sie Untermenüs bilden möchten. Die Gründe dafür mögen jedoch auch sein, daß Sie eine logischere Aufteilung wünschen.

Um ein Untermenü zu erstellen, binden Sie einfach mit dem Befehl SUBMENU einen beliebigen Block ein:

242

```
[MENU]

SUBMENU=Ohne_Netz, Start ohne Netzwerk
MENUITEM=Mit_Netz, Start mit Netzwerk

[Ohne_Netz]
MENUITEM=Peter
MENUITEM=Gerd
MENUITEM=Monika

[Peter]
...

[Gerd]
...

[Monika]
...

[Mit_Netz]
REM Hier erscheinen die CONFIG.SYS-Befehle für den Start mit Netzwerk.
```

Hinweis Um ein Hauptmenü zu kreieren, müssen Sie den betreffenden Block [MENU] nennen. Für ein Untermenü ist jeder Name erlaubt. In unserem kleinen Beispiel werden erst zwei Konfigurationsmöglichkeiten angeboten, nämlich der Start ohne das Netzwerk und der Start mit Netzwerk. Wenn der Anwender die erste Möglichkeit wählt, kann er danach in dem Untermenü eine der drei dort angebotenen Konfigurationen auswählen.

SWITCHES	
Tastatur-Emulation	
ab DOS 4.0	

Syntax **SWITCHES={/F} {/K} {/W} {/N}**

/F   Unterbindet die zwei Sekunden lange Meldung am Anfang des Startvorgangs und beschleunigt das Starten damit.

/K   Emuliert die Normaltastatur, obwohl eine erweiterte Tastatur vorhanden ist.

243

/W   Erlaubt die Verschiebung der Datei WINA20.386 in ein anderes Verzeichnis. Wird nur benötigt, wenn Sie Windows 3.0 im erweiterten Modus ausführen.

/N   Sorgt dafür, daß beim Start die Tasten F5 und F8 nicht benutzt werden können, um die CONFIG.SYS und AUTOEXEC.BAT ganz oder teilweise zu ignorieren.

Ab DOS 4.0 wird die erweiterte Tastatur unterstützt, was jedoch manchmal zu Problemen führt, wenn etwa die Codes der erweiterten Tastatur nicht richtig interpretiert werden.

Mit der Zeile

```
SWITCHES=/K
```

in der CONFIG.SYS wird Ihre Tastatur als normale Tastatur behandelt.

Wenn Sie den Treiber ANSI.SYS verwenden, sollten Sie dessen Option /K mit derselben Auswirkung verwenden.

Mit der Option /N wird verhindert, daß der Anwender die Tasten F5 und F8 benutzen darf, um die Konfigurationsdateien CONFIG.SYS und AUTOEXEC.BAT zu ignorieren. Sie werden das für Ihren Rechner nicht brauchen, für einen Rechner in einer Firma ist es jedoch sicher von Interesse, daß nicht jeder starten darf, wie er will.

244

Stichwortverzeichnis

247

Wenn Sie an dieser Seite angelangt sind...

dann haben Sie sicher schon auf den vorangegangenen Seiten ge-
stöbert oder sogar das ganze Buch gelesen. Und Sie können nun sagen,
wie Ihnen dieses Buch gefallen hat. Ihre Meinung interessiert uns!

Uns interessiert, ob Sie jede Menge „Aha-Erlebnisse" hatten, ob es
vielleicht etwas gab, bei dem das Buch nicht weiterhelfen konnte, oder
ob Sie einfach rundherum zufrieden waren (was wir natürlich hoffen).
Wie auch immer – schreiben Sie uns! Wir freuen uns über Ihre Post,
über Ihr Lob genauso wie über Ihre Kritik! Ihre Anregungen helfen uns,
die nächsten Titel noch praxisnäher zu gestalten.

Apropos: die nächsten Titel.
Wollen Sie am Ball bleiben?
Wir informieren Sie gerne, was es
Neues an Software und Büchern
von **DATA BECKER** gibt.

Ihre Ideen sind gefragt!

Vielleicht möchten Sie
sogar selbst als Autor bei
DATA BECKER
mitarbeiten? Wir suchen
Buch- und Software-
Autoren. Wenn Sie über
Spezial-Kenntnisse in
einem bestimmten Bereich
verfügen, dann fordern Sie
doch einfach unsere Infos
für Autoren an.

Hier abtrennen

Bitte einschicken an:
DATA BECKER GmbH & Co.KG,
Merowingerstraße 30,
40223 Düsseldorf

Sie können uns natürlich auch faxen:
(02 11) 3 19 04 98

❏ Ja,
schicken
Sie mir
Informationen
zu Ihren
Neuerscheinungen.

❏ Ja, ich möchte
DATA BECKER Autor werden.
Bitte schicken Sie mir Ihre
Infos für Autoren.

Name, Vorname ....

Straße ....

PLZ, Ort ....

DATA BECKER GmbH & Co.KG, Merowingerstraße 30, 40223 Düsseldorf

441 135

PC Praxis: Ihr
zuverlässiger
Partner

Ob Einsteiger, Fortgeschrittener oder Profi – wer die neuesten Entwicklungen auf dem PC-Markt miterleben will, der liest die PC Praxis.

Monat für Monat finden Sie hier das Know-how, das Sie sofort nutzen können. Unter Rubriken wie Praxis-Tests, DOS-Praxis, Software, Hardware, Windows-Praxis bekommen Sie alle Informationen rund um den Personal Computer.

Immer verbunden mit zahlreichen praktischen Tips und Tricks. Dazu aktuelle Berichte, schonungslose Produkt-Tests, gut recherchierte Hintergrundberichte usw. usw. Das ist PC-Praxis in Reinform.

Holen Sie sich diese Praxis! Monat für Monat neu im Zeitschriftenhandel

- Praxis-Tests
- Hardware und PC Tuning
- DOS-Praxis
- Software
- Windows-Praxis
- Aktuelles, Shareware u.v.a.m.